솔로몬은 이렇게 말했다

헤벨에서 구원으로

성경은 개역한글 사용. 다른 번역본을 인용할 경우만 출처를 밝힘.

솔로몬은 이렇게 말했다

지은이   오형천
초판발행   2024년 5월 2일

펴낸이   배용하
책임편집   배용하

등록   제364-2008-000013호
펴낸 곳   도서출판 대장간
            www.daejanggan.org
등록한 곳   충청남도 논산시 가야곡면 매죽헌로1176번길 8-54
편집부   전화 (041) 742-1424
영업부   전화 (041) 742-1424 · 전송 0303 0959-1424
ISBN   978-89-7071-676-3   03230

분류   기독교 | 지혜문학 | 전도서

 값 20,000원

전도서 말씀 묵상

솔로몬은 이렇게 말했다

오 형 천

차 / 례

들어가면서

정곡을 찌르다

한의사가 병이 난 자리를 정확히 찾아 침을 놓으면 환자는 깊은 통증과 상쾌한 신세계를 동시에 경험한다고 합니다. 쑤시듯이 저리고 아픈 자리에 길다란 침이 들어가는 순간 막혔던 혈을 뚫어 전기가 통하는 듯한 찌릿찌릿함과 함께 시원함을 맛보게 되는 것이죠.

이렇게 조금도 틀림없이 바로 그 자리에 침을 놓는 것을 가리켜 '정곡을 찌른다'고 말합니다. 좋은 의사라면 환자의 빠른 회복을 위해 정곡을 찌르는 일을 주저하거나 망설이지 않을 겁니다. 응당 환자에게 집중하면서 냉정하게 자신의 임무에 충실하겠지요.

전도서를 기록한 솔로몬의 한 마디 한 마디는 마치 환자의 정곡을 찌르는 침과 같습니다. 그는 사람의 눈치를 살피면서 비위를 맞추거나 감성을 자극하여 사람들을 선동하는 감성팔이는 분명 아니거든요. 듣기에 몹시 거슬릴 수도 있고, 아픈 부분을 건드린 것 같아 으악 하는 외마디 비명이 나올지도 모릅니다. 얼핏 보면 시대에 맞지 않는 케케묵은 소리 같을 수도 있으나, 자신의 뜻을 관철시키기 위해 나이나 신분, 직위 따위로 상대방을 내리누르려는 꼰대 같은 모습 역시 찾아보기 어렵습니다. 또한 죄책감이나 스스로에 대한 의심이 들게 하여 상대방을 지배하고 조종하려는 치사한 혀 놀림 즉 가스라이팅 같은 건 시도조차 하지 않습니다. 호락호락하지 않은 그의 어투가 묘한 끌림으로 작용하지만 별스런 그의 말본새에 거부감이 발동하는 것도 부정할 수 없지요.

그러나 초지일관 요지부동인 그의 화법과 말투는 그가 본래 별난 성격이나 성품을 타고났기 때문은 아닐 겁니다. 오히려 누군가를 대신하여 임무를 수행하는 입장이라 개인적인 의견이나 감정 따위는 철저히 배제한 것이 아닌가 싶기도 합니다. 가만히 들여다보면, 그는 독자의 자존심을 상하게 하거나 아프게 하려는 의도가 아니라 회복을 위해 치료받아야 할 부분을 드러내고 밝혀내려는 목적을 가지고 있는 것처럼 보이거든요. 침으로 정곡을 찌르는 명의의 손길과 같이 영혼 깊은 곳까지 시원하게 하는 약손의 역할을 기꺼이 감당하면서 말입니다.

그렇게 솔로몬은 그저 타인의 삶에 참견하며 이래라저래라 훈수를 두거나 제3자의 입장에서 무책임하게 상처를 들추어내기만 하는 것이 아니라, 정곡을 찌르며 먼저 자기 속에 곪고 썩은내 나는 치부를 진지하게 털어놓습니다. 전도서를 관통하는 '헛되다'라는 메시지가 솔로몬 자신의 진솔한 고백인 셈이지요. 인생에서 패배하고 세상을 비관하는 자의 신세타령처럼 들릴지 몰라도 사실 그는 세상과 인생이 처한 실제 상태에 대한 정확한 진단을 내리고 있습니다. 본질적인 대안과 처방까지 함의하고 있기에 그의 이야기는 의미를 깊이 음미하도록 고안된 지혜의 말씀이기도 합니다.

솔로몬의 본심을 깨달아 그 말씀의 침에 정곡이 찔린다면 심령의 통증을 느낄 것입니다. 아울러 세상은 알 수 없고 그래서 줄 수도 없는 한여름의 냉수 같은 영혼의 시원함을 맛볼 것이기 때문에 전도서를 펼치면서 기대감에 가슴이 벅차오릅니다.

배짱 두둑한 사내처럼 흔들림 없이 말귀를 알아들을 사람에게 집중하는 모습을 고집스럽게 유지하고 있는 솔로몬입니다만, 만일 그가 어깃장을 놓으며 사람들의 자존심을 북북 긁으려 허튼소리를 남발한 것이라면 전도서는 애당초 정경正經 불가 판정을 받아 성경에 포함되지 않았을 겁니다. 그런데 전도서는 기독교의 경전인 성경 66권의 한가운데에 버젓이 자리잡고 있지요. 하늘의 섭리일까요, 성경을 편찬한 이의 의도일까요, 아니면 그저 우연이었을까요. 사람의 재간에 의한 것이라면 신의 한 수 같은, 꽤나 절묘한 솜씨였다고 생각합니다.

전도傳道없는 전도서

　전도서는 이름 때문에 오해를 받습니다. 이름부터가 딱 봐도 '전도를 위한 책'이라고 속단하는 독자들이 적지 않거든요. 그러다 보니 교회 생활을 오래 했든 오래 하지 않았든, 전도에 관해 부담을 느끼던 사람들은 내용도 확인하지 않고 지레 책을 덮어버리거나 건너뛰게 되니, 참 안타까운 일입니다.

　미리 말씀드리자면 붕어빵에 붕어가 들어있지 않듯이 전도서에 전도를 강요하는 구절은 없습니다. 전도서는 불신자를 설득해서 하나님을 믿게 하려는 의도로 기록한 전도용 책이 아니거든요. 두려운 마음으로 신을 섬기고 그의 계명을 지키는 것이 사람의 본분인 것처럼 말씀하는 구절이 있긴 하지만 교회에 나와서 하나님을 섬겨야 한다고 협박하는 내용은 아닙니다.

　살아가면서 누구나 한번쯤은 질문하게 되는 세상과 인생에 대한 이야기를 하늘의 지혜를 깨달은 솔로몬이 자신의 고백적 언어로 쏟아내고 있는 책, 이것이 전도서입니다. 그렇다고 자기 넋두리나 자랑질을 늘어놓은 회고록이나 자서전은 물론 아닙니다. 전도서를 기록한 솔로몬이 자신을 전도자로 소개함으로써 자신에게 맡겨진 역할이 무엇인지 분명히 밝히고 있기 때문입니다.

전도자 솔로몬

솔로몬은 교회에 다니지 않는 사람도 익히 알고 있거나 한두번은 들어 보았을 것입니다. 다윗의 아들로서 이스라엘의 세 번째 왕이 되어 현명한 판결을 내린 지혜의 아이콘으로 널리 알려져 있지요. 그 이름값에 걸맞는 매너가 나올 만도 한데, 사람들의 선입견을 깨기라도 하듯 솔로몬은 자신을 전도자로 소개합니다.

> 다윗의 아들 예루살렘 왕 전도자의 말씀이라.1:1
>
> 나 전도자는 예루살렘에서 이스라엘 왕이 되어.1:12

그는 끝내 자신의 이름을 밝히지 않습니다. 그저 '전도자'라는 명칭으로 남습니다. 왜 자신의 고유한 이름 대신 전도자라는 일반적인 호칭을 고집하는 것일까요?

전도자히브리어,코헬렛Kohelet 는 '모으다, 소집하다'라는 뜻에서 유래한 단어로 진리의 말씀을 나누고 베풀기 위해 사람들을 소집하는 자라는 뜻을 가지고 있습니다. 그렇다면 목사나 선교사, 전도사를 말하는 걸까요? 전도자를 단순히 교인들을 지도하는 전도사나 자격증을 취득하여 성경을 가르치는 목사, 선교사 등과 동일하게 취급하는 것은 전도자에 대한 올바른 이해라 할 수 없을 것 같습니다. 왜냐하면 전도자는 신학을 전공하고 자신의 경험이나 상식, 학습에 의해 습득한 지식을 바탕으로 말씀을 가르치는 자가 아니라 위로부터 주어진 지혜를 받아 그 지혜를 베풀어 주기 위해 회중을 모으는 자이기 때문입니다.

그러니까 전도자로서의 솔로몬은 자기 뜻이 아니라 하늘의 뜻을 전달할 목적으로, 그 목적에 합당한 자들을 한 자리에 모으는 사람입니다. 전도서를 기록한 이는 솔로몬이지만 그가 전달하려고 하는 내용 즉 글의 주인공은 하나님의 말씀이고 그래서 오롯이 드러내야 할 대상은 솔로몬 자신이 아니라 하나님과 그 분의 지혜이기 때문입니다.

우편 배달부의 역할은 수취인에게 물건이나 서류 등을 안전하게 전달하는 것입니다. 배달부가 자신의 이름을 드러내거나 외모나 화술, 학력이 출중하다는 것을 수취인에게 알릴 필요는 전혀 없습니다. 전도자 역시 자기 이름을 세상에 알리려는 마음에서 전도서를 기록한 것이 아니라 하나님의 말씀이 훼손되지 않도록 고스란히 전달하고자 했기에, 구태여 날 좀 보소 하며 자기 실명을 거론할 필요를 느끼지 않았던 것입니다. 자신은 단지 사람들에게 진리의 말씀을 온전히 전해야 하는 전달자의 역할을 수행하고 있다는 점을, 글을 시작하면서 분명히 밝힌 것이겠지요. 이는 평화의 터 즉 예루살렘의 진정한 왕, 왕중왕은 솔로몬 자신이 아니라 하나님이라는 사실을 마음으로부터 인정하는 그의 겸손의 또 다른 표현이기도 하고 말입니다.

솔로몬이 전도자이기를 고집하는 이유가 더 있다면 왕이라는 신분과 권위를 가지고 청중 앞에 서는 것이 주제 넘는 일이라고 판단했기 때문이라고 봅니다. 왕이라는 이름을 가지고 나선다면 백성들은 반강제적으로 참석해야 할 것이고, 또 맘에 들지 않는 소리라 하더라도 복종해야 했겠지요. 어느 안전案前이라고 백성이 감히 왕의 말을 의심하거나 토를 달겠습니까? 그런데 신앙이라고 하는 것은 상대를 윽박지르거나 협박하거나 위협한다고 해서 믿고 수용할 수 있는 성질의 것이 아니거든요. 솔로몬은 행여 왕이라는 직위가 청중을 겁박하지는 않을까 조심했던 것 같고, 그래서 그저 전도자로 자신을 소개하지 않았나 싶습니다.

전도서 저자에 대한 입씨름

전도서 저자가 누구인가에 대한 질문은 이제 시빗거리가 되지 않을 법도 한데 여전히 설왕설래 다툼의 여지로 남아 있습니다. 유대의 랍비이자 학자로 알려진 조셉 텔루슈킨Joseph Telushkin은 자신이 쓴 책에서 다음과 같은 견해를 밝혔습니다.

> 오늘날엔 전도서의 저자가 솔로몬 왕이라고 생각하는 학자는 거의 없다. 한 가지 이유로 솔로몬 시대에는 알려지지 않은 단어들이 전도서에 들어있다는 점을 꼽을 수 있다. 예를 들면 '과수원' 또는 '낙원'을 뜻하는 페르시아 단어인 '파르데스pardes'는 적어도 기원전 6세기 이후에야 유대인들에게 알려졌다. 그보다 400년 앞서 쓰인 글에서 '파르데스'란 단어를 만난다는 것은 셰익스피어가 쓴 소네트에서 '자동차'라는 단어를 발견하는 것과 마찬가지 일 것이다. 『유대인의 상속 이야기』, pp 176-177

설득력 있고 합리적인 주장입니다만, 유대 전통은 전도서를 솔로몬 왕이 노년에 쓴 책으로 인정합니다. 미심쩍은 부분이 있는데도 전관예우 차원에서 전도서를 성경에 포함시킨 걸까요?

그러나 전도서를 기록한 이는 자신을 다윗의 아들이며 예루살렘의 왕이라 밝히고 있습니다.1:1 또한 예루살렘에서 이스라엘 왕이 되어1:12 라고 언급하고 있는데요. 솔로몬 이후 이스라엘은 예루살렘을 수도로 하는 남쪽 유다와 사마리아를 수도로 하는 북쪽 이스라엘로 분열되었기 때문에, 다윗의 왕가에서 솔로몬의 뒤를 이어 예루살렘의 왕으로 통치하였던 후손들은 사실상 남쪽 유다만을 통치하였던 셈입니다. 이러한 성경 역사의 증거를 통해 볼 때 다윗의 아들로서 예루살렘에서 왕이 되어 이스라엘을 통치한 왕에 해당하는 자는 솔로몬밖에 없다고 결론짓는 것이 자연스럽다고 봅니다.

전도서는 하늘 복음인가 세상 철학인가?

만일 권력과 재물을 손에 쥔 솔로몬 왕이 일평생 자기 맘대로 살다가 늙고 기력이 떨어질 때쯤 정신을 차리고 개과천선하여 전도서를 기록했다면, 이 책은 '솔로몬 왕의 인생 회고록' 정도로 보는 게 적당할 겁니다.

> "여러분, 인생 살아 보니 별 거 없습니다. 모두 헛됩니다. 하나님 무서운 줄 알고 사는 것이 사람의 본분입니다. 그러니 하나님 잘 믿으세요."

아무리 그럴듯한 말로 회중을 구슬린다 해도 이러한 신앙적 권면은 결국 자기 위안이요, 공허한 메아리에 불과하지 않을까요. 전도서가 정말 솔로몬의 인생 넋두리, 신세타령에 지나지 않는다면 열기도 전에 덮는 게 맞을 겁니다. 타고난 금수저인 솔로몬과 평범한 우리의 삶은 너무나 동떨어져 있는데, 그런 늦은 후회와 자기 연민에 귀 기울일 만큼 현대인은 한가롭지 않기 때문입니다.

솔로몬 왕이 방대한 자료Big Data를 수집하고 다양한 분야의 경험을 통해 세상의 이치를 깨달은 후 구슬을 엮듯 편찬한 책이 전도서라면 어떨까요? 만약 전도서가 그런 지혜 문학서라고 한다면 오늘날 우리가 굳이 이 책을 펼칠 필요는 없을 겁니다. 솔로몬이 지혜의 아이콘이라고는 하지만 인공지능의 방대한 자료와 정보를 과연 따라잡을 수 있을까요? 어림없는 소리죠. 시대를 관통하는 처세술을 찾고자 한다 해도, 보다 실용적이고 심오한 동서양의 철학서 그리고 인간 심리를 재미있고 심층적으로 다룬 서적들이 세상에 넘쳐납니다. 다시 말해 전도서여야만 하는 이유는 없겠지요.

그러나 전도서가 하늘의 은혜를 입어 성령의 감동으로 기록한 말씀이라면, 돌아온 탕자가 하늘의 뜻을 담아낸 신앙 고백적인 천국 복음이 아닐까요? 세상의 지혜로는 복음을 깨달을 수도 담아낼 수도 없기에, 전도서는 시간과 공간을 초월하는 아주 특별한 의미를 갖게 될 겁니다.

> 하나님은 세상 사람들이 그들의 지혜로는 자기를 알지 못하게 하시고 오히려 그들의 눈이 어리석게 보이는 전도의 말씀으로 믿는 사람을 구원하려 하셨습니다. 고전1:21, 현대인의성경

전도서는 1장부터 12장까지 하늘의 복음으로 가득합니다. 피상적으로 보아 세상 철학으로 이해할 것이 아니라 처음부터 끝까지 찬찬히 그 내용을 들여다보고 살펴보아야 할 이유가 바로 여기에 있습니다.

전도서 1장

모든 것이 헛되다!

헛되고 헛되며 헛되고 헛되니 모든 것이 헛되도다.1:2

솔로몬의 첫 마디, "모든 것이 헛되다"라는 발언은 참 돌발적입니다. 앞뒤 설명 없이 불쑥 꺼내어 좀처럼 갈피를 잡을 수도 없습니다. 듣는 사람의 입장을 생각해서라도 쉽게 풀어 설명하면 이해하기 좋으련만, 그는 무슨 생각인지 일방적이며 직설적입니다.

무엇보다 이 말은 오해를 불러일으키기에 제격입니다. 삶을 소중히 생각하며 성실하게 살아가는 사람들이라면 이런 유형의 사람과 상종하기도 싫어하겠지요. 한두 가지도 아닌 모든 것이 헛되다는 비관적이고도 냉소적인 소리가 세상을 비관하는 동지들을 결집하려고 찌라시를 유포하는 인생 낙오자의 푸념처럼 들리니까요, 세상의 가치와 인간의 의미를 전면적으로 부정하는 발칙한 망언은 듣기만 해도 우울을 전염시키는 것 같기도 하고요. 더구나 무한한 권력과 부족함 없는 재력을 누리며 젊은 날을 보낸 솔로몬과 같은 사람이 인생 말년에 모든 것이 헛되다고 회고하고 있다면 사람들이 뭐라고 하겠습니까, 철들자 망령일세 하지 않을까요?

전도자는 앞뒤 문맥 없이 초장부터 왜 이런 소리를 꺼내는 걸까요?

앞서 언급했듯이 전도자는 '평화의 터'라는 뜻의 예루살렘에서 40년 동안 왕으로 살았습니다. 장기 집권이죠. 세상을 쥐락펴락할 세도를 한 손에 쥐고 권력, 재물, 명예, 지식, 쾌락 등등 아쉬울 것 하나 없이 모든 걸 맛보고, 누리고, 가져 보았을 겁니다.

뿐만 아니라 그는 역사적으로 괄목할 만한 업적을 남긴 왕이었습니다. 13년에 걸쳐 왕궁을 지었고, 성전을 세웠으며, 각종 수목원을 만들었을 뿐 아니라, 수많은 노래와 격언집을 발간했습니다. 예루살렘을 방문한 외국 사절들이 그의 업적을 보고 얼마나 감탄했는지 입을 다물지 못할 정도였지요.

그런데 무슨 심경의 변화가 있었는지, 전도자 솔로몬은 자신이 쥐고 있는 권력과 부귀영화 그리고 평생 공들여 쌓은 업적을 "무의미해, 가치도 없고, 다 쓸데없는 짓이었어."라고 부정하듯 '헛되다'고 평가합니다. 많은 것이 헛되지만 그래도 몇 가지는 헛되지 않더라 하며 위안을 삼는 것이 아니라 '모든 것이 헛되다' 라고 마침표를 찍습니다.

헛되다, '헤벨'이란 단어는 무가치 혹은 무의미meaningless하다는 뜻입니다. 분명 손에 잡았다 싶은데 바람이나 안개처럼 내용이 없이 텅 빈empty, 공허한 상태를 말할 때 사용하는 바로 그 단어지요.

공갈빵을 생각하면 헤벨이란 단어의 뜻을 쉽게 이해할 수 있을 것 같습니다. 속은 텅 비었고 겉만 부풀게 구운 빵을 공갈빵이라고 하잖아요. 이처럼 속이 꽉 찬 빵인 줄 잔뜩 기대했는데 한 입 베어 물고 보니 껍데기로 형체만 갖추었을 뿐 내용물이 하나도 없다는 거죠. 허탈감이랄까요. 허상이더라는 겁니다.

그렇다면 전도자가 말하는 '헛됨'은 무엇일까요? 이는 비관도, 그렇다고 달관도 아닙니다. 한 나라를 호령하는 최고의 권력자, 왕이라 하더라도 먹고 살기 위해 인생의 공든 탑을 쌓으며 밤낮없이 수고해야 하는 삶의 구조와 세상살이의 틀에서 빠져나올 수 없다는 한계를, 전도자는 직시했던 겁니다. 땀 흘려 노동하고 열심히 노력해서 얻게 되는 성취, 즉 내가 원인을 제공하고 그에 따른 결과를 얻는 삶의 방식이 겉만 번지르르할 뿐, 속은 텅 빈 공갈빵과 같다는 탄식으로 헛되다고 말하는 것이지요.

곰곰이 생각해 보니 한평생 세상에 빌붙어 살아가는 종과 무엇이 다른가, 또한 자신의 땀과 수고의 성과물이라면 분명 자기 소유여야 하는데 죽음 앞에서 아무것도 챙겨가지 못한 채 빈손으로 갈 수밖에 없다면 진정한 주인이자 왕은 누구란 말인가, 결국 인생의 수고는 바람을 잡으려는 시도처럼 덧없는 헤벨에 불과하지 않은가… 이처럼 허상이 깨지면서 실상을 직면하게 된, 마치 뒤통수를 맞은 듯한 깨달음에서 비롯된 솔로몬의 고백이 '헛되다'인 것이죠.

전도자가 한 문장 안에 헤벨, 즉 '헛되다'라고 다섯 번이나 연거푸 말한 이유는, 사람은 생존과 자기 확장을 위해 살아갈 수밖에 없고, 설령 그게 헛되다는 걸 깨닫더라도 그 헛됨에서 스스로 빠져나올 수 없는 한계적 존재이기 때문입니다. 전도자는 그것을 헛되다는 단어로 표현했고 같은 단어를 여러 번 반복하는 최상급의 화법을 사용함으로써 반신반의가 아닌 헛된 사실을 확증하고 있습니다.

"그렇다면 실상은 무엇일까? 누가 진정한 주인이지? 헛됨의 순환고리를 끊어 줄 자는 누구이며 아무런 대가 없이 아무런 조건 없이 은혜라는 방식으로 구원할 왕 중의 왕은 과연 누구란 말인가?"

인간으로서는 헛됨을 해결할 능력도 방법도 없음을 철저하게 인정하고 깨달은 사람이라야 비로소 진정한 가치, 참된 의미가 무엇인지 찾기 시작할 겁니다. 다시 말해 공갈빵의 실상을 발견한 자여야 헛되지 않은 진정한 왕을 찾고 바라는 자리로 인도함을 받는 것이죠. 결국 전도자는 모든 것이 헛되다는 깨달음이 우리에게 참된 시작을 알리는 길잡이라는 걸 암시하고 있는 게 아닐까요?

창세기 4장에 나오는 아담의 둘째 아들 아벨을 통해, 헛됨을 깨닫고 실상을 바라보게 된 삶을 볼 수 있습니다. 그는 양을 치는 사람이었죠.창4:2 하루가 몹시 짧았을 것입니다. 이른 아침부터 목초지를 찾아 나서야 했을 것이고, 맹수의 공격으로부터 양들을 보호하고 혹시 병든 양은 없는지 늘 보살펴야 했을 겁니다. 양의 우리가 안전하고 튼튼한지 수시로 점검해야 했을 것은 말할 것도 없고요.

양치기의 삶이 아벨에게 낭만이었을까요? 물론 양들이 토실토실 살도 오르고 양떼의 수가 늘어가는 것을 보면서 자식을 양육하는 것처럼 보람과 재미를 느꼈을지도 모릅니다. 하지만 자신의 땀과 노동을 원인으로 제공하고 그에 따른 삯을 보상 받는 삶의 방식은 결국 무엇인가에 매여 사는 종살이라는 걸, 아벨은 알게 되었습니다. 전도자의 표현을 빌리자면 삶의 헛됨을 깨달았던 것이죠. 사실 아벨이라는 이름도 '텅 빔, 공허, 덧없음, 헛됨'을 뜻하고, 전도자가 탄식한 '헛되다'와 동일한 의미를 갖고 있습니다. 참 상징적이지 않나요?

우리의 삶도 아벨이 느꼈을 헛된 종살이와 크게 다르지 않습니다. 세상에 공짜가 있나요? 고통이 없으면 얻는 것도 없다no pain, no gain, 무노동 무임금, 세상 어디를 가나 인생 현수막처럼 걸려 있는 구호들입니다. 머리 깎고 절에 들어가도, 세상과 담쌓고 수도원에 들어가도, 사회 보장 제도가 잘 되어있다는 복지 국가로 이민을 가더라도, 노동과 노력에 따른 대가를 보상으로 받으며 살도록 삶이 형성되어 있거든요. 야곱의 경우도 마찬가지입니다, 자기가 사랑하는 여자 라헬을 아내로 맞이하기 위해 14년 동안 외삼촌 라반 밑에서 몸 바쳐 일해야 했지요. 공짜 없는 세상, 반드시 대가를 지불해야 합니다. 몸이 부서져라 일해야 겨우 내가 원하고 바라는 결과를 손에 쥘 수 있는 겁니다. 세상에 사는 동안 사람은 이 틀에서 벗어날 수 없습니다.

그런데 아벨은 헛됨 그 자체에 멈추지 않았습니다. 그는 자신이 이 헛됨에서 구원할 속죄물대속물이 필요한 존재라는 사실에 눈을 떴고, 하나님께 양의 첫 새끼를 제물로 바쳤습니다. 어린 학생을 바른 길로 인도하는 교사처럼, 그 헛됨이 인생의 길잡이가 되어 아벨을 그리스도께로 인도한 셈입니다. 아벨은 이 세상의 삶이 헛되다는 걸 깨달았고, 이 세상에서 구원받아야 할 자신의 헛됨을 위해 대속할 어린 양의 희생을 의지하며 하나님께 나아갔던 겁니다. 성경에서 어린 양은 누구를 예표합니까? 십자가에서 대속의 피를 흘리신 예수 그리스도를 앞서 보여주는 상징이죠. 하나님은 대속물로 인한 구원의 소망을 발견한 아벨과 그가 드린 제물을 기뻐받으셨습니다.창4:4,히11:4

물론 아벨이 하나님께 희생 제물을 들고 간 데에는 부모인 아담과 하와의 교육이 한 몫 했을 거라는 것쯤은 쉽게 짐작할 수 있습니다만, 아무리 교육을 하고 잔소리를 한다고 해도 사람이 다 알아 듣는 건 아니죠. 아벨의 형 가인은 희생 제물 대신 땅의 소산으로 제사를 드렸거든요. 가인은 자신이 수고하고 애쓴 결과물에 의미와 가치를 두었기 때문에 땀 흘려 수고한 땅의 결과물을 하나님께 가지고 갔던 겁니다. 하지만 하나님은 가인의 제물은 거절하셨습니다.

가인과 그의 제물을 퇴짜 놓으신 하나님의 입맛에 의아한 생각이 드는 건 당연한 반응입니다. 사람이 얼굴에 땀이 흐르도록 수고하여 얻은 결과물, 즉 원인에 따른 결과의 법칙이란 우리에겐 너무나 익숙하고 지극히 자연스러운 것이니까요. 하지만 그와 같은 법칙은 하나님의 속성인 은혜와는 정반대의 방식으로 사람이 선악과를 따 먹고 하나님의 동산 에덴에서 추방된 이후 형성된 삶의 틀이라는 점을 간과해서는 안 되겠습니다. 왜냐하면 하나님은 그걸 헛되다고 보시기 때문입니다.

거절감에 분노한 가인은 동생 아벨을 들판에서 쳐 죽였습니다. 실은 아벨의 제물을 기쁘게 받으신 하나님을 죽이고 싶었다고 보는 편이 맞겠지요.

사람들의 눈에는 누구의 삶이 덧없어 보일까요? 어이없이 형에게 맞아 죽은 아벨의 삶이 허망하고 헛되고 덧없어 보일 겁니다. 그러나 하나님의 관점에서 볼 때는 가인의 인생이야말로 헤벨, 허상을 실상으로 붙잡고 살아가는 허망한 삶이요, 겉모양만 그럴 듯하고 속은 텅 빈 거푸집 인생입니다.

아메리칸 드림을 꿈꾸며 태평양을 건너 이곳 미국까지 건너온 분들이 많습니다. 꿈이 꿈으로 끝나지 않고 현실로 결실하기를 바라며 밤낮없이 뜁니다. 그래서 꿈을 이룬 사람들도 있죠. 성공 신화의 주인공들을 향해 사람들은 박수를 보내고 부러워하기도 합니다.

제가 아는 어떤 분은 세탁소를 운영하면서 백만 달러가 훨씬 넘는 주택을 구입했습니다. 그런데 새벽에 나갔다가 가게 문을 닫고 밤 11시가 넘어야 집에 들어오면 너무 피곤해 씻자마자 그냥 곯아떨어진답니다. 또 새벽에 일어나 새벽부터 옷을 찾으러 오는 손님들을 위해 밥도 못 먹고 일터로 나가야 하니 고급 가죽 소파에 한번 앉아 볼 시간도 없고, 비싼 주방 용품에 커피 한잔 내려 먹을 시간도 내기 어렵습니다. 주말에는 모임이며 밀린 집안일을 하느라 더 분주하겠죠. 이쯤 되면 집이 사람을 위한 건지 사람이 집을 위한 건지 모르게 됩니다.

큰 집, 고급 승용차, 고가의 가전제품, 명품들, 무엇 하나 그냥 주어진 건 아닙니다. 땀에 대한 보상이고 자기 핏값이죠. 그런데 내 손에 쥐었다고 해서 그게 다 내 것이냐 하면, 글쎄요. 야곱의 경우를 보면 죽을 때 그 무엇 하나 싸들고 가지 못했고요, 무엇보다 14년 품팔이 생활하면서 얻은 사랑하는 아내 라헬도 먼저 보내야 했습니다. 라헬은 막내 베냐민을 낳다가 산고 끝에 죽음을 맞이했거든요. 그래도 사람들은 손에 쥐고 있는 것, 인생 공든 탑 등을 조금이라도 유지하고 관리하기 위해 나름대로 노후 관리니 보험이니 이런저런 안전장치를 마련해 두려 합니다. 그렇다고 해서 죽음으로부터 보호받을 수 있을까요? 너는 흙이므로 흙으로 돌아갈 것이다창3:19 하신 하나님의 말씀은 모든 사람에게 확정된 것입니다.

사람은 크게 두 부류로 나뉩니다. 흙으로 돌아갈 덧없는 인생이지만 애써 의미와 가치를 부여하고 이 세상에서 보람과 만족을 얻으려 하는 사람, 그리고 헛됨에 포위되어 인생과 세상을 비관하며 신세타령하는 사람. 전도자의 평가에 의하자면 두 부류 모두 허상에 속아 살아가는 거푸집 인생인 것이죠.

그래서 전도자는 제 3의 길을 제시함으로써, 헛됨을 통해 역설적으로 희망을 노래합니다. 이 세상을 살아가는 방식이 허상이라는 걸 발견하고 실상을 바라며 나아가게 된다면, 헤벨 즉 헛됨은 우리를 길이요 진리요 생명이신 예수께로 인도하는 길라잡이와 같다는 겁니다.

세상은 이런 사람을 두고 뭐라고 할까요? 미련하고 덧없는 인생이라 비웃겠지요. 하지만 하나님은 그 사람을 '영적 아벨'로 보시고 그와 그가 드리는 예배를 기뻐 받으신다고 성경은 증언하고 있습니다.

이와 같은 사람에게 있어 헛됨은 '아름다운 헤벨'일 것입니다.

밑 빠진 독 채우기

　봄, 여름, 가을, 그리고 겨울이 지나면 또 봄이 돌아옵니다. 돌고 도는 계절처럼 낮과 밤도 거듭해서 되풀이됩니다. 마치 그렇게 하기로 서로 약속이나 한 듯이 말입니다. 낮이 밤이 되고, 밤이 낮이 되고 그렇게 반복되어 일주일을 채우더니 한 달이 되고 한 해를 채우며 강산도 변한다는 십년을 채웁니다. 그뿐인가요, 땅에 내린 비는 수증기가 되어 하늘로 올라가서는 구름을 만들어 다시 수증기로 변할 비로 내리며 땅을 적십니다.

　이러한 '반복과 순환'의 틀은 인류의 역사만큼 진행되어 왔고, 지금도 사람의 동의나 허락 없이 지속되고 있습니다. 쉬지도 멈추지도 않으며, 우리의 희노애락, 생로병사 등 무엇에도 아랑곳하지 않고 세상은 되풀이되거든요. 전쟁의 소문이 들려오고 아직 피지도 않은 꽃 같은 젊은이들이 속절없이 스러질 때에도, 무고한 아이들이 나치 강제 수용소에서 무참히 죽어갈 때에도, 그리고 코로나 19로 수많은 사람들이 고통과 외로움 속에 생을 달리할 때에도, 시간은 흘러갔고 태양과 달은 한 치의 주저함도 없이 낮과 밤을 만들었습니다.

> 세대는 왔다가 가지만 세상은 변함이 없구나. 해는 떴다가 져서 그 떴던 곳으로 빨리 되돌아 가며 바람은 남으로 불고 북으로 불다가 돌고 돌아 다시 돌아가고 모든 강물이 바다로 흘러도 바다를 다 채우지 못하며 그 물은 강으로 되돌아가 다시 바다로 흐른다. 1:4-7. 현대

반복과 순환이라는 자연의 이치를 어떻게 바라보고 이해하는지에 따라 삶에 대한 태도도 달라질 수밖에 없습니다. 빼앗긴 들에 흐드러지게 피어나는 꽃이 누군가에게는 다가올 봄의 희망이겠지만 다른 누군가에게는 속절없이 야속한 운명일 것처럼요.

그렇다면 성경의 입장은 어떨까요? 이 땅의 시간 개념과 역사 속 인간의 존재 양식을 어떻게 보고 있을까요? 성경은 냉정하다 싶을 정도로 현실을 직시하는데요, 사람이라는 존재가 순환과 반복이라는 자연의 이치, 곧 시간의 수레바퀴에 끼어 죽음을 향해 떠밀려 가는 상태라고 말합니다. 죽음의 종착역을 향해 달려가는 열차 속에서 차창 밖으로 스쳐지나가는 풍경을 처연히 바라보는 모습이 그려지시나요?

그리고 성경은 이 광경을 한마디로 정의합니다: 피곤하다. 피곤이라고 하는 것은 안식, 쉼이 없는 상태를 말하지요.

인생 열차 안을 들여다 보면, 사이다를 마시며 김밥과 삶은 달걀을 먹는 즐거움도 있고, 음악을 들으며 경치를 바라보는 한가로움도 있습니다. 아름다운 풍경을 카메라에 담는 즐거움, 친구들과 수다를 떠는 재미도 있지요. 그러나 세상의 모든 인생 열차가 사람들이 바라고 기대하는 것만으로 가득한 것은 아닙니다. 영화 '설국열차'에서처럼 한정된 재화와 물자를 나눠 먹어야 하는 인생 열차의 상황은 생각만큼 여유롭고 한가하지 않습니다. 먹으려면, 굶지 않으려면, 땀이 흐르도록 수고해야 하는 것은 기본이고 다른 사람보다 높은 위치에서 더 많은 것을 차지하려면, 그 가운데서 살아남으려면 투쟁해야 합니다. 한마디로 전쟁이며 각자도생을 위한 치열한 각축장입니다. 일찍 일어나는 새가 벌레를 잡는다는 속담에 모두 두말없이 동의하듯, 동이 트기 무섭게 생존을 위해 일터로 생업으로 달려가야 합니다. 이처럼 인생 열차에서는 진정한 안식을 기대할 수 없습니다.

참된 안식, 쉼이 없다는 말은 결핍이 그림자처럼 따라다니는 상태를 뜻합니다. 부족함을 채워보려고 사람들은 밤낮없이 눈썹이 휘날리도록 뛰죠. 어떤 상황에서도 이를 악물고 전진해야 하는 이유는 머뭇거리거나 멈추는 것은 도태이고 포기로 간주되기 때문입니다. 그러고 보면 인생 열차는 채워도 채워도 채워지지 않는 밑 빠진 독과 같습니다. 밑 빠진 독에 물을 계속 붓다 보면 피곤은 물론이고 짜증과 허탈감이 밀려올 수밖에 없습니다.

> 내 백성이 범한 두 가지 죄는 생수의 샘인 나를 버린 것과 물을 담을
> 수 없는 터진 웅덩이를 스스로 판 것이다. 렘2:13. 현대인의성경

전도자는 자신의 힘과 방법으로 인생의 피곤함과 결핍을 해결해 보려고 시도했던 사람입니다. 천 명의 여자를 데리고 살아도 보았고, 금그릇에 식사를 하고 온갖 산해진미로 배를 채워도 보았습니다. 백향목 궁궐에서 상아 침대에 누워 잠을 자는 것이 일상이었으며, 노래와 시도 질릴 만큼 만들어 보았죠.

누가 보면 배부른 소리라고 할지 몰라도, 그러면 그럴수록 인생의 갈증과 결핍이 해결되는 것이 아니라 '조금만 더, 이번 한 번만 더'라고 속삭이

는 내면의 소리에 늘 무너졌습니다. 전도자는 하나님을 위해 성전도 지었고 심지어 이방 종교까지 끌어들여 종교적인 허울로 자신을 채워 보려 했지만 오히려 권태와 싫증이 몰려오더라는 겁니다. 인생 열차에서 마시는 물은 인생의 목마름을 해소해 주는 시원한 생수가 아니라 마시면 마실수록 갈증만 더해가는 소금물 같았다는 말이지요. 전도자는 이 같은 실상을 발견하고 깨달았던 것입니다. 그래서 전도자의 고백은 이론이나 개념이 아니라 삶의 현장에서 피부로 느낀 탄식이라 할 수 있습니다.

단절(斷絕)이 가져온 비극

전도자의 탄식은 그저 인생 넋두리로 끝나지 않습니다. 글의 행간을 통해 독자들의 생각 주머니를 콕콕 찔러 자극하지요.

"밑 빠진 독과 같은 인생 열차의 결핍과 그에 따른 안식의 부재. 왜?
어쩌다 이 모양 이 꼴이 되었을까?"

스스로 해결할 수 없는 갈증과 결핍을 느낀 자의 이러한 질문에는 참된 안식을 바라는 간절함이 담겨 있습니다.

이 질문에 대한 답을 어디서 찾아야 할까요? 비밀의 열쇠는 성경에 있습니다. 성경은 인간의 기원과 타락 그리고 하나님을 떠난 인간에 대한 실상을 명백하게 밝혀주고 있거든요. 창세기 1, 2, 그리고 3장을 보면 최초의 인간 아담의 범죄와 그에게 내린 하나님의 조치와 명령이 나옵니다.

이와 같이 하나님은 그 사람을 쫓아내시고 에덴 동산 동쪽에 그룹 천사들을 배치하여 사방 도는 화염검으로 생명 나무의 길을 지키게 하셨다.창3:24. 현대인의성경

접근 금지, 생명과의 단절입니다. 하나님의 동산 에덴에서 추방된 인간 아담은 생명에서 끊어진 상태가 되고 말았습니다. 마치 나무에서 떨어져

나간 나뭇가지의 신세와 같다고 할 수 있습니다. 살았다 하나 죽은 것이나 마찬가지인 거죠. 생명선이 차단되었기에 스스로 생존을 위해 발버둥 치며 살아가야 할 운명에 처해진 겁니다.

하나님과 인간의 단절은 서로에 대해 간섭하지 않기로 약속하고 갈라서거나 또는 더이상 얼굴을 보지 않기로 다짐하는 작별의 수준이 아닙니다. 생명이신 하나님과 은혜의 관계가 단절된 상태는 영적인 죽음 곧 사망이라고 성경은 말합니다.

생명에서 끊어진 사람은 그의 구성 원소인 땅을 경작하며 살아야 합니다. 하지만 인간이 애써 경작한 땅은 가시와 엉겅퀴를 낼 것이라고 말씀하고 있지요.창3:18 하나님과 관계가 단절된 현장에는 경쟁과 비교, 억압과 착취, 모순과 권태 등이 물을 주지 않아도 돋아난다는 말입니다. 그러니 목마름과 결핍은 찰거머리처럼 사람에게 달라붙어서 떨어지지 않을 것이고 안식은 기대조차 할 수 없는 것이 현실입니다.

안식의 상실을 성경은 다음과 같이 진술하고 있습니다.

> 너는 이마에 땀을 흘리며 고되게 일을 해서 먹고 살다가 마침내 흙
> 으로 돌아갈 것이다. 이것은 네가 흙으로 만들어졌기 때문이다 너는
> 흙이므로 흙으로 돌아갈 것이다. 창3:19. 현대인의성경

사람은 원래 하나님이 만들어 놓은 환경 속에서 그것을 관리하며 살아가도록 창조되었습니다. 품팔이 인생으로 의도된 것이 결코 아닙니다. 그러나 하나님의 말씀을 어기고 선악과를 따 먹는 바람에 사람은 자신의 노

동과 노력에 따른 보상을 삯으로 받으며 살아야 하는 고달픈 존재로 그 처지가 바뀌고 말았습니다. 노동의 변질이라고나 할까요, 하나님의 은혜라는 에덴 동산의 울타리 안에서 누리던 안식은 이미 물 건너간 일입니다.

전도자는 밑 빠진 독과 같은 인생 열차의 결핍과 그에 따른 안식의 상실, 그 내막을 발견했습니다. 영적 사망 즉 생명이신 하나님과의 단절이 새까맣게 불탄 새끼줄처럼 자리잡고 있으며 그 단절의 배경에는 하나님의 말씀을 거역한 인간의 범죄가 배신의 자국으로 남아 있는 것을 그는 영의 눈으로 바라보았던 것입니다.

> 만물의 피곤함을 사람이 말로 다 할 수 없나니 눈은 보아도 족함이
> 없고 귀는 들어도 차지 아니 하는 도다.1:8

하지만 인생의 피곤함을 언급한 전도자를 혹 비웃는 이도 있을 것입니다.

> "진짜 배부른 소리 하네. 전도자 당신이 눈물 젖은 빵을 먹어 봤어?
> 배고파 본 경험이 있냐고. 흙수저 아니 무수저의 설움과 배고픔을
> 모르면서 피곤이니 결핍이니 이런 말 쉽게 하지 마시라고. 어설프게
> 인생을 논하지 마쇼!"

이렇게 쏘아붙일지도 모르겠네요. 그런데 금수저든 흙수저든 아니 아예 물고 태어난 수저가 없더라도 부정할 수 없는 공통점이 하나 있습니

다. 안식의 상실과 그로 인한 결핍은 질이나 양에서는 차이가 있을 수 있지만, 많은 것을 소유한 자나 주머니에 먼지만 있는 사람이나 알 수 없는 피곤, 채워도 채워도 부족한 결핍의 본질은 다르지 않다는 겁니다.

어떤 분은 자신이 굳이 돈을 벌기 위해 노동하지 않더라도 죽을 때까지 먹고 살 수 있는 재산이 있다고 하더군요. 그런데 아내분은 뭐가 부족한 것인지 아니면 일하는 것이 습성이 된 건지 은퇴할 나이가 훨씬 지났는데도 쉬지 않고 남의 집 허드렛일을 해주고 삯을 받아 살고 있습니다.

금수저, 흙수저, 무수저가 갖는 또 하나의 공통점은 모든 사람은 죽음이라는 종착역을 향해 가며 죽음 앞에서 평등하다는 겁니다. 그리고 육신의 죽음으로 모든 것이 끝나는 것이 아니라 죽음 후에는 심판이 있다는 것도 모든 사람에게 적용되는 확정된 말씀입니다. 성경을 하나님의 말씀이라고 믿는 사람이라면 히브리서 기자의 진술에 정신이 번쩍 들겠지요.

사람이 한 번 죽는 것은 정해진 운명이지만 죽은 후에는 심판이 있습니다. 히9:27, 현대인의성경

무뎌진 감정을 바늘로 콕콕 찌르는 것 같지 않습니까? 죽으면 다 끝이 아니랍니다. 심판이 있다네요!

만일, 생명이신 분과 영원한 단절이라는 심판을 받아 안식의 상실과 채워지지 않는 결핍이 영원히 계속되고 지속된다면 얼마나 끔찍할까요. 생명과 재결합하지 못한 채 단절로 인한 피곤함과 목마름의 상태가 밑 빠진 독처럼 끝도 없이 지속된다면, 그것이야말로 다름 아닌 무저갱 곧 지옥일

것입니다.

　이러한 실상 앞에 전도자가 내린 처방은 무엇일까요? 단절된 하나님과의 관계 회복, 그러니까 생명과의 재결합, 연합을 위해 그가 모색해야 할 길은 무엇이었을까요? 이미 자기 힘으로 그 방법을 찾아보았고 삶으로 경험해 보았지만 모든 것이 헛되다는 사실을 깨달은 그는 질문을 바꿔야 했습니다. 사람이 아닌 하나님이 주어가 되는 질문, 즉 하나님이 제시한 단절의 회복, 재결합의 길은 무엇일까? 이렇게 말이죠.

새것이 되게 하는 것

세상에는 아무것도 새로운 것이 없다.1:9,현대인의성경

　백화점이나 시장에 나가보면 하루가 멀다 하고 신상품이 쏟아져 나오고 인터넷만 봐도 어지러울 정도로 유행이 빠르게 바뀝니다. 인류의 문명과 문화, 기술의 발달과 진보는 하룻밤만 자고 나도 새롭게 성장을 거듭하고 있는 마당인데 해 아래 새 것이 없다? 세상 물정을 모르는 사람 같기도 하고 사색깨나 한다고 하는 사람들끼리 주고받는 선문답 같기도 하고요. 아니면 왕궁이라는 한정된 공간 안에 갇혀 살다 보니 세상이 어떻게 돌아가는지 또 얼마나 빠르게 변모하는지 몰랐던 건가 싶기도 합니다.

　그런데 이 말은 세상의 방식과 풍조가 헛되고 무익하다는 취지에서 나온 것이라고 보아야 이해할 수 있습니다. 하나님의 관점에서 볼 때 하나님과 관계가 단절된 인간은 생명이 없는 흙덩어리에 불과한 무가치한 존재이기 때문입니다. 무가치한 존재가 만들어내는 모든 역사와 몸짓 역시 무의미하다는 점을 전도자는 새것이 없다며 문학적으로 표현한 것입니다. 생명에서 단절되어 사망이 선고된 죄인들이 하늘 아래 살며 만들고, 짓고, 넓히고, 쌓는 모든 결과물은 사람의 눈에 대단해 보일지라도 하나님이 보시기에는 새것이라고 평가할 만한 게 없다는 말이지요.

　가만 보면 성경의 기록자들은 서로 그렇게 말하기로 입이라도 맞춘 걸

까요? 듣기 거북한 말을 전도자만 쏟아내는 것이 아니라, 사도 바울 역시 해 아래 새것이 없는 인간의 실상을 다음과 같이 진술했습니다.

> 의인은 없나니 하나도 없으며 깨닫는 자도 없고 하나님을 찾는 자도
> 없고 다 치우쳐 한가지로 무익하게 되고 선을 행하는 자는 없나니
> 하나도 없도다.롬3:10-12

성경을 하나님의 말씀으로 믿는 기독교인이라 해도 이런 소리에는 쉽게 동의할 수 없고 마음으로 받아들이기 어려울 수 있습니다. 희망이라고는 기대할 수 없는, 싹수가 노란 '막장 인생'이라는 판정처럼 들리기 때문입니다.

그래서 '해 아래 새것이 없다'는 전도자의 말을 잘 따져 봐야 합니다. 숨겨진 의미는 무엇이며 전도자는 왜 새것이 없다고 단정하는지, 성경의 전체적인 흐름 속에서 그 진짜 의도를 발견해야 합니다.

새것의 '새'히,하다쉬는 '새것이 되다, 새롭게 하다' 라는 사역 동사에서 유래한 말입니다.

하나님과 관계가 단절되어 영적 사망 가운데 처한 죄인은 이 세상의 어떤 방법으로도 재결합 즉 되돌려 놓거나 새롭게 할 수 없습니다. 이 세상의 힘과 방법으로 자신을 구원할 방도가 없는 절망적 존재라는 뜻이지요.

전도서에는 '해 아래'라는 표현이 29번이나 사용되었습니다. '해 아래'란 세상의 상태를 언급한 것으로 하늘과 대조되는 이 땅에서의 삶의 방식을 말합니다. 전도자는 하늘 아래 삶의 영역이 암울한 상태라는 걸 지

적함으로써 새것이 되게 하는 하늘의 구원 계획을 귀띔하고 있는 것이죠. 다시 말해 '해 아래 새것이 없다'라는 전도자의 토로는 해 아래 살아가는 사람의 실상은 출구가 없는 막장이라는 점을 전제하면서, 그렇기에 새것이 되게 하시는 하나님께 희망을 두어야 한다는 영적인 권면을 담고 있는 메시지입니다.

그렇다면 새것이 되게 하시는 분, 새롭게 하시는 분을 바라고 그분에게 소망을 두는 사람에게 해 아래 새것이 없다는 전도자의 선언은 절망의 소리가 아니라 참으로 기쁜 소식이요 복된 소식이겠지요. 여기서 새것이 되게 하시는 분, 새롭게 하시는 분은 누구일까요? 사도 바울은 다음과 같이 진술했습니다.

> 그런즉 이제 그리스도 안에 있으면 새로운 피조물이라 이전 것은 지
> 나갔으니 보라 새 것이 되었도다.고후5:17 참고. 요5:25, 계21:1

바울이 사용한 새것이란 단어와 전도자가 사용한 새것은 동일한 의미입니다. 바울은 그리스도 안에 있으면 새로운 피조물, 새것이라고 명쾌하게 증거했습니다.

새로운 피조물이란 전과 달리 살림살이가 나아졌다거나, 얼굴에 주름살이나 검버섯이 사라졌다거나, 육신의 건강이 새롭게 회복되었다거나 하는 것이 아니고 세상과 인생을 바라보는 안목과 관점이 혁명적으로 변화되었음을 의미합니다. 이 땅의 방식에 묶여서 얼굴에 땀이 흐르도록 수고해야 생계를 유지할 수 있는 종과 다름없는 삶이 얼마나 헛되고 비참한

처지인지 깨달음으로써, 새롭게 하시는 분의 은총을 바라는 사람으로 변화된 것을 말하는 것이죠.

세상에 종노릇하는 종의 신분에서 하나님의 가족인 자녀로 신분이 바뀌고 세상 나라에서 하나님 나라의 시민권자로 소속이 새롭게 바뀌는 것, 그래서 영원히 멸망할 사망의 운명에서 생명과 잇대어 살아가는 영생의 운명으로 바뀌는 것을 새것 또는 새로운 피조물이라 합니다. 이처럼 그리스도 예수 안에 있는 사람은 족보가 바뀌고 운명이 바뀌며 정체성까지 새롭게 된 새사람이 되는 것입니다.

정체성의 거듭남이 없다면 교회를 수십 년 동안 다니고 목사, 선교사, 장로, 권사 등 직분자라 하더라도 그리스도 안에 있는 새로운 피조물이라 말할 수 없습니다. 새것이 아닌 여전히 옛것의 상태, 옛사람이라는 말입니다.

그렇다면 그 변화가 어떻게 가능할까요? 예수님이 십자가에 달려 죽으실 때 성막의 휘장이 찢어진 사건을 통해 성경은 이를 명백히 밝히고 있습니다. 구약에서부터 신약에 이르기까지 성경은 차질 없이 진행된 하나님의 계획, 즉 해 아래를 새롭게 하시겠다는 그분의 구원 사역을 치밀하게 기록하고 있거든요.

새롭고 산 길

신구약 성경을 통해 하나님이 추진하신 구원의 진행 과정을 이해하려면 우선 성막의 내부 구조를 살펴보아야 합니다.

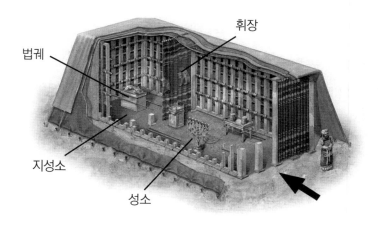

성막의 내부는 지성소와 성소로 구분되어 있습니다.출26:33 지성소는 하나님이 인간과 만나기로 약속한 만남의 장소, 교제의 자리, 소통의 공간입니다.출25:22 그런데 지성소와 성소 사이에 휘장이 가로막고 있지요? 이는 아무나 하나님을 만날 수 없다는 상징성을 갖습니다.

그렇다면 단절의 회복, 연합의 길을 찾아야겠죠? '네가 싼 똥은 네가 치워!' 하는 세상의 틀로 보면 인간의 의지와 노력이 필요한 것처럼 보입니다. 애초에 사람이 사탄의 거짓말에 속아 선악과를 따 먹고 하나님과 분리, 단절된 영적 사망 가운데 처한 것이니까요. 하지만 새것이 없는 해 아래에서 새롭게 되는 것은 사람의 힘과 방법으로는 할 수 없습니다. 돈으로도, 학벌로도, 가문으로도, 권력으로도, 고행苦行이나 선행善行으로도, 진심으로도, 심지어 인간이 만든 종교로도 구원은 아득히 멀 뿐이며 헛수고에 불과하지요.

그렇다면 하나님의 처방은 무엇일까요? 하나님은 '사람이 저질러 놓은 똥, 하나님이 알아서 처리할게,' 하고 말씀하십니다. 네가 저지른 잘못이니까 네가 알아서 해결하라고 말씀하시거나 처리 방법을 알려주시면서 그대로 따라서 해보라고 지시하실 만도 한데, 하나님은 "넌 제발 설치지 마, 좀 가만히 있어, 내가 다 알아서 할게" 이렇게 말씀하신다는 겁니다. 유대인들이 애굽에서 탈출할 때도 그랬고, 홍해를 건널 때도 '너희는 가만히 있어'출14:14 라고 말씀하셨죠.

생각해 보세요. 나무에서 떨어져 나간 나뭇가지를 보고 네가 생명선에서 떨어져 나갔으니 네가 알아서 나무에 접붙어서 수액을 공급받아 살아 보라고 한다면 그건 정말 말도 안 되는 소리죠. 그냥 죽으라는 말이나 다름없을 겁니다. 나뭇가지가 나무에 다시 접목되어 새 생명을 얻기 위해서는 나뭇가지가 아닌 농부의 손길이 절대적으로 필요하니까요.

그래서 하나님은 직접 만남의 방법을 제시하시며, 막혔던 길을 활짝 열어 만남의 자리와 연합을 이루겠다는 뜻을 희생 제사를 통해 보이셨습니다. 대제사장으로 하여금 일 년에 한 차례 짐승의 피를 지성소에 있는 법궤증거의 궤를 덮고 있는 속죄소에 뿌리게 하심으로써 막힌 길을 여신 겁니다.레16장 짐승을 잡아 그 피를 지성소의 속죄소에 뿌리도록 명하신 이 반복적인 의식은 매우 중요한 영적인 의미를 담고 있습니다. 짐승의 피가 아닌 흠 없는 의인의 희생을 통해 죄인을 단번에 대속代贖하시겠다는 하나님의 뜻을 짐승을 잡아 드리는 반복적 희생 제물이 예표하고 있기 때문이지요.히10:1-10 이와 같이 죄와 상관없는 의로운 사람의 피를 통해 죄인의 죄값을 대속하시겠다는 것은 하나님의 구상이자 작정하신 약속입니다.

> 육체의 생명은 피에 있음이라 내가 이 피를 너희에게 주어 단에 뿌려 너희의 생명을 위하여 속하게 하였나니 생명이 피에 있으므로 피가 죄를 속하느니라. 레17:11

이처럼 하나님의 뜻은 작정하신 대로 역사적 현실로 성취되었습니다. 죄 없으신 예수님이 골고다에 세워진 십자가에서 피 흘려 죽으실 때 지성소와 성소 사이를 가로막고 있던 휘장이 위로부터 아래까지 찢어졌습니다.마27:50-51 성막의 휘장이 찢어진 이 사건은 단순한 사건이 아닙니다. 실제 성막의 휘장 두께는 약 15cm 정도입니다. 황소 두 마리가 양쪽에서 잡아 당겨도 찢어지지 않을 정도로 단단한 두께죠.인터넷 한국기독공보, 2012년 4월5일 그러니까 예수님이 운명하실 때 휘장이 찢어져 두 동강이 난 것은 결코 우연히 일어난 일이라고는 말할 수 없습니다. 히브리서 기자는 성막의 휘장이 찢어진 사건을 다음과 같이 설명하고 있습니다.

> 그러므로 형제들아 우리가 예수의 피를 힘입어 성소에 들어갈 담력을 얻었나니 그 길은 우리를 위하여 휘장 가운데로 열어 놓으신 새롭고 산 길이요 휘장은 곧 저의 육체니라.히10:19-20

예수님이 피 흘려 죽으심으로 성소와 지성소 사이의 막혔던 길을 열어 놓았다고 진술합니다. 예수님의 대속으로 말미암아 하나님과 단절된 관계의 복원, 재결합이 가능하게 되었다는 뜻이죠. 해 아래 새것이 없다고 선언된 이 세상 사람들의 영원한 운명 역시 스스로의 힘과 방법으로는 생명과 잇댈 수 없기에 하나님이 예수그리스도의 희생이라는 핏값을 통해 휘장을 가르시고 단절된 관계의 회복을 성취하신 것입니다. 여기에 휘장 가운데로 '열어놓으신'의 헬라어 <엥카이니조>의 뜻이 바로 '새롭게 하다'는 의미입니다. 그러니까 하나님과 단절된 관계의 복원, 즉 새롭게 되는 길은 예수 그리스도의 피에 있다는 말씀입니다. 해 아래 있는 자들에 대한 하나님의 배려이고 존중이며 자비를 베푸신 것이죠. 사람으로서는 어리둥절할 뿐이고 감당하기 어려운 선물입니다.

전도자는 예수 그리스도의 십자가 죽음과 성막 휘장이 둘로 갈라진 사건을 직접 두 눈으로 목격한 것은 아닙니다. 하지만 그는 하늘의 지혜를 받은 자로서 '해 아래 새것이 없다'는 선언 역시 새롭게 되는 유일한 길은 장차 오실 어린양 그리스도의 희생으로 말미암은 하나님의 선물임을 깨달았습니다. 그리고 보면 구원은 사람이 풀어야 할 숙제가 아니라 하나님의 전적인 소관이며 그 분이 허락하셔야 가능한 일임을 다시 깨닫게 됩니다.

연극이 끝나고 난 뒤

인생은 마치 연극 무대라는 공간에서 각자 배역에 따라 행동하다가 조명이 꺼지면 무대 뒤로 사라지는 배우와 같습니다. 시대에 따라 어떤 사람은 고전적 무대와 세트에서 역할을 맡고요, 문명이 발달하면서 어떤 이는 현대적 감각의 무대를 배경으로 연기하기도 합니다. 어떤 무대에서 활동을 하든 결국은 모두 역사라는 무대 뒤로 사라지지요.

한 시대를 풍미하고 호령했던 사람들 가운데 가는 세월을 멈추게 하고 '나는 절대 가지 않겠노라,' 하며 버틴 사람이 있었던 가요? 그래서 그가 지금껏 버티고 있던가요? 버틸 수 없죠, 버티고 싶다고 해서 버틸 수 있는 것도 아니고요. 배운 자나 못 배운 자나, 있는 자나 없는 자나, 큰 자나 작은 자나, 금수저 흙수저 할 것 없이, 인간은 역사라는 한정된 무대에서 앞서고 뒤서며 순서만 다를 뿐 속절없이 묻히고 잊혀지게 마련입니다. 시간과 공간의 제한 속에 살아가는 유한한 존재인 거죠.

하나님과 비길 만한 탁월한 지략을 가졌다고 하는 아히도벨삼하16:23, 한때 막강한 힘으로 세계를 쥐락펴락했던 로마의 알렉산더 대왕, 미모라는 무기로 역사의 물줄기를 바꾸려 했던 클레오파트라, 불로불사를 외치며 불로초를 찾아 다녔던 진시황, 그리고 기발한 아이디어와 기획력으로 IT업계의 신화를 쓴 애플의 스티브 잡스까지. 역사의 무대에서 영원히 주인공의 자리를 유지할 줄 알았던 이들의 삶에도, 무대에는 조명이 꺼졌고 객석에는 정적靜寂만이 남아 고독만이 흐르고 있습니다. 지혜와 힘, 미모와 불로초, 그리고 남다른 신기술로도 인생의 끝이 오는 건 어찌할 수 없었던 모양입니다. 세월 앞에 찬란했던 영광은 철 지난 낙엽처럼 힘없이 떨어지고 말았으니까요. 다른 무대와 세트 위엔 또 다른 배역의 새 연기자들이 분주하게 움직이고 있겠지요.

그렇기에 무대에 오른 모든 연기자들은 한번쯤 멈춰 서서 전도자의 소리에 귀 기울여야 합니다. 세상에 태어나는 순간부터 우리 모두는 별세別世가 기약期約된 존재이기 때문입니다. 전부 예외 없이 한 줌 흙으로 돌아갑니다. 역사의 무대는 냉혹하죠. 육체만 퇴장하는 것이 아니라 얼굴에 땀이 흐르도록 수고해서 확보하고 확장하고 축적한 결과물도 사람들의 기억 속에서 흐려지고 지워지고 결국 사라지고 맙니다.

> 한 소리가 외친다. 너는 외쳐라. 그래서 내가 무엇이라고 외쳐야 합니까? 하고 물었다. 모든 육체는 풀이요, 그의 모든 아름다움은 들의 꽃과 같을 뿐이다. 주께서 그 위에 입김을 부시면, 풀은 마르고 꽃은 시든다. 그렇다. 이 백성은 풀에 지나지 않는다. 풀은 마르고 꽃은 시드나, 우리 하나님의 말씀은 영원히 서 있다.사40:6-8,표준새번역성경

이사야의 외침 속에도 같은 교훈이 담겨 있습니다. 천하장사, 절세미인, 세계 최고의 갑부라 하더라도 사람은 풀과 같고 들의 꽃과 같다는 겁니다. 사람은 세월을 따라 늙고 죽음을 향해 간다는 사실입니다. 이런 얘기를 들으면 왠지 서글퍼지고 마음이 착잡해지죠. 그래서 애써 외면하려 들지만 엄연한 현실이요, 확정된 운명입니다. 인생 무대에서 지나가는 행

인1 혹은 행인 2로 살다가 각자의 역할이 끝난 후에는 모두 자취도 없이 사라진다는 냉엄한 현실은 예외도 없고 부정할 수도 없거든요.

그렇지만 절망하기엔 너무 이릅니다. 이사야는 사라지지 않는, 변하지 않는 영원한 것이 있다고 진술하고 있거든요. 그게 바로 하나님의 말씀이며, 이사야의 외침 속에서 발견해야 하는 중요한 교훈입니다. 성경은 이를 하나님의 언약이라는 이름으로 말씀합니다.

아브라함은 비록 연극 무대에서 사라졌지만 그와 맺은 하나님의 언약은 죽지 않고 살아서 약속대로 이루어졌습니다. 하나님이 그에게 언약하시기를 '네 후손들이 외국 땅에서 나그네가 되어 400년 동안 종살이하며 학대를 받을 것인데 그들이 섬기는 나라를 내가 벌할 것이고, 그 후에 네 후손들이 많은 재물을 가지고 그 나라에서 나올 것이다.창15:13-14'하셨는데요. 아브라함이 175세에 생을 마감했던 때를 어림잡아 BC 1991년으로 보고 출애굽 사건이 BC 1446년 경 일어난 것으로 추산해 볼 때, 아브라함이 죽고 난 뒤 대략 500여 년 후에 그의 후손 즉 야곱의 아들 12명과 그의 식솔들이 언약대로 애굽을 빠져나오게 되었던 겁니다.

풀과 같고 들의 꽃과 같은 유한한 존재인 아브라함, 그가 무슨 수로 가는 세월을 멈출 수 있었겠으며 어떻게 언약하신 출애굽 사건을 지켜낼 수 있었겠습니까. 그 언약은 아브라함이 지킬 수 있는 것이 아니었던 것이죠. 그 말씀의 약속을 이루시는 분은 변함이 없고 영원하신 하나님이십니다. 하나님이 언약하신 것을 하나님이 오롯이 성취하시기 위해, 어쩌면 아브라함은 역사의 무대에서 사라져야만 했던 것인지도 모릅니다.

주연과 조연

　인생을 연극 무대로, 인간을 그 무대에 등장하는 배우로 비유할 때 알게 되는 중요한 사실들이 몇 가지 있습니다.

　우선 배우의 구상이나 열정, 재간이나 재능보다 연출자인 하나님의 의도를 파악하는 것이 중요하다는 겁니다. 연출의 의도는 모르고, 즉 하나님의 말씀을 귀담아듣지 않으면서 자기 열정만으로 설칠 경우 연출자의 큰 뜻을 방해하는 꼴이 되고 말겠죠. 아브라함의 경우에서도 그 자신의 포부와 계획이 아닌 하나님의 뜻이 이루어졌던 것처럼, 이 무대의 중심에 있는 연출자이자 주연은 하나님이시기 때문입니다.

　그렇기에 우리는 또 하나, 조연은 주인공이 돋보이도록 돕기 위해 존재한다는 것을 기억해야 합니다. 조연이 자기 역할을 망각한 채 주연 행세를 하려고 나선다면 개인의 연기력이 아무리 뛰어나다 한들 조연의 역할에서 벗어난 거지요. 조연은 분수를 알고, 주제를 파악해야 한다는 것을 명심해야 합니다.

　그런데 사람들의 태도는 어떤가요? 무대와 세트, 조명 등이 자기를 중심으로 배치되어야 한다고 생각합니다. 이야기의 진행도 자기를 중심으로 흘러가야 한다고 고집하거나 혹은 자신이 연출자인 줄 착각하기도 하지요. 그러다 보니 연출자의 의도와는 상관없이 자기가 하고 싶은 대로 연기하려는 욕구를 버리지 못해 속을 끓이기도 하고 갈등을 일으키기도 합니다. 심지어 자신이 무대뿐 아니라 극장의 주인인 것처럼 행세하기도 하지요.

왜 사람은 조연이라는 자기 주제를 파악하지 못하고 마치 주연인 양, 세상이 자기를 중심으로 돌아가야 한다고 생각하는 걸까요?

세 살배기 손주 녀석을 보면서 깨달은 게 있습니다. 가만히 보자하니 녀석이 자기가 세상의 주인이며 왕자인 것처럼 행세하더군요. 자신이 무대의 주인공임을 추호도 의심치 않습니다. 주변 사람들도 자기를 위해 존재하는 놀이터, 장난감, 혹은 소품 정도로 여기고 있는 게 눈에 훤히 보입니다. 엄마는 자기 필요를 바로바로 채워 주는 무료 자판기이고, 아빠는 자기 기쁨을 위해 마련된 신나는 놀이터라 생각하는 듯합니다. 할아버지와 할머니는 있어도 그만 없어도 그만, 가끔씩 자기가 놀아주는 존재라고 생각하는 것 같습니다. 어린이집 친구들은 장기판의 졸卒이나 체스판의 폰Pawn처럼 온순하고 자기 말을 잘 들어야 그나마 친구로 삼는 듯합니다. 세상에 자기 같은 왕자가 하나 더 존재한다는 것은 경쟁이요 싸움이며 전쟁을 뜻하니까요.

사실 아이는 당연히 어른의 보호와 인도 아래 있는 의존적 존재인데, 손주 녀석은 자기 주제와 분수를 모르고 스스로 뭐라도 된 것처럼 주인공 행세를 합니다. 물론 제 아내와 저는 분위기 파악 못하는 손주의 밉상마저도 재롱으로 보이지요. 어린아이의 치기 정도야 귀엽고 예쁘게 보며 바르게 가르치면 그만이니까요. 그런데 이게 과연 이 녀석만의, 어린아이들만의 문제일까요? 누가 가르친 것도 아닌데 자기가 주연인 양 살아가는 녀석 같은 어른들이 세상에 얼마나 많습니까? 선악과를 따 먹은 후유

증이 얼마나 지독하고 강한 것인지 새삼 깨달았습니다.

전도서는 불신자를 전도할 목적으로 기록한 책이라기보다 교회들에게 하시는 위로의 말씀이라 할 수 있습니다. 여기서 교회라고 하는 것은 건물로서의 교회당을 말하는 것이 아니라 세상의 원리와 방식으로부터 불러냄을 받은 자 곧 성도를 의미합니다. 전도서라는 영어 단어 Ecclesiastes는 '~로부터 불러냄을 받은'이란 뜻의 엑클레시아 즉 교회라는 단어에서 유래했습니다. 그러니까 전도자는 하나님의 말씀을 대언하는 자로서 세상의 방식으로부터 불러냄을 받은 교회성도를 향해 설교를 하고 있다고 할 수 있습니다.

"여러분 내 말 좀 들어보십시오. 사람은 인생이라는 연극이 끝나고 난 뒤 누구나 역사의 무대에서 퇴장합니다. 그리고 원하든 원하지 않든 사람들의 기억에서도 잊혀질 것입니다. 존재는 물론이고 이루어 놓은 업적과 덕행, 공로 등 모든 행위와 공든 탑까지도 기억함이 없을 것입니다. 이처럼 세월이라는 비바람에 닳아 없어질 질그릇 같은 존재가 사람입니다. 그런데 세상에서 불러냄을 받은 교회 여러분, 이것이 정녕 서글픈 일이고 불행이며 저주일까요? 보화가 담겨져 있지 않고 다른 것들로 넘쳐나는 그 인생은 불행할 겁니다. 그렇지만 나의 사라짐과 잊혀짐으로 보화인 그리스도가 빛을 발하고 돋보이게 된다면 그 사람은 주연을 돋보이게 한 조연의 역할에 충실한 자로서 연출자인 하나님으로부터 칭찬을 받고 생명을 얻게 될 것입니다."

모든 육체는 풀과 같고 그 모든 영광이 풀의 꽃과 같으니 풀은 마르
고 꽃은 떨어지되 오직 주의 말씀은 세세토록 있도다 하였으니 너희
에게 전한 복음이 곧 이 말씀이니라벧전1:24-25

'말씀주연은 영원하되 인걸조연은 간 데 없네!'

바람을 잡겠다고

마음을 다하며 지혜를 써서 하늘 아래서 행하는 모든 일을 궁구하며
살핀즉 이는 괴로운 것이니 하나님이 인생들에게 주사 수고하게 하
신 것이라.1:13

사람은 자신의 힘과 방법으로 생존과 안전을 책임지려 합니다. 거기에
는 반드시 수고와 애씀이 따르기 마련이지요. 생존과 안전은 공짜로 얻어
지는 것이 아니니까요. 이러한 생존 본능 때문인지, 사람은 구원마저 자
신의 힘과 방법으로 쟁취하고 소유하려 합니다. 신의 영역뿐 아니라 신까
지도 자기 것으로 소유하려 하고 종국에는 자신이 신이 되려고 하지요.
하나님을 떠난 인간에게서 나타나는 본성적인 반응 같은 것입니다.

전도자가 오지랖이 넓어 남의 문제에 개입하여 잔소리를 하거나 훈수
를 늘어놓은 것이 아닙니다. 자신이 고민하며 질문하고 경험했던 사실에
대한 술회이기에, 어떤 의미에서 이 책은 전도자 자신의 체험 수기라 할
수 있습니다.

'궁구하다'는 표현은 질문에 대한 답을 찾을 때까지 추적해 보았음을
뜻합니다. 전도자가 자신의 의지와 지성을 총동원하여 연구하고 묵상하
였을 뿐 아니라 고행과 수양을 통해 몸소 겪어 보았다는 겁니다. 예루살
렘 왕궁에 살면서 할 일이 없어 배부른 사색에 잠긴 것이 아니라 삶의 질

문에 대해 단념하거나 체념할 수 없었던 것이죠. 산해진미로 배를 채우고 채색 옷으로 온몸을 둘렀지만 영혼의 배는 늘 허기진 상태였음을 쉽게 짐작할 수 있습니다.

"삶이란 무엇인가? 인간은 왜 사는가? 사람은 어디서 와서 무엇을 하다 어디로 가는가?" 이 고리타분한 철학적 질문들은 비단 전도자만의 것이 아닙니다. 철학자나 속세를 떠나 도를 닦는 수도자들의 전유물도 아니지요. 인간이라 명명된 존재라면 누구나 한번쯤 생각해 봐야 할, 생각해보게 되는 필수적인 질문입니다.

전도자는 오고가는 세월 속에서 사람들이 밤잠을 설치며 고민하는 인생에 대한 질문이 '괴로운 것'이라고 정의를 내립니다. '괴로운'의 히브리어 단어 '라'는 '악한, 무거운, 해로운'이란 뜻입니다. 왕궁 생활이 그에게 버거웠던 걸까요? 부러울 것도 아쉬울 것도 없었을 그가 왜 인생에 대한 질문을 '괴로운 것'이라 했을까요? 일평생 그 문제를 추적하고 연구하고 묵상하고 고행하는 즉 인간의 방법과 노력을 통해 답을 찾으려고 하는 인간의 모든 수고는 '괴로운'것 즉 악한 짓에 불과하다는 것을, 전도자는 발견한 것입니다.

그런데 그 악한 짓의 결과물이 놀랍게도 바로 사람이 만든 '종교'입니다. 종교는 인간이 구원의 길을 모색하고 찾아서 스스로 구원에 이르겠다는 신념으로 인본주의의 가장 대표적 산물이죠.

그렇다면 종교는 왜 괴롭고 악하고 무겁고 해로운 것일까요? 종교는 우리에게 일심으로 끊임없이 자신을 갈고 닦고 조이고 기름칠을 함으로써 새로운 사람이 되라고, 될 수 있다고 요구하고 주문하기 때문입니다. 시공간의 제한을 받는 유한한 존재, 풀과 같고 풀의 꽃과 같으며 질그릇처럼 비바람에 퇴색하고 마침내 사라질 인간, 사람의 실상이 이와 같은데 매일 일회용 반창고를 붙이고 고급 향수를 뿌리고 자신을 길들인다고 해서 온전하게 될 수 있을까요? 그게 정말 가능할까요?

만일 이 질문에 '그렇다, 가능하다,' 라고 답한다면 하나님을 떠난 인간의 실상을 아직 파악하지 못한 것입니다. 사람의 실상은 마치 깨진 유리컵과 같습니다. 이런 상태에 놓인 자에게 '할 수 있다, 해 보라'고 격려하는 것은 그저 희망 고문인 거죠. 할 수 없는 것을 하라고, 할 수 있다고 자꾸 행동을 요구하니까요. '안 되면 되게 하라!' 하는 무슨 특수 부대 구호도 아니고 말이죠. 한 쪽 다리의 장애 때문에 100m를 15초 안에 달릴 수 없는 사람에게, 할 수 있으니 해보라고 격려하며 응원하는 꼴입니다. 그런다고 가능해질까요? 그리고 그 격려가 진정으로 상대방을 위하는 사랑일까요?

이러한 일에 앞장서서 상대방을 부추기는 것이 다름 아닌 종교 아닌가요? 그러니 인간이 길을 찾아서 스스로 구원에 이를 수 있다는 자력 종교가 얼마나 악한 것이고 인생의 무거운 짐이자 괴로움이겠습니까. 사랑을 전한다고 하지만 그건 이웃을 더 큰 고통에 빠뜨리는 일이 되고 맙니다.

전도자는 '내가 해 아래서 행하는 모든 일을 본즉 다 헛되어 바람을 잡으려는 것이로다,1:14' 하고 외칩니다. 자신의 힘과 방법으로 인생의 문제, 죄의 문제를 해결하고자 온갖 방법을 동원하는 이들에 대한 전도자의 입장은 단호하죠, '바람을 잡으려는 것이로다.' 해결책을 발견하고 깨달았다

고 판단하여 젖 먹던 힘까지 다해 움켜잡았다 싶었는데 '아뿔싸, 이게 아
니구나,'하며 결국 땅을 치며 후회한다는 말입니다. 깨진 유리컵을 매일
갈고 닦고 조이고 기름치면 온전한 물잔으로 치료, 회복, 변신할 줄 알았
는데… 회칠한 무덤처럼 겉만 그럴듯할 뿐 속은 여전히 송장 썩는 냄새로
가득하더라는 것이죠.

구부러진 인생

구부러진 것을 곧게 할 수 없고 이지러진 것을 셀 수 없도다.1:15

 전도자는 인생을 말하다 말고 난데없이 구부러진 것과 이지러진 것을 논합니다. 당연한 생활의 지혜 같기도 하고 심오한 철학적인 얘기 같기도 한데, 그는 대체 무슨 이야기를 하고 싶은 걸까요?

 '구부러졌다'는 원어의 뜻은 '휘어지다, 비틀어지다'입니다. 영어 성경 KJV는 이를 크룩crook이란 단어로 번역했습니다. '기형의, 부정직한, 고장 난, 결함이 있는, 쓸모없는'이란 뜻입니다. 그리고 갈고리처럼 꼬부라진, 사기꾼이라는 뜻도 있습니다. 사도행전 2장 40절에 '패역한'이란 단어가 나오는데 이 역시 크룩과 동일한 뜻으로 원래 상태로 되돌릴 수 없을 만큼 심각하게 고장났거나 망가졌다는 의미로 해석할 수 있습니다.

 단어의 의미와 앞뒤 문맥으로 볼 때 '구부러졌다'는 단어는 사물의 모양이 아니라 사람의 상태를 말하고 있음을 알 수 있습니다. 그렇다면 구부러진 사람이란 어떤 사람을 말하는 걸까요? 사회나 가정에서 격리시켜야 할 흉악한 범죄자를 가리켜 구부러졌다고 단죄한 것일까요? 살인이나 도둑질, 사기, 그리고 폭언과 폭행을 일삼는 그런 사람들 말입니다. 아니면 신체적으로 장애를 갖고 있거나 정신적으로 결함이 있는 자들을 싸잡아 쓸모없는 사람 즉 구부러진 상태라고 표현한 것일까요? 사람들이 생각할 수 있는 '구부러진'에 대한 보편적인 이해가 아마 이 정도이지 않을까 싶습니다.

하지만 성경은 전혀 다른 입장에서 '구부러진'을 언급하고 있습니다. 성경의 관점, 그 비밀을 밝혀내는 열쇠는 바로 창세기 2장에 있습니다.

하나님은 아담이 '돕는 배필'이 없으므로 아담을 깊이 잠들게 하시고 그의 갈빗대를 취하여 여자를 만드셨습니다.창2:20-22 성경에서 '잠들다'는 육신의 수면이나 마취상태를 말한다기보다 죽음의 동의어로 사용되곤 합니다. 그러니까 여자는 아담의 죽음이라는 고통을 통해 존재하게 되었음을 시사합니다. 그리고 돕는 배필이라고 하는 것은 여자가 남자의 옆에서 보조하고 돌보는 그런 개념이 아니라 남자와 짝이 딱 맞는 상대, 남자와 가장 잘 어울리는 대상, 남자를 알맞게 도울 수 있는 존재라는 의미입니다. 말하자면 남자의 제짝은 땅의 짐승이나 영적 존재인 천사나 세상의 그 어떤 물건이 아니라 남자에게서 비롯된 여자라는 의미인 것이죠.

아담이 자신의 죽음을 통해 탄생하게 된 돕는 배필 여자를 보는 순간 고백한 내용이 무엇인가요?

이는 내 뼈 중의 뼈요 살 중의 살이라.창2:23

아담의 고백은 여자의 환심을 사서 자기 아내로 삼으려는 듣기 좋은 말이 아닙니다. 여자가 남자와 별개인 타자他者가 아니라 일심동체로서 아담 자신의 지체肢體라는 사실을 암시하고 있는 말이지요. 아담 자신의 팔, 다리 혹은 몸 안의 여러 장기臟器처럼 여자는 아담 몸의 일부와 다름없다는 솔직한 표현입니다. 따라서 여자는 남자의 기분이나 감정 또는 상황과 장소에 따라 떼었다 붙였다 하는 장식품이나 심심풀이 땅콩이 아니라 어떤 상황, 어떤 여건이라 하더라도 잘라내거나 포기할 수 없는 소중한 지체와 같은 존재라는 겁니다. 남자와 짝이 딱 맞는 존재는 오직 여자이고, 여자 역시 남자 이외의 다른 것은 제 짝이 아니기에 누구와도 서로 맞을 수 없다는 뜻까지 담은 표현인 것이지요. 이처럼 떼려야 뗄 수 없는 관계, 둘이 연합하여 하나를 이룬 상태를 성경은 결혼 즉 부부라는 관계로 설명합니다.

예를 들어 보겠습니다. 뚜껑이 닫힌 음료수 병이 하나 있습니다. 병따개를 가지고 뻥 소리를 내며 뚜껑을 열었습니다. 한번에 다 마실 수가 없을 것 같아 다시 뚜껑을 찾습니다. 방금 분명히 제 뚜껑이었는데 병따개로 한번 구부러지니 닫히질 않네요. '안 되겠다' 싶어 제법 비슷한 다른 뚜껑을 가지고 닫기를 시도해 봅니다. 그런데 제 뚜껑이 아니라 병이 흔들리는 바람에 내용물이 쏟아지기도 하고 억지로 맞추려고 하다 보니 뚜껑이 찌그러져 버립니다. 이와 같이 병에서 떨어져 나간 병뚜껑은 분리되는 순간 더이상 정상적인 모습이 아닌 휘어지거나 비틀어진 구부러진 상태가 되는 거고요, 제짝이 아닌 것을 맞추려는 건 헛수고라는 이야기입니다.

부부 관계는 민감하면서도 사람들이 이해하기 쉬운 소재이지요. 그래서 하나님은 남녀의 결혼을 통해 그리스도와 교회의 관계를 설명하시고자 남자에게서 비롯된 남자의 제짝인 여자를 만드셨습니다. 아담을 깊이 잠들게 하시고 즉 남자의 죽음을 통해 여자를 만드신 데에는 단지 남자와 여자가 만나서 결혼하여 백년해로하라는 목적이 아니라, 부부로 하나된 관계를 통해 예수 그리스도와 교회성도의 관계를 말하시려는 본질적인 의도가 담겨 있다는 겁니다. 이러한 영적인 진리를 깨달은 사도 바울은 그리스도와 그의 아내인 교회의 관계를 설명하기 위해 육신의 남편과 아내의 관계를 언급했던 것입니다. 엡5:22-32

이제 '구부러졌다'는 단어로 다시 돌아가 볼까요? 여자 곧 성도는 남편이신 그리스도와 짝이 맞도록 설계되고 의도되었습니다. 이 관계가 안성맞춤이죠. 그런데 사탄의 달콤한 유혹에 넘어가 선악과를 덥석 따 먹은 성도가 제짝이 아닌 다른 것을 의지하며 만족을 얻겠다고 결별을 선언합니다. 속된 말로 고무신을 거꾸로 신은 거죠.

바람난 성도는 그리스도를 버리고 세상을 따라갑니다. 세상이라고 하는 것은 육신의 정욕, 안목의 정욕, 그리고 이생의 자랑의 집합체를 말합니다. 참고.요한1서2:15-16 제짝인 그리스도와의 연합을 헌신짝처럼 버리고 이 세상이나 세상에 속한 것들을 추구하고 사랑하는 모습이, 하나님의 눈에는 마치 병뚜껑이 병에서 이탈하여 떨어져 나간 것처럼 정상이 아닌 휘어지고, 비틀어지고, 고장난, 구부러진 상태라는 겁니다.

어디에서도 들어본 적 없는 생경한 이야기처럼 들리시나요? 관심은 물론, 인정할 수도 없고 받아들이기조차 어려운 내용일 겁니다. 하지만 전도자는 사람들이 인정하든 인정하지 않든 하나님의 대사로서 하나님의 시선으로 사람의 실상을 기탄없이 진술하고 있습니다.

이지러진 인생

'이지러지다'의 히브리어 '헤쓰론'은 '부족, 결여, 결핍'이란 뜻으로, 컵에 물이 덜 차서 가득하지 못한 상태를 의미합니다. 밑 빠진 독을 생각하면 이해가 쉬울 것 같네요. 물을 부어도 부어도 채워지지 않는 상태, 그래서 항상 부족한 상태, 그게 '이지러지다'입니다.

이지러진 것의 대표적인 예로 초승달을 들 수 있습니다. 어느 한구석도 모자라지 않게 꽉 찬 보름달에 비해 초승달은 한 쪽이 빈 채로 이지러진 것처럼 보이지요. 과연 이지러진 초승달을 사람의 힘과 방법으로 채워서 보름달이 되게 할 수 있을까요? 불가능한 일이죠. 마찬가지로 사람이 이지러진 인생을 채우려고 온갖 수단과 방법을 동원하더라도 모두 부질없는 노릇입니다. 제짝을 버린 결과로 야기된 결핍이 바로 이지러짐이기 때문입니다.

제짝이 아닌 것으로 아무리 채우려 하고 맞추려 해도 구부러지고 이지러진 상태로는 충만하게 채울 수 없다는 것이 성경의 진술입니다. 제짝인 그리스도를 버린 사람의 영혼은 아무리 마셔도 갈증이 가시지 않고 아무리 채워도 채워지지 않는 부족함에 안달하며 살아갑니다. 명품을 몸에 둘러도 만족함은 6개월을 넘기지 못하고 사그라들고요, 꿈에 그리던 자동차나 집을 소유해도 3년이 못 가서 새로운 만족거리를 찾아 다닙니다. 외모에 대한 열등감으로 성형을 시작했는데 나중에는 성형 중독에 빠져 제 모습을 다 잃고도 멈출 줄을 모르지요. 밑 빠진 독이 따로 있는 것이 아니라 이지러진 사람의 마음이 끝이 보이지 않는 무저갱인 겁니다.

성경은 사마리아 여인의 이야기를 통해 사람이 이지러진 결핍을 채울 수 없고 결코 만족을 얻을 수 없다는 사실을 여실히 보여주고 있습니다.요 4:1-30 예수님과 제자들 일행이 사마리아의 수가라는 한 마을에 이르렀습니다. 야곱의 우물이 있는 곳이지요. 제자들이 먹을 것을 구하러 마을에 들어간 사이 예수님은 우물가에 앉으셨습니다. 때는 낮 12시경이었는데요. 마침 사마리아 여자 하나가 물을 길으러 나옵니다. 중동 지역에서는 사람들이 한낮의 열기가 식은 후에 물을 길러 오는 것이 풍습이라, 오후 늦게나 되어야 우물가에 모여 마을의 돌아가는 일들과 각종 정보를 나누며 이야기꽃을 피우는 게 일상입니다. 그러니 여자 혼자 대낮에 우물 물을 길으러 왔다는 것은 급하게 물이 필요하다는 말이기도 하지만, 동네 사람들과 마주치고 싶지 않은 어떤 사연이 있다는 걸 짐작하게 됩니다.

그렇게 낮 12시에 수가라는 마을의 우물가에서 유대 청년 예수와 사마리아 여인이 만나게 됩니다. 예수님이 물을 좀 달라고 하시자 여자는 당황스럽고 의아해 어쩔 줄 몰라 하며 묻습니다."당신은 유대인인데 어떻게 사마리아 여자인 나에게 물을 달라고 하십니까?"유대인과 사마리아 사람이 상종하지 않게 된 까닭은 BC 722년경 앗수르가 사마리아 지역을 정복했을 때 혼혈 정책을 통해 피를 섞어 버렸던 역사적 배경에 있습니다. 원래 유대인이나 사마리아인이나 같은 아브라함의 후손인데, 사마리아 지역의 사람은 이방인의 더러운 피가 섞인 잡종이기 때문에 더이상 아브라함의 순수 혈통이 아니라며 남쪽 유다 사람들이 북쪽 사마리아인을 혐오하며 차별했던 거죠. 유대인들은 사마리아 땅을 밟는 것조차 꺼려할 정도였습니다. 그러니 기피 대상인 사마리아 여자를 보고 유대 청년이 물을 달라며 말을 걸어온 것에 대해 사마리아 여자로서는 의외라는 반응을 보일 수밖에요.

그런데 예수님은 구구한 설명 대신 '이 물을 마시는 사람마다 다시 목마를 것이지만 내가 주는 물을 마시는 사람은 절대로 목마르지 않을 것이다. 내가 주는 물은 그에게 끊임없이 솟구쳐 나오는 영원한 생명의 샘물이 될 것이다.'는 말씀을 하십니다. 여자가 간절하게 요청하며 "선생님, 그런 물을 나에게 주십시오! 그러면 내가 다시는 목마르지도 않고 물을 길으러 여기까지 올 필요도 없을 것입니다." 하자 예수님은 대뜸 "가서 네 남편을 불러오너라." 라고 대답하십니다. 우물가에서 물 얘기를 하다 말고 이제는 남편을 불러오라니, 처음 본 낯선 유대 청년의 비상식적이고도 무례하기까지 한 말씀이지요?

풀죽은 여자가 '남편이 없다'고 고하자, 예수님은 기다렸다는 듯 "너에게는 남편이 다섯 명이나 있었으나 지금 너와 함께 살고 있는 사람도 사실 네 남편이 아니니 너는 옳은 말을 한 것이다." 라고 답하십니다. 여자가 남편 다섯을 두었던 것뿐 아니라 지금 함께 살고 있는 여섯 번째 남자도 실은 남편이 아니라고 말씀하시는 겁니다. 그런데 여기서 남편이라고 하는 것은 한지붕 아래 한 이불을 덮고 자는 육신의 남편만을 뜻하는 것이 아닙니다. 남편 삼아 살아가고 있는, 주인 삼아 살아가고 있는 이 세상의 가치와 내용 일체의 것을 말합니다. 돈, 쾌락, 권력, 그리고 명예나 학벌, 외모, 또한 종교적인 행위나 공로 등등을 떠받들고 의지하며 만족을 얻으려 하는 것을, 예수님은 남편이란 단어로 함축하여 말씀하신 겁니다.

이 행간을 살펴보면 "제짝인 그리스도를 버리고 세상을 따라 간 이지러진 여자여, 당신이 세상적인 내용과 종교적인 행위 등을 남편 삼아서 결핍을 채우려 하고 만족을 얻으려 했지만 밑 빠진 독과 같이 그 결핍을 채울 수 없었고 만족할 수 없었구나."라는 날카로운 지적입니다. 남편을 다섯이나 갈아치워야 했던 사마리아 여인을 향해 "너의 이지러진 상태를 채워줄 수 있는 유일한 제짝, 갈급한 인생의 목마름을 해소해 줄 너의 진정한 남편은 누구냐?"라고 묻고 계신 겁니다. 그리고 '이지러진 인생에게 예수님 자신이야말로 완전히 채워지는, 더이상 갈증이 나지 않는 생명의 샘물'이라고 말씀하신 것이죠. 돈, 명예, 권력, 쾌락, 학벌 등은 세상을 살아가기 위해 필요한 것들입니다. 많은 부분에서 생활의 편리를 제공하지요. 종교적인 선행이나 공로 역시 삶의 의미와 만족에 한 몫을 하고요. 그래서 사람들은 할 수 있으면 더 많이 이 세상의 것을 확보하려고 애쓰며 살고 있고, 마음의 평안을 얻고자 이런저런 형태의 종교적 마일리지를 쌓습니다. 그런 세상을 향해 그리고 교회를 향해, 전도자는 구부러진 것을 곧게 할 수 없고 이지러진 것을 셀 수 없다는 진술을 통해 다음과 같은 영적인 도전을 합니다.

> "여러분, 진정한 남편이신 그리스도에게서 떨어져 나간 구부러지고 이지러진 여자가 당신 맞습니까? 사탄의 꼬임에 빠져 선악과를 따 먹고 하나님과 맺은 언약을 헌신짝처럼 버리고 세상을 따라간 그 여자가 당신 맞지요? 세상과 종교를 남편 삼아 만족과 안식을 얻어보려 했지만 제짝이 아니기에 또 다른 남편 또 다른 물을 끊임없이 찾아다니는 갈급한 여자 말입니다."

이 도전으로 전도자는 스스로 어떻게 할 수 없이 구부러지고 이지러진 실상이 말씀이신 그리스도 앞에서 낱낱이 드러났는지에 대해 묻습니다. 그러나 민낯을 까발리고 변화를 채찍질하는 것이 전도자의 목적은 아닙니다. 오히려 당신의 몸된 지체를 찾아오신 주님은 구부러지고 이지러진 지체들에게 구부러진 것은 스스로 바로잡고, 이지러진 것이 있다면 열심히 도를 닦아 보충하라며 다그치는 분이 결코 아니라는 점을 환기시킵니다. 그러한 가르침은 세상이 주는 물이요 종교가 주는 물이라, 물은 물인데 소금물과 같아서 처음엔 해갈된 듯 느끼지만 마시면 마실수록 또 다른 갈증을 가져다 줄 뿐입니다.

그리고 전도자는 희망의 메시지로 결론을 맺습니다. 참 남편이신 예수 그리스도는 십자가의 죽음이라는 핏값을 지불함으로써 구부러지고 이지러진 자를 신부 삼으십니다. 구부러지고 이지러진 민낯이 말씀이신 그리스도 앞에서 드러났느냐 묻는 이유가 바로 여기에 있습니다. 진정한 남편이신 그리스도를 버리고 떠난 여자의 실상을 보게 하려는 겁니다, 그 여자가 바로 에덴 동산에서 은혜의 언약을 맺은 그리스도의 배필 곧 떼려야 뗄 수 없는 지체이기 때문입니다. 이와 같이 제짝을 다시 만나 연합을 이룬 상태를 성경은 평안, 안식, 충만이라 말합니다.

광기로 가득 찬 세상

'지혜의 사람' 솔로몬, 그는 당시 세상이 인정하는 지혜의 아이콘이었습니다. 그의 지혜가 동양 모든 사람의 지혜와 애굽의 모든 지혜보다 뛰어났다왕상4:30고 성경이 기록하고 있으니까요. 그는 문화와 예술 분야에서도 탁월한 재능을 가진 만능 재주꾼이었습니다. 동식물, 어류, 나무와 토목에 대한 지식이 해박했고, 문학적인 소양도 풍부해서 삼천 개의 잠언과 일천 다섯 곡의 노래를 지었거든요.왕상4:29-34 이 정도면 걸어 다니는 도서관이라 해도 손색이 없겠지요? 솔로몬 스스로도 자기 지혜를 분명히 인지하고 있었는지 한껏 자랑하고 있는 대목이 등장하는데요, 쉽게 풀면 다음과 같은 내용입니다.

> 내가 마음속으로 생각해 보았는데 나보다 많이 알고 똑똑한 사람을 지금껏 만나본 적이 없다. 나보다 뛰어난 팔방미인 재주꾼 있으면 나와 봐. 한번 겨루어 보자! 어느 누가 감히 내 앞에서 지혜와 지식을 논하겠는가? 만일 있다면 공자 앞에서 문자 쓰는 격이고, 물비누 앞에서 거품 풀고 있는 격일 테니 그야말로 꼴불견일세.1:16

조금은 재수 없어도 인정할 수밖에 없는 게, 성경의 기록에 의하면 솔로몬의 지혜는 인류 역사 속 모든 천재들의 아이큐를 합산해도 비교할 수 없을 만큼 천부적이었거든요. 그런데 그토록 공부하고 연구해서 세상 모든 지혜와 지식을 섭렵한 솔로몬, 아니 전도자도 인생을 살아가면서 갈급한 무언가가 있었나 봅니다. 물론 처음에는 해박한 지식이나 정보, 학식 등 세상 지혜에 목말라했을지 모르겠습니다만, 살면 살수록 또 알면 알수록 세상은 어떤 모습이며 사람들은 무슨 정신으로 살아가고 있는지 눈을 크게 뜨고 살펴보려고 했던 것 같습니다.

> 내가 다시 지혜를 알고자 하며 미친 것과 미련한 것을 알고자 하여
> 마음을 썼으나 이것도 바람을 잡으려는 것인줄을 깨달았도다.1:17

전도자는 미친 것과 미련한 것이 무엇인지 알고 싶어 미친 듯이 연구하고 살펴보며 직접 경험까지 해 보았던 모양입니다.

여기서 '미친 것'히,호레라은 광기狂氣라는 뜻인데요. 광기가 뭔가요? 미친 듯이 성질을 풀어내고 미친 듯이 날뛰는 기질, 곧 뭔가에 정신이 팔려서 제정신이 아닌, 분별력을 잃은 상태를 말합니다. 그리고 '미련한 것'이란 감각 기관을 통하여 대상을 인식하거나 분별하지 못한 채 지각 없이 사는 것을 의미합니다. 무감각한 상태인 거죠.

전도자는 잠시 할 말을 잃었습니다. 세상이 돌아가는 꼴이며 사람들이 살아가는 모습이, 말이 사람이지 실은 지각 없는 짐승과 크게 다를 바 없었기 때문입니다.

미친 것과 미련한 것이 무엇인지 한 예를 들어 보겠습니다. 두 사람이 대낮부터 술을 먹기 시작했습니다. 딱 한 잔만 먹기로 했던 약속은 사람이 술을 마시다가 술이 술을 마시고 마침내 술이 사람을 마시는 지경까지

갔지요. 만취한 상태에서 술집을 나오던 한 친구가 이렇게 말합니다.

"아직도 해가 중천에 떠 있구먼."

그러자 옆에 있던 친구가 그 말을 받아칩니다.

"저게 달이지, 어떻게 해냐. 너 취했지?"

두 사람은 길거리에서 부끄러운 줄도 모르고 언성을 높여 싸웠습니다.

"넌 취했어!"
"멀쩡한 사람 잡지 마, 난 취하지 않았어!"
"달이다."
"아니다. 해다!"

그때 마침 저쪽에서 행인 한 사람이 오고 있습니다. 한 친구가 이런 제안을 합니다.

"이러지 말고 저기 오는 사람에게 달인지 해인지 물어보자. 만일 달이라고 하면 내가 한잔 사마. 해라고 하면 그땐 네가 벌주를 사야 한다. 오케이?"

두 사람은 합의를 보았습니다. 그리고 그 행인에게 물어보았지요.

"뭘 좀 물어봐도 되겠소. 하늘에 떠 있는 저것이 달이요 해요?"

질문을 받은 사람은 순간 당황했는지 잠시 머뭇거리더니 입을 열었습니다.

"글쎄요, 이 동네에 안 살아서 잘 모르겠는데요."

이 동네에 살지 않기 때문에 달인지 해인지 분간할 수 없다니, 이 사람도 제정신은 아니지요?

이 이야기는 술에 취해 지각 없이 살아가는 '광기 어린 세상', 분별력을 잃어버린 무감각한 인생의 모습을 그리고 있습니다. 사람들은 제각각 자신이 선악을 판단하는 기준이 되어 스스로가 맞다고 옳다고 주장하면서 제 잘난 맛에 살아가지만, 너 나 할 것 없이 모두 술에 취한 것처럼 제정신이 아니라는 점을 풍자하고 있지요.

비단 술뿐이겠습니까. 어떤 이는 돈에 취해, 어떤 이는 권력에 취해, 또 어떤 이는 명예나 학벌, 쾌락, 외모, 건강, 자식, 도박, 쇼핑, 명품 등등에 미친 듯이 몰입해서 살아갑니다. 심지어 신앙이 아닌 종교에 빠져 영이 어떻고 혼이 어떻다느니 하며 혼란스럽게 살아가는 사람도 있지요. 한마디로 이 세상은 온통 요지경 속이고 미쳐 돌아가는 '광기 인생'입니다.

그런데 왜 세상은 술 취한 사람처럼 이렇게 정신없이 미쳐 돌아가고, 또 사람들은 자기가 무슨 짓을 하는지도 깨닫지 못한 채 무감각하게 살아가는 걸까요?

전도자는 자신의 지혜를 총동원해서 이 광기로 가득한 세상, 무감각한 인생의 원인을 추적하고자 밤낮없이 탐구했던 것 같습니다. 그리고 수백 편의 논문도 써보고 수 차례의 학술 대회도 열어봤지만 이 세상의 지혜로는 그 원인도 해답도 찾지 못했다고 솔직하게 고백합니다.

당연하지요. 제정신이 아닌, 구부러지고 이지러진 사람이 그 답을 찾겠다고 하니 자기도 모르는 내용을 답이라고 지어낼 수밖에 없지 않겠습니까. 제정신이 돌아오고 보니 그제야, 세상과 사람의 실상을 사람의 지혜로 파악하려고 했던 수고와 노력이 바람을 잡으려는 것처럼 헛된 수고였다는 점을 발견하게 된 것이죠.

전도자는 털어놓습니다.

> 지혜가 많으면 번뇌가 많으니 지식을 더하는 자는 근심을 더하느니라.1:18

건져 냄을 입은자

　세상과 인생에 대한 전도자의 통찰은 고유하고 독특한 관찰이나 깨달음이라고는 보기 어렵습니다. 성인이라고 하는 사람들, 소위 현자들이 이미 수없이 질문했던 내용이고 살펴보았던 철학과 얼핏 비슷하거든요. 사실 종교든 철학이든 혹은 인문학이든, 결국은 각자의 관점에서 미쳐 돌아가는 세상과 그 속에서 구부러지고 이지러진 인생사를 다루고 있으니까요.

　세상 종교에서는 보통 그 답을 수행이라 하더군요. 일심으로 정진하면 내 안에 있는 참 나, 얼 나, 진짜 나를 발견하게 되고, 그러면 비로소 생로병사와 번뇌의 괴로움에서 벗어나 조금씩 자유하게 된다고 가르칩니다. 참 나를 통해 맑은 정신, 바른 마음으로 덕행을 많이 쌓으면 그 보응으로 이 땅에서 잘되고 자손들도 무탈하며 죽어서도 좋은 데 간다는 거지요. 종교마다 제시하는 방법은 조금씩 다르겠지만, 결국 내가 행위의 주체가 되어 도를 닦으면 해탈한다는 이야기입니다. 인문학의 내용도 크게 다르지 않은데요, 나로 시작해서 나로 끝납니다. 내가 어떻게 하느냐, 곧 모든 것은 내가 하기 나름이라는 거죠. 그런데 사람이 수행을 통해서 나의 감정과 마음의 작용을 통제할 수 있고 스스로 의를 이룰 수 있다면 자신이 곧 하나님이 되는 거 아닐까요?

　교회 역시 방법적인 면에서 세상 종교나 인문학의 가르침과 크게 다르지 않습니다. 내가 밤을 새워 기도하고, 내가 정성을 바치고, 내가 간절히 사모하면 성령을 받아 번뇌에서 벗어나 평안을 얻게 되고 또 내가 원하고 바라는 것도 응답받을 수 있다, 그러니 교회에서도 내가 하기 나름이라고 가르치고 있는 셈이죠. 예수는 나의 소원을 들어 주기 위해 있는 알라딘의 요술램프 속 지니 같은 존재에 지나지 않습니다.

그렇다면 광기 인생, 광기 세상에 대한 전도자의 입장은 어떻습니까? 세상의 지혜로는 답을 얻을 수 없으니까 괜한 수고하지 말라는 충고를 하는 걸까요? 전도자가 아닌 그 누가 경험자로서 신신당부한다고 해도 어디 사람들이 그 말을 듣겠습니까. 사람은 누가 하지 말라고 해서 고분고분 순종하거나 스스로 안 할 수 있는 능력이 없거든요. 하나님이 '선악과 따 먹지 마라, 먹는 날에는 반드시 죽는다'고 명령을 하셨음에도 덥석 따 먹은 게 사람이잖아요.

사람은 누가 뭐라 하더라도 자기 하고 싶은 대로 하면서 삽니다. 그리고 자신이 선악 판단의 재판장이 되어 있기 때문에 자기가 옳다고 생각하는 것을 따라 살게 마련입니다. 혹시 술에 취한 사람의 얘기를 들어 보신 적이 있나요? 자기가 술 취한 줄도 모르고 멀쩡하다고 맨정신이라고 우기죠. 자기 기준에서 판단하고 자기 생각을 고집스럽게 주장합니다.

술에 취한 상태인데도 멀쩡하다는 착각이 어느 정도로 심각했는지, 이 땅의 주인이면서 하나님의 아들인 예수님이 광기 인생을 구원하기 위해 이 세상에 오셨는데도 알아보는 사람이 없었답니다. 그뿐 아니라 자기들의 판단이 옳다면서 예수님을 십자가에 못박으라고 외쳐 결국 죽여 버렸지요. 그 때 예수님은 "아버지, 저 사람들을 용서하여 주십시오. 저 사람들은 자기네가 무슨 일을 하는지 알지 못합니다."눅23:34. 새번역 라고 말씀하셨습니다.

그렇습니다, 사람은 자기가 무슨 짓을 하는지 알지 못합니다. 자기 판단에 취해 있고, 세상 지혜에 취해 있고, 세상에 속한 것에 몰입하고 있기 때문이지요. 그래서 예수님이 이 땅에 다시 오신다 해도 세상의 지혜로는 알아볼 사람이 없을 것이고 예전처럼 핍박하고 배척할 겁니다.

세상이라는 술, 종교라는 술에 취해 나를 위해 살아가다가 자신이 그리스도이신 예수를 죽이는 일에 동조한 한 패라는 걸 혹 깨닫는다면 그 사람은 술에서 깬, 제정신이 돌아온 자입니다. 술에 취한 상태에서는 감각이 마비되어 자신의 실상이 광기 인생이란 걸 몰랐지만 제정신이 돌아와 마비가 풀리고 분별하게 된다면, 세상이라는 술에 취해 살아가는 모습이 방탕하고 어리석은 삶이라는 사실에 눈뜨게 되는 것이기 때문이지요. 이렇게 눈을 뜬 자만이 비로소 자신이 십자가 대속의 은혜를 입어야 할 죄인이라는 걸 깨닫게 되는 것입니다.

전도자의 말씀은 세상과 종교라는 술독에서 건져 냄을 받은 성도들을 향한 외침입니다.

전도서 2장

행복이라는 파랑새

나는 내 마음에 이르기를 자, 내가 시험적으로 너를 즐겁게 하리니
너는 낙을 누리라 하였으나 본즉 이것도 헛되도다 2:1

사람들은 어떤 말초적인 자극에 의한 즐거움을 말할 때 보통 쾌락이라
고 합니다. 어딘지 모르게 부정적으로 들리지만 그건 사실 선입견 때문입
니다. 국어사전은 감성의 만족, 욕망의 충족에서 오는 유쾌하고 즐거운
감정을 쾌락이라 정의합니다. 꼭 나쁜 것만은 아닌 거죠. 기쁨, 낙 같은 단
어와 동의어로 사용되기도 하고요. 사실 이들은 모두 기쁘고 즐거운 감
정이나 만족한 상태를 말하고 있습니다. 그렇다면 이들을 한 단어로 묶어
정리하자면 무엇이 될까요? 바로 행복입니다.

그렇다고해서 행복을 찾아 나선 전도자. 충동적인 어설픈 시도가 아니
라, 행복의 종점은 어디인지 그 끝을 보고야 말겠다는 굳은 결심이 느껴
집니다. 행복해질 수만 있다면 그 어떤 것도 금하지 않고 모조리 경험해
보았다고 진술하고 있거든요.

무엇이든지 내 눈이 원하는 것을 내가 금하지 아니하며 무엇이든지
내 마음이 즐거워하는 것을 내가 막지 아니하였으니 이는 나의 모든
수고를 내 마음이 기뻐하였음이라 이것이 나의 모든 수고로 말미암
아 얻은 분복이로다 2:10

그는 오감으로 느끼는 쾌락은 물론 살아가면서 맛보고 느낄 수 있는 모든 행복감까지 만끽해 보았던 것 같습니다. 쾌락을 누릴 환경과 조건이 충분했기 때문이겠죠. 어느 누구의 제재나 간섭, 눈치도 받지 않은 채 자유롭게 마음껏 즐길 수 있었을 것입니다. 평범한 사람도 '내돈내산'하겠다면, 즉 내 돈 가지고 내가 원하는 것을 사겠다고 한다면 누가 뭐라 하겠어요. 하물며 예루살렘의 왕으로서 최고의 부와 권력을 손에 쥔 전도자가 쾌락의 끝까지 가보겠다는데 누구도 감히 제동을 걸지 못했겠지요.

거리낌없이 육체적, 정신적, 감성적 자극의 말초未梢를 맛보고 경험한 그의 쾌락은 사물을 제대로 인식하지 못하는 인사불성의 상태까지 내려갔습니다. 그 매개는 술이었습니다. 그는 술로 인생을 즐기려고 시도했다고 말합니다. 술로 연못을, 고기로 숲을 이룬다는 주지육림酒池肉林 같은 생활이었겠지요.

> 나는 많이 생각한 끝에 계속 지혜로운 길을 추구하면서 술로 내 인
>
> 생을 즐기려고 하였으며 이것이 세상 사람들에게는 짧은 인생을 사
>
> 는 최선의 방법이라고 생각하였다.2:3, 현대인의성경

그의 행복 찾기는 부어라 마셔라 하며 기분을 즐기는 것에만 한정된 것은 아니었습니다. 건축사업에 몰두했고요, 공원을 만들어 각종 과일 나무를 심었고 관개 시설을 위해 저수지도 팠습니다. 또한 노예를 사들이고 집에서도 노예를 낳게 했지요. 축산업에도 관심이 있었는지 많은 가축을 소유했으며 은과 금을 거둬들였고 노래로 자신을 즐겁게 하고 여자와 첩을 수없이 거느렸다고 기록 합니다.2:4-8

전도자 자신이 말한 대로 그는 정말 행복해질 수 있다면 무엇이든 해보았던 것 같습니다. 행복이라는 쾌락의 바다에 빠져 살았던 것이죠. 이스라엘을 대표하는 왕으로서 혹시 지상낙원, 에덴의 회복을 자신의 힘으로 실현시키려 했던 것은 아닐까 하는 상상도 해봅니다.

그런데 이 행복에 대한 갈망, 전도자만 시도했던 것일까요? 이 땅을 거쳐간 사람들, 현재 이 땅에서 살아가는 사람들, 그리고 앞으로 이 땅에서 살아갈 사람들은 사실 모두 낙을 누리기 위해, 행복한 삶을 살기 위해 이런저런 계획을 세우고 수고합니다. 밤잠 안 자고 열심히 공부하는 것, 돈 벌겠다고 새벽부터 뛰어 다니는 것, 근로 조건이 좋은 직장에 들어가려고 하는 것, 결혼하여 가정을 이루고 넓은 집에서 고급 승용차를 몰고 다니려는 것, 그리고 학문적인 업적이나 종교적인 공로를 이루고자 하는 것 등등 행복을 맛보고 누리기 위해 애쓰는 삶이 가득합니다.

이쯤 되면 아시겠지만, 행복을 찾으려고 노력하다 보니 행복을 찾았더라 한다면 전도서가 아니겠지요? 전도자는 돌연 "이것도 헛되도다"라며 뱉어냅니다. 그리고 인생의 참 만족을 얻지 못했다고 고백하지요.

> "행복의 정점을 찍는 순간 더 큰 허탈감이 밀려오니 이를 어쩐단 말
> 인가? 이게 행복이란 말인가? 덧없기만 하다."

전도자는 행복이라는 파랑새를 잡아 보겠다고 온갖 수고와 경험을 해보았습니다. '이것이야말로 내 수고의 대가였다.'2:10라고 털어놓았듯이 전도자가 누렸던 행복이 거저 얻은 것은 아니었습니다. 밤낮없이 노력하고

수고해서 얻은 결과였지요. 자신이 땀흘린 결과로 주어진 만족 즉 행복이 처음에는 기쁘고 신났을 겁니다. 그래서 더 신나게 일을 했겠고, 보상으로 더 많은 것을 얻고 누렸겠지요. 바로 여기서 전도자는 자기가 얻은 행복이 자신의 수고 즉 핏값의 보상이라는 것을 깨닫게 된 겁니다. 선물이 아니라 반드시 대가를 지불해야만 얻을 수 있는 것이었죠.

그게 뭐가 문제지 하는 생각이 드시나요? 자신이 수고해서 얻은 행복은 너무나 자연스럽고 전혀 문제가 없어 보이지요. 세상은 내가 수고한 것에 따른 결과라는 인과율에 의해 자연스럽게 굴러가니까요. 그게 공정한 것이고 그렇게 되는 것이 마땅한 정의라고 믿고요. 그래서 행복을 찾는 사람들은 모두 어떤 대가를 지불하더라도 행복을 손에 쥐고야 말겠다는 각오 정도는 갖고 시작하기 마련입니다. 그렇게 자신이 수고하고 애써서 얻은 결과물, 공들여 쌓은 탑을 보면서 '행복하다'고 스스로를 위로하고 만족해 하는 것, 이것이 사람들의 관심이고 지상 목표잖아요.

그런데 하나님은 '그게 정말 행복이냐?' 라고 물으십니다. 사람들이 추구하고 시도하는 행복은 수고에 따른 삯을 받는 것이지 은혜의 선물이 아니기 때문입니다. 하나님은 당신이 계획하고 이루신 일의 결과를 사람에게 조건 없이 선물로 허락하시는 것을 '좋다, 선하다, 아름답다'고 보시거든요. 이러한 상태를 히브리어로 '토브'라고 하는데요, '선한,' '착한,' '좋은,' '유쾌한'을 뜻합니다. 성경은 이를 낙 또는 행복이라 말합니다.

세상은 알 수 없는 행복

성경이 말하는 행복의 의미에 대해 더 자세히 알아보겠습니다.

다윗은 '잘못을 용서받고 하나님이 죄를 덮어 주신 사람은 행복하다! 마음에 거짓된 것이 없고 여호와께서 그 죄를 인정하지 않는 사람은 행복하다!'시32:1-2.현대인의성경 라고 말합니다. 사도 바울도 시편을 인용하면서 '공로가 없어도 하나님이 의롭다고 인정해 주는 사람의 행복에 대해 주께서 그 죄를 인정하지 않는 사람도 행복하다.'롬4:6-8. 현대인의성경 라고 증거했습니다.

사람이 하나님 앞에서 죄 없다 곧 의롭다 하시는 인정을 선물로서 받은 것이 왜 행복일까요?

하나님의 기준과 관점에서 의로운 사람은 하나도 없다롬 3:10고 하셨으니 모든 사람은 본래 의롭지 않은 자 곧 죄인으로서 심판 아래 있는 존재임이 분명합니다. 다시 말해 예수 그리스도의 대속의 은혜가 필요하지 않은 자는 이 세상에 단 한 사람도 없다는 말이지요. 그리고 대속의 은혜는 가문이나 종교적인 배경, 사람의 열심이나 자격, 신분의 높고 낮음에 따른 보상으로 결정되는 것이 아니라 위로부터 누구에게나 차별 없이 동일하게 주어지는 선물입니다. 무슨 선한 행위를 한 것도 아니고 종교적인 계율을 지키거나 어떤 자격이 있는 것도 아닌데, 심은 것이 없는데도 거둘 것이 주어진 셈입니다. 참으로 다행스럽고 감사한 일이지 않습니까.

무엇보다 유효 기간이 없는 영원한 복이라는 의미에서 잘못을 용서받고 하나님이 죄를 덮어 주신 사람은 행복하다 할 수 있을 겁니다. 이것이 세상은 알 수도 없고 그래서 줄 수도 없는 성경이 말하는 행복이고 하늘에 속한 복입니다. 영의 눈이 뜨여 헛됨을 깨달은 전도자는 은혜로 주어지는 구원을 행복의 정점이고 행복의 종점이라고 보았던 것입니다.

그 후에..

전도자는 반전의 대가입니다. 얼마 전까지만 해도 자신의 성공 신화에 대해 보란듯이 자랑하며 스스로 대견하다 여기는 잘남에 잔뜩 심취해 있었는데, 갑자기 "그 후에" 하며 말문을 엽니다.

그 후에 본 즉 내 손으로 한 모든 일과 수고한 모든 수고가 다 헛되어 바람을 잡으려는 것이며 해 아래서 무익한 것이로다2:11

누가복음 15장에 둘째 아들은 아버지를 떠나 허랑방탕한 삶을 살며 하고 싶은 대로 사는 것이 낭만이요, 자유인의 표상이며, 친구들과 어울려 한껏 마시며 기분을 내는 것이 인간답게 사는 것이고 인생의 낙이라고 생각했습니다. 그러던 어느 날 탕자는 정신을 차리고 아버지 집으로 돌아옵니다. 그 계기가 무엇인지 성경은 뚜렷한 근거를 제시하지 않습니다만, '스스로 돌이켜'눅15:17 라는 표현을 보면 탕자가 뭔가에 자극을 받아 자신의 상황과 처지가 사람이 사는 꼴이 아니라는 것을 감지하게 된 것만은 분명합니다.

마치 탕자처럼, 전도자도 어디로부터 무슨 자극을 받은 것인지 수고하여 쌓은 업적을 배설물처럼 부정하고, 행복이란 공든 탑도 스스로 허물어 버립니다.

‘무익하다’고 하는 것은 이롭거나 도움이 될 만한 것이 없다, 소용없다, 쓸데없다는 뜻으로, ‘존재하지 않다’ 라는 의미의 기본 어근에서 유래한 단어입니다. 영어 성경에서는 ‘no profit’KJV, ‘nothing’NIV으로 번역했습니다.

그런데 ‘무익한’이란 단어 앞에 전제가 있네요. 전도자는 강조하듯 ‘해 아래서’라는 표현을 의도적으로 사용합니다. 이미 살펴보았듯이 ‘해 아래’ 란 하늘 아래 즉 인간이 땅에서 하늘을 이고 사는 이 세상을 의미합니다. 단지 사람이 살고 있는 위치나 공간을 가리키는 것이 아니라 인간과 세상 이 처한 상태를 말하는 것으로, 은혜라는 속성의 하늘과 대비되는 개념입 니다. 공짜 없는 세상, 사람이 얼굴에 땀이 흐르도록 수고해야 먹고 살 수 있는 이 땅의 구조와 상태를 말하지요.

결국 무익하다는 것은 이 세상의 방식을 빗대어 말하는 것으로, 사람이 얼굴에 땀이 흐르도록 수고해서 얻은 혹은 이룬 결과가 하나님이 보시기 에는 보잘것없고 아무 가치 없다는 겁니다.

여행 중에 있는 사람이 시간과 돈과 힘을 쏟아부어 자기 숙소를 꾸미려 고 도배하고 색칠하고 금을 입히며 최고급 가구와 가전제품을 사들입니 다. 그리고는 “내 손으로 성취한 이 멋진 아방궁을 보아라. 이 집에서 자자 손손 천년만년 살게 될 것이다. 이제 난 다 이루었다. 이 세상에 그 누가 부 러우랴, 나는 행복한 사람이야.” 하며 스스로 감탄합니다. 그런데 정신이 들어 그 집의 문패를 쳐다보았더니 OO호텔이라면, 그동안 애써 수고한 모든 일이 얼마나 헛되고 무익하냐는 겁니다. 흙으로 돌아갈 인간의 모든 수고가 ‘해 아래서 무익할 따름’이지요.

행복이라는 인생의 공든 탑은 헛되고 무익하며 신기루였음을 깨달은 전도자. 그가 심경의 변화를 일으키게 된 데에는 분명 어떤 계기가 있었을 것입니다. 구체적으로 밝히고 있지는 않지만 엄청난 충격이나 자극을 받았을 것만은 확실합니다. 가치관과 인생관에 벼락이 떨어지는 사건이 있었겠지요. 하나님을 대면했을 수도 있고 어쩌면 그분의 음성을 들었을지도 모르겠습니다.

> 솔로몬이 마음을 돌이켜 이스라엘 하나님 여호와를 떠나므로 여호와께서 저에게 진노하시니라 여호와께서 일찌기 두번이나 저에게 나타나시고.왕상11:9

솔로몬 곧 전도자는 하나님을 떠나 자신과 세상에 몰입하며 살았습니다. 그럴 때마다 하나님은 솔로몬의 삶에 개입하고 간섭하셨지요. 아버지처럼, 자녀인 그에게서 시선과 관심을 한순간도 내려놓은 적이 없으셨던 겁니다.

인생을 향한 하나님의 열심을 욥기는 다음과 같이 그려내고 있습니다.

> 사람은 무관히 여겨도 하나님은 한번 말씀하시고 다시 말씀하시되 사람이 침상에서 졸며 깊이 잠들 때에나 꿈에나 밤의 이상 중에 사람의 귀를 여시고 인치듯 교훈하시나니 이는 사람으로 그 꾀를 버리게 하려 하심이며 사람에게 교만을 막으려 하심이라.욥33:14-17

이처럼 자녀에 해당하는 자들에 대한 하나님의 사랑과 관심은 무서울 정도로 집요합니다. 하나님은 자녀를 방치하거나 포기하시는 적이 없으니까요. 다만 사람이 하나님의 음성을 무시하고 애써 외면하며 거절한다는 데 안타까움과 비극이 있는 거지요.

모래성이 무너지면...

타고난 재능과 세상의 지혜로 나라를 경영하고 자기 왕국을 세우려 했던 솔로몬. 하나님은 그의 교만을 방관하지 않으시고 자식을 대하듯 따끔하게 책망하셨습니다. 하나님은 솔로몬을 사랑하셨거든요. 나단 선지자를 통해 갓난아기 솔로몬에게 '여호와의 사랑하는 자'라는 뜻을 ^{삼하12:25} 가진 '여디디야'라는 이름을 주셨을 정도였지요.

어쩌면 하나님은 이런 말씀을 통해 여호와의 사랑하는 자인 전도자의 인생에 개입하시지 않았을까요?

> "여디디야, 너는 사람들 앞에서 너의 치적을 통해 자신을 한껏 뽐내며 인기와 사랑을 받으려 하는구나. 또한 행복을 소유하겠다고 야심을 부리는데 너의 노력과 노동의 대가로 주어진 행복이라면 그게 과연 진정한 행복이라 말할 수 있을까? 행복이라는 공든 탑을 세웠다 치자, 오늘밤에 네 영혼을 네게서 도로 찾는다면 네가 장만한 행복은 누구의 것이 되겠느냐?"^{참고,눅12:20}

> 그 후에 본즉 내 손으로 한 모든 일과 수고한 모든 수고가 다 헛되어 바람을 잡으려는 것이며 해 아래서 무익한 것이로다^{2:11}

하늘의 깨달음을 얻은 전도자가 스스로 자신이 성취한 화려한 성공 신화를 돌연 부정했던 것을 앞서 자세히 살펴보았는데요, 한마디로 그동안 공들여 쌓았던 행복이라는 탑이 모래성이었다고 말합니다. 그런데 사뭇 비관적으로 들리죠. 버거워도 행복한 삶을 바라며 하루하루 버티며 살아가는 사람들에게 정말 듣고 싶지 않은, 기운 빠지는 소리입니다. 해 아래에서 고달프게 살아가는 사람들에게 꿈과 비전을 제시하고 희망을 노래해도 부족할 판에, 헛되다니요, 다 쓸데없다니요.

"여러분, 꿈을 꾸세요, 꿈은 꾸라고 있는 것이고 꿈은 반드시 이루어집니다. 행복은 꿈꾸는 자의 것입니다, 행복은 당신을 위해 대기하고 있습니다. 욕심부리지 말고 조급해 하지도 마세요. 주변의 사소한 것에서부터 행복을 찾고 맛보고 누리세요. 그러면 행복은 또다른 행복을 낳을 겁니다. 여러분의 꿈이 현실의 행복으로 결실하기를 예수님의 이름으로 기원합니다." 얼마나 듣기 좋습니까, 위로가 되고 평안이 되는 말씀이지요?

그런데 전도자는 행복 자체를 부정하거나 삶을 비관하려고 수고에 대해 바람이니 무익이니 하는 말을 쏟아낸 것은 아닙니다. 어렵사리 쌓은 행복이라는 인생의 공든 탑을 헛되다, 무익하다 하는 것은 살아 보니 행복이라는 공든 탑이 쌓기는 어려워도 허물어지기는 쉬운 모래성과 같다고 말하는 것이지요. 누가 와서 살짝 건드리기만 해도 와르르 무너지고, 아무리 관리를 잘해도 결국엔 허물어지고 사라지는 게 모래성입니다.

물론 수고에 따른 결과는 아무리 모래성이라 할지라도 분명히 자기 기쁨과 만족을 제공하겠지요. 그렇지만 그 행복이 대가 없이 주어진 선물도 아니고 영원히 지속되는 것도 아니라는 사실은 부정할 수 없습니다. 이처럼 세상이 주는 행복이 모래성과 같다는 것을 깨닫고 하나님 아버지 집을 사모하고 발걸음을 돌린다면 그 사람이 진정한 행복을 아는 사람이라는 결, 전도자는 자신의 경험을 바탕으로 교회들에게 설교하고 있는 것입니다.

해 아래 모래성을 통해 하늘의 견고한 성을 바라보게 되었다면, 다시 말해 헛됨을 통해 헛되지 않은 걸 바라보게 되었다면, 그 사람이야말로 하나님의 사랑을 입은 진정한 '여디디야' 입니다. 모래성이 무너질 때 돌아갈 집도 반겨줄 부모도 없는 고아가 아니라 사랑과 은혜로 품으시는 부모가 있고 돌아가서 쉴 집이 있는 자녀이기 때문입니다.

죽음 앞에 일반이라

지혜자나 우매자나 이들의 당하는 일이 일반인 줄을 깨달았다.2:14

여기서 '일반'이란 모든 사람들이 공통적으로 당하는 한 사건을 말합니다. 영어 성경은 이를 '한 사건'one event, KJV, '같은 운명'the same fate, NIV, '한 운명'one fate, RSV, NASB 등으로 번역하고 있는데요, 이는 바로 '죽음'을 의미합니다. 전도자는 지혜자나 우매자나 궁극적으로 같은 운명 즉 죽음에 처하게 되리라는 것을 깨닫고 세상 지혜의 한계와 헛됨을 한탄하며 이러한 맥락에서 말을 이어갑니다.

> 지혜자나 우매자나 영원토록 기억함을 얻지 못하나니 후일에는 다
> 잊어버린 지 오랠 것임이라 오호라 지혜자의 죽음이 우매자의 죽음
> 과 일반이로다. 이러므로 내가 사는 것을 한하였노니 이는 해 아래
> 서 하는 일이 내게 괴로움이요 다 헛되어 바람을 잡으려는 것임이로
> 다.2:16-17

확정된 운명인 죽음을 거역할 수 있거나 죽음이 면제된 사람은 아무도 없습니다. 하나님을 믿는 사람도, 심중에 하나님이 없다고 하는 사람도 예외 없이 무덤행 열차를 타고 있지요. 전도자의 이 말처럼 모두가 '일반一般'입니다. 그런데 전도자는 하나님을 믿는다고 하는 신자가 무신론자와

똑같이 인생의 종말인 죽음에 처하게 된다는 것을 깨닫고 신에 대한 마음의 동요와 인생에 대한 회의를 느끼며 반발심을 보입니다.

> "사람이 산다는 것이 뭔가. 하나님을 믿는 자나 믿지 않는 자나 이 땅에서 수고한 모든 것을 두고 떠날 운명이라면 하나님은 왜 믿으며 또한 이 세상에서 밤낮 골머리를 쓰면서 이 고생을 왜 한단 말인가. '공수래공수거,' 인생은 빈손으로 왔다가 빈손으로 가는 것이므로 재물에 욕심을 부릴 필요가 없다는 말이 맞는 걸까. 신앙 생활도 덧없고 열심히 산다는 것도 헛되다, 어차피 빈손으로 떠날 인생, 모든 것이 귀찮고 싫다."

삶의 의욕을 상실한 사람의 신세타령처럼 들리죠? 이 말본새 탓에 전도자는 사람들로부터 오해를 참 많이 받습니다. 세상을 비관하고 사람에 대해 부정적인 염세주의자가 아닌가 하고 말이죠. 이런 이유로 전도서를 염세주의 철학으로 보는 사람들도 적지 않습니다. 전도서를 삶의 허무를 노래한 책으로 평가하는 신학자나 목회자들도 있는데요, 하나님의 감동을 받아 기록한 책이 성경이라는 걸 인정하지 않거나 그 본질을 잊은 데에서 비롯된 오해라고 봅니다. 물론 이런 오해는 오해로 끝나는 것이 아니라 잘못된 가르침이라는 영적인 폐단으로 이어진다는 데 그 심각성이 있지요.

예를 들어 잠언을 격언집이라고 판단해서 잠언을 두고 인생에 대한 교훈을 가르치거나, 아가서의 경우 애정 소설이라고 생각해서 남녀 간의 사랑 이야기 정도로 설명하기도 합니다. 또한 요한계시록을 장차 일어날 끔찍한 종말적 사건의 기록이라고 보고 이스라엘을 중심으로 한 중동 지역의 움직임에 따라 말씀을 현실에 꿰어 맞추려고 애쓰기도 하더군요. 예수님의 입장에서 보면 모두 빗나간 성경 해석이고 잘못된 가르침입니다. 예수님은 분명히 말씀하셨거든요.

> 너희가 성경에서 영생을 얻는줄 생각하고 성경을 상고하거니와
> 이 성경이 곧 내게 대하여 증거하는 것이로다.요5:39

그렇습니다. 성경은 오직 예수가 그리스도이심을 증거할 뿐입니다. 성경의 독자는 이 한가지를 절대 잊지 말아야 합니다. 처세나 자녀 교육, 경제나 정치, 그리고 미래가 궁금하다면 그와 관련한 전문 서적을 읽는 편이 훨씬 낫습니다.

그럼 전도서에 대한 오해가 어느 정도 풀렸으리라 믿고, 다시 본론으로 돌아오겠습니다. 언뜻 보면 전도자의 이 고백은 죽음으로 끝나는 인생을 보고 의욕을 잃은 채 신세를 타령하는 것처럼 보입니다. 하지만 예수가 그리스도이심을 증거하는 성경이 그런 뜻을 담고 있을 리가 만무하지요. '해 아래서 하는 일이 내게 괴로움이요' 라는 표현에서 전도자가 말하고자 하는 진정한 의미를 짐작할 수 있습니다.

여기서 '괴로움'이란 성경이 말하는 악의 개념과 동일한 의미입니다. 사람이 자신의 수고와 노력 그리고 정성이라는 원인을 투입input해야 그에 상응하는 결과output를 얻는다는 인과의 법칙을, 성경은 악이라고 규정합니다. 하나님은 은혜의 아버지로서 자녀들에게 선물을 베푸시는 걸 기뻐

하는 분이지 사람이 행한 원인에 따라 결과를 제공하는 분이 아니기 때문입니다.

다시 말해 전도자는 인과라는 이 세상의 방식에 따라 살아가는 삶이 괴로움이요, 악이라는 걸 깨닫게 되었다는 겁니다. 누구보다 이 세상 방식에 충실하며 살았고 괄목할 만한 업적과 성과를 얻었는데 결국 해 아래서 세상이라는 인과의 굴레에 묶여 종살이했다는 걸 인생 말년에 비로소 알게 되었던 것이죠. 그리고 왕의 신분으로 살았던 전도자마저도 얼굴에 땀이 흐르도록 수고함으로 결과를 얻는 세상 방식에서 자유로울 수 없었기에 그는 세상의 모든 일이 다 괴로운 것뿐이라고 털어놓으며, 결국 인생 열차의 종점은 왕이나 종이나 일반 즉 죽음이라는 것을 발견했던 겁니다.

전도자가 말한 대로 죽음은 사람의 힘으로는 저항할 수 없는 세력입니다. 믿음 좋다는 사람도, 불신자도, 사지 멀쩡하고 건강하던 사람도, 법 없이도 살 것 같은 착한 사람도, 악한 사람도, 목사님, 신부님, 스님도 다 죽습니다. 죽음 앞에 사람은 일반이니까요.

어차피 모두 죽음으로 끝나고 빈손으로 간다면 착하게 바르게 의롭게 살고자 최선을 다해 아등바등 살 필요가 있을까요? 쫓기듯 긴장하며 살 것이 아니라 설렁설렁 가벼운 마음으로 사는 편이 어쩌면 더 지혜롭지 않나 싶기도 합니다. 하지만 말씀의 이면을 들여다 보면 결코 간과할 수 없는 한 가지 중요한 사실이 있는데요. 죽음이 모든 것의 끝은 아닙니다. '한 번 죽는 것은 사람에게 정하신 것이요 그 후에는 심판이 있다.'히9:27 라고 성경은 말하고 있거든요.

전도자도 역시, 인생의 괴로움을 토로하는 낙오자나 어차피 죽을 허무한 인생 굳이 치열하게 살지 말자는 패배주의자가 아닙니다. 전도자는 이 괴로움을 통해 은혜라고 하는 하나님의 속성과 관점에 대한 간절함을 표현하고 있습니다. 이 세상 인과의 종이 아닌 하나님 아버지의 아들로서 은혜라는 방식 안에서 자유하기를 간절히 바라고 있는 거지요.

> 수고하고 무거운 짐진 자들아 다 내게로 오라 내가 너희를 쉬게 하리라 나는 마음이 온유하고 겸손하니 나의 멍에를 메고 내게 배우라 그러면 너희 마음이 쉼을 얻으리니 이는 내 멍에는 쉽고 내 짐은 가벼움이라 하시니라.마11:28-30

성경은 죽음으로 향하는 인생의 괴로움 끝에 사후 심판이 있으니 이 땅에서 사는 동안 똑바로 살라고 협박하지 않습니다. 다만 이 세상의 방식에 따라 살아가는 삶이 괴로움 즉 악이라는 걸 깨달았다면, 수고하고 무거운 짐 진 자들을 쉬게 하리라 약속하신 예수 그리스도를 바라고 그분의 은혜를 간구하며 은혜의 자리로 나아가야 한다고 말합니다. 목마른 자가 우물을 판다는 말이 있듯이 해 아래 삶의 방식이 수고하고 짐 진 괴로움이라는 걸 깨달은 자가 참된 쉼을 바랄 것은 두말할 필요가 없겠지요. 예수님보다 900여 년 가까이 먼저 태어났지만 전도자도 종이나 다름없는 품팔이 인생으로 살다 죽음으로 끝나는 괴로운 인생길에서 진정한 평안을 줄, 그리고 율법이라고 하는 수고하고 무거운 짐으로부터 자유하게 할 그리스도의 출현을 손꼽아 기다리지 않았을까 싶습니다.

전도자의 실망과 고심

내가 해 아래서 나의 수고한 모든 수고를 한하였노니 이는 내 뒤를 이을 자에게 끼치게 됨이라 그 사람이 지혜자일찌 우매자일찌야 누가 알랴마는 내가 해 아래서 내 지혜를 나타내어 수고한 모든 결과를 저가 다 관리하리니 이것도 헛되도다 이러므로 내가 해 아래서 수고한 모든 수고에 대하여 도리어 마음으로 실망케 하였도다.2:18-20

'내 뒤를 이을 자에게…' 라는 말은 솔로몬이 자신을 이어 왕이 될 아들 르호보암을 염두에 두고 한 말임에 틀림없어 보입니다. 솔로몬이 평생 수고하여 이룩한 업적과 결과물을 그의 아들이 고스란히 물려받아 관리하게 될 것이기 때문이지요. 실제로 르호보암은 41세에 왕이 되어 이스라엘이라는 나라뿐 아니라 아버지 솔로몬의 공로까지 전부 물려 받았습니다.왕상14:21 무슨 복을 타고 난 것인지 땀 한 방울 흘리지 않고도 어마어마한 재산과 업적 그리고 권력을 몽땅 거머쥐게 되었죠.

자신이 수고한 결과를 물려받을 아들의 행복에 대해 흐뭇해 할 법도 한데, 전도자는 이것이 '헛되다'고 한탄하듯 말합니다.

표면적으로만 보자면 오해하기 쉬운 감정인데요. 아들이 미덥지 않았나, 아니면 전도자 자신이 피땀으로 이루어 놓은 성과를 아무 대가 없이 물려주는 게 내심 불편했나 싶은 생각도 들거든요. 실제로 르호보암 때에 이스라엘이 남쪽과 북쪽으로 분열되기도 했고 또 권력의 맛에 취하다 보면 자식이라도 경쟁자로 느껴질 수는 있겠습니다만, 단순히 염려나 걱정 혹은 시기심으로 보고 넘어가기에는 어딘가 석연치 않은 구석이 있습니다.

> 내가 해 아래서 수고한 모든 수고에 대하여 도리어 마음으로 실망케 하였도다.2:20

바로 이 '실망'이라는 단어가 문제입니다. 실망이란 '소망이 없다, 절망적이다' 라는 뜻인데요. 전도자는 이 헛됨 속에서 무엇에 실망했던 걸까요?

전도자는 자신이 인생의 공든 탑을 쌓기 위해 일평생 피땀 흘려 수고해야 했던 것을 깨달은 사람이었지요. 나아가 그는 자식에게 아무리 많은 재산과 업적을 상속하고 심지어 나라까지 넘겨준다 하더라도, 그걸 관리하고 유지하고 확장하기 위해서는 자기와 마찬가지로 자식도 얼굴에 땀이 흐르도록 수고해야 하는 삶의 방식을 반복해야 함을 알고 있었습니다. 다시 말해, 해 아래에서 살아가는 사람은 평생토록 수고함으로 헛됨을 쌓고 헛됨을 자식에게 상속하는데 그 헛됨을 물려받은 자식도 헛됨을 관리하고 유지하고 확장하느라 밤낮없이 수고하고 그에 따른 결과를 삶으로 받아 살아가야 한다는 인간의 존재 양식을 직시했던 거지요. 남다른 지혜와 왕의 권력을 가졌다 하더라도 바꿀 수 없는 세상의 방식이 전도자를 실망케 한 겁니다.

그래서 전도자는 스스로 깊이 묵상하며 질문합니다. 하나님이 사람을 왜 창조하셨는가? 품팔이 종과 같은 삶을 살라고 자기 형상대로 사람을 지으셨던가? 그와 같은 세상 방식이 하나님이 보시기에 과연 정상일까?

전도자는 다시 한번 은혜의 복음이라는 대답을 우리에게 제시합니다. 물려받은 유산처럼 사람이 유지하고 관리하고 보수하느라 밤낮없이 수고해야 하는 것이 아니라, 하나님이 관리하시고 베푸시는 은혜는 샘물처럼 마르지 않고 흐르기 때문에 값없이 매일 새롭게 주어지는 선물이라는 거지요.

그리고 해 아래의 삶이 수고에 따른 결과뿐이라면 자식에게 물려주어야 할 진정한 가치는 무엇인가에 대해서도, 전도자는 고민했을 것 같습니다. 이에 대한 대답은 분명하게 드러나 있지 않습니다만, 은혜의 진리를 전하고 가르치는 것이야말로 자녀에게 상속해야 할 헛되지 않은 진정한 유산이라는 걸 말하고 싶었던 건 아닐까 싶습니다.

시대와 세대가 바뀌어도 세상 방식은 변하지 않습니다. 지혜의 아이콘 솔로몬도, 세상 그 어떤 권력자도 바꾸지 못했거든요. 얼굴에 땀이 흐르도록 수고해야만 먹고 사는 해 아래 방식은 세상이 존속하는 한 반복되며 대물림될 겁니다. 만일 이러한 해 아래의 방식에 실망하고, 그래서 세상은 알 수도 없고 줄 수도 없는 하나님 아버지의 방식 즉 대속의 은혜를 입어 자기 고백으로 삼으며, 나아가 자녀에게 그 은혜를 전하고 삶으로 실천하도록 이끌어 준다면 하나님을 아버지로 모신 참으로 복된 가정이라 할 것입니다.

수고하는 자, 누리는 자

어떤 사람은 그 지혜와 지식과 재주를 써서 수고하였어도 그 얻은
것을 수고하지 아니한 자에게 업으로 끼치리니 이것도 헛된 것이라
큰 해로다.2:21

여러 번 느끼는 것이지만 전도자의 화법은 정말 평범하지 않습니다.
'헛되다, 허무하다, 덧없다, 미친 짓이다, 무익하다, 바람을 잡는 것이다,
이 세상에 새 것이란 없다,' 하며 비관적인 시각으로 일단 모든 것을 부정
하고 봅니다. 하지만 부정을 통해 긍정을, 절망 중에 희망을, 생존으로부
터 생명을, 유한한 것을 통해 무한한 것을, 해 아래의 것을 통해 하늘의 것
을 말하려는 것이 전도자의 본심이라는 것을 놓치면 안되겠지요. 그렇다
면 반전의 대가, 역설의 달인 전도자가 이번에는 무슨 말을 하고 싶은 걸
까요?

수고한 사람이 받아야 할 몫을 아무 수고도 하지 않은 다른 사람이
차지하다니 이 수고 또한 헛되고, 무엇인가 잘못된 것이다.2:21,새번역

불합리한 세상을 비관하는 것 같기도 하고 잘못된 것을 바로잡자는 개
혁의 소리로 들리기도 합니다만, 그게 전도자의 의도이고 본심이라 생각
한다면 역설의 함정에 빠지게 됩니다. 어김없이 전도자는 사람들이 겉으

로 드러나는 표현 속에 예리한 영적인 메시지로 우리의 정곡을 찌르고 있기 때문입니다.

수고한 사람이 받아야 할 몫을 아무 수고도 하지 않은 다른 사람이 차지한다면 대부분의 사람은 몹시 못마땅하게 여기겠지요. 내가 피땀 흘려 수고한 것이 수고하지 않은 다른 사람의 소득이 된다면 그게 어찌 정당한 보상이겠습니까. 성실하고 정직하게 사회생활을 하는 사람, 열심히 경제활동을 하는 사람이라면 누구나 공감하고 동의할 겁니다. 그런데 성경은 사람들이 옳다고 하고 정당하다고 말하는 이 방식에 대해 다른 입장을 취하고 있습니다.

성경이 말하는 불합리와 불공정의 원칙은 천지 창조에서부터 시작합니다. 하늘과 땅을 창조할 때 사람이 수고한 흔적은 찾아볼 수가 없지요. 그 어떤 사람도 땀 한 방울 흘린 적이 없고, 손에 물 한 방울 묻힌 기록이 없습니다. 수고는 하나님이 전부 하셨으니까요. 그뿐인가요, 구원의 영역도 불합리와 불공정 그 자체입니다. 예수님은 십자가라는 극한의 고통과 죽음 그리고 사람들의 조롱을 홀로 감당하셨습니다. 예수님이 로마 군인들에게 체포되고 맥없이 끌려가실 때 거의 3년 동안 그분을 따라다녔던 제자들마저 걸음아 나 살려라 하고 모두 줄행랑을 쳤거든요. 그 누구도 십자가의 수치와 고통에 손톱만큼도 동참하지 않았다는 겁니다. 대속의 죽음은 예수님 홀로 지신 십자가였고, 오롯이 그분만의 고통이었고 수고였습니다.

그렇다면 하나님은 무슨 생각으로 이렇게 불합리하고 불공정한 일들을 하신 걸까요? 무엇 때문에 천지를 창조하셔서 사람들에게 무상으로 누리게 하셨으며, 예수님은 또 무슨 생각에서 사람을 대신하여 십자가에 못박혀 죽으신 걸까요?

그 답은 하나님과 사람의 관계에 있습니다. 사람은 하나님이 흙으로 만드신 존재이지요. 그런데 이 흙이라는 게, 참 부서지고 깨지기 쉽습니다. 또 지천에 깔려 흔하디 흔하기 때문에 희소가치도 없지요. 이처럼 연약하고 그래서 불쌍하며 철딱서니 없는, 그렇기에 은혜를 베풀어야 할 대상. 하나님께 사람은 그런 존재인 거죠. 그래서 창조든 구원이든 하나님은 사람의 손길을 빌리거나 협조를 구하지 않으십니다. 하나님이 직접 수고하시고 그 결과를 대가 없이 선물로 허락하는 걸 기뻐하십니다. 선물이라는 게 원래, 선물 받을 자격이 있는지 받을 사람의 됨됨이를 요모조모 따져보고 받을 만한 자격이 있는 상대에게만 주는 게 아니잖아요.

다시 말해 하나님이 천지와 만물을 창조하시고 또한 어린양 예수 그리스도의 대속의 죽음을 통한 구원을 선물하신 것은, 애초에 불합리하고 불공정하게 설계된 일이었다는 겁니다. 이만큼 베풀었노라 생색을 내거나 사용료나 보답을 받아서 이득을 보시려는 의도가 아니라, 하나님이 수고하신 것을 그분의 백성들이 값없이 누리도록 하는 데 목적을 두고 행하신 일이었으니까요.

그런데 아무 수고도 하지 않은 사람은 어떤 반응을 보일까요? 우리가 공짜로 이 모든 혜택을 입는 것은 불합리하고 잘못되었다, 부당하다 그러니 바로잡자고 외칠까요? 전혀요. 수고하신 하나님께 감사는커녕 눈치도 살피지 않고 주어진 것들을 펑펑 쓰기에만 바쁩니다. 수고한 것도 없이 공기를 공짜로 마시고, 햇빛도 무료로 제공받고, 온갖 자원을 사용하면서도 무슨 배짱인지 무상으로 제공된 혜택에 따른 최소한의 대가를 지불할 생각조차 하지 않습니다. 구원에 대해서도 마찬가지로 굴더군요. 혹시라도 나에게 뭔가 바라고 노리는 것이 있는 건 아닐지, 나중 가서 배은망덕하다고 뒤통수를 치는 건 아닐지, 의심하고 염려합니다. 요청한 적도 없는데 예수님 혼자 수치와 고통을 당하고 죽은 걸 가지고 왜 내가 감사해야 하냐며 뻔뻔하게 굴기도 하지요. 속된 말로 뚜껑이 열리는 반응입니다.

물론 틀린 말은 아닙니다. 천지 창조와 구원 사역 모두, 사람들이 하나님에게 요청한 적이 없으니까요. 하나님이 홀로 계획하셨고 작업하셨고 성취하셨습니다. 사람은 천지 창조 여섯 째 날에 만들어졌기 때문에 하나님이 천지를 창조하실 때 존재하지조차 않았고요. 구원 역시 사람들이 간절히 바라고 소원한 것은 아니었습니다. 오히려 구원이란 두 글자에는 관심조차 없이, 이 땅에서 잘 먹고 잘 살기 위해 자신의 행복을 찾으며 살아가지요. 스스로 해결할 수 없는 죄의 문제를 고민하면서 대신 해결해 줄 누군가를 간절히 바라며 살아가는 사람은 아마 세상 천지에 아무도 없을 것입니다.

그렇다면 반전과 역설의 달인 전도자의 본심. 수고한 자와 수고하지 않았음에도 누리는 자를 통해 그가 전하고 싶은 진짜 이야기는 무엇일까요?

사도 바울의 인생을 통해 누리는 자의 참된 도리가 무엇인지 엿볼 수 있습니다. 바울은 태어난 지 8일만에 할례를 받은 정통 유대인으로 베냐

민 지파에 속한 순수한 이스라엘 사람이었지요. 율법을 철저히 지키는 바리새파 사람으로 흠이 없다고 자부하였고 당대 유대교 최고의 학자 가말리엘에게서 가르침을 받았습니다. 이스라엘이 로마의 지배 아래 있었을 당시 로마 시민권까지 소유하고 있어 사회적인 신분이나 기타 혜택은 물론 법적인 보호까지 받던 사람이었고요. 그런 그가 구원의 은혜를 입은 이후 '주 예수 그리스도의 십자가 외에 결코 자랑할 것이 없다'고 하는 겁니다.갈6:14 아시다시피 십자가는 수치요 저주요 죽음의 상징인데, 그것 외에 자랑할 게 없다니요? 심지어 자랑할 만한 것으로 가득한 인생을 살던 사도 바울 같은 사람이 말입니다.

그런데 바울의 이 고백은 전도자의 본심과 일맥상통합니다. 십자가 외에 결코 자랑할 것이 없다는 말은 결국 구원이 자신의 배경이나 열심, 가문이나 스펙에서 비롯된 것이 아니라 예수님의 십자가 대속으로 말미암아 주어진 선물 즉 은혜라는 걸 인정한다는 말이거든요. 구원의 은혜를 받고 보니 수고한 자에게 정당한 보상이 주어져야 한다고 믿고 살아온 삶이 이 세상의 방식이고 사람의 생각이며 하나님의 생각과 정면으로 충돌한다는 사실을 뼈저리게 깨닫게 된 거지요. 아무 수고도 하지 않았는데 거저 주어진 구원과 창조 세계 앞에서 나의 무슨 수고를 내세우고 자랑하겠습니까. 자랑은 수고하신 분께 돌리고 그분께 감사하는 것이 마땅하겠지요.

한편 사람들은 구원의 은혜를 누린다 하면서도, 사도 바울처럼 고백하지는 않습니다. 오히려 은혜를 베푸신 하나님께 보답해야 한다고들 하지요. 감사의 뜻으로 돈을 바치거나 헌신하고 봉사하며 몸으로라도 때워야 사람의 도리가 아니냐고 하는 겁니다. 참으로 사람다운 생각이지요. 사람들이 사는 세상에서는 이런 기본적인 도리를 지키지 않으면 배은망덕하다고 욕을 먹잖아요.

그렇지만 성경이 제시하는 구원에 대한 보답은 사람의 생각과 많이 다릅니다. 구원의 은혜에 보답하겠다고 열심을 부리거나 설칠 경우 성경은 오히려 은혜를 하찮케 여기는 불신앙이 될 수 있다는 점을 강조하고 있지요. 왜냐하면 구원의 은혜는 사람으로서는 갚을 수조차 없는 선물이기 때문입니다. 사람으로서는 감당할 수 없는 가치의 선물이라는 말입니다. 그걸 갚겠다고, 보답하겠다고, 도리를 다하겠노라고 나서게 되면 갚지도 못할 것을 갚느라 영원히 쉬지 못하게 될 겁니다. 다름 아닌 헛수고인 것이죠.

십자가 대속의 은혜, 그 갚을 수 없는 선물을 거저 받았음을 깨닫고 나의 수고가 아닌 주님이 행하신 일만을 자랑하고 감사함으로 누리는 것만이 하나님이 베푸신 불합리, 불공정한 계획에 대한 보답입니다. 그게 바로 주님의 은혜를 입은 영적 자녀들의 마땅한 도리이자, 하나님이 인간을 창조하신 목적입니다. 사43:21, 엡1:5-6

전도서 3장

사람의 때, 하나님의 때

성경 66권 가운데 전도서는 '때'라는 단어를 가장 많이 언급한 책입니다. 3장 1절부터 8절까지 여덟 구절 안에 무려 29번이나 '때'라는 단어가 나옵니다. 참 많이도 나오죠? 그만큼 주의 깊게 살펴봐야 한다는 것이고 그만큼 중요한 내용이라는 걸 시사합니다.

> 세상의 모든 일은 다 정한 때와 기한이 있다. 날 때가 있고, 죽을 때가
> 있다. 심을 때가 있고 거둘 때가 있다. 죽일 때가 있고 치료할 때가 있
> 는가 하면 헐 때와 세울 때가 있다. 울 때와 웃을 때, 슬퍼할 때와 춤출
> 때, 찾을 때와 잃을 때, 찢을 때와 꿰맬 때, 사랑할 때와 미워할 때, 전쟁
> 할 때와 평화로울 때. 3:1-8 현대인의 성경

하루를 채우는 24시간과 1년을 만드는 365일. 누구에게나 동일하게 주어진 시간입니다. 일반이라는 말이죠. 인류 역사를 통해 알고 있는 시간 개념이기 때문에 예측도 가능합니다. 계절의 변화를 통해 터득한 지혜로 봄이 오면 씨를 뿌리고 여름에는 물을 주고 관리를 하잖아요. 가을에는 1년 동안 땀흘려 수고한 것을 거두어들입니다. 자연의 때를 분석하여 축적된 지혜와 문명의 발달을 통해 사람은 천기를 분별하고 재해와 재난에 대비하기도 합니다. 시간을 활용하는 삶의 방식은 인생에도 적용이 되지요. 때가 되면 어린이도 어른이 되고, 독립해서 가정도 꾸리다가, 자기가 원하

는 삶을 각자의 때에 이루어 갑니다. 때와 기한에 맞게 적응하며 살아가는 것이 사람이지요.

이렇게 달력이나 시계처럼 물리적인 순서에 따라 흘러가는 시간 개념을 '크로노스'라고 합니다. 사건을 시간이나 시대순으로 기록한 것을 연대기라고 하는데요, 연대기에 해당하는 영어 단어 '크로니클'chronicle도 크로노스에서 유래한 것입니다.

그런데 성경은 다른 개념의 시간을 말하고 있습니다. 바로 '카이로스'인데요, 크로노스가 누구에게나 동일하게 주어진 객관적인 시간이라면 카이로스는 하나님의 시간, 하나님의 때 또는 하나님이 활동하심으로 발생하게 되는 영적 의미의 시간이라 할 수 있습니다. 카이로스가 사용된 예를 성경에서 살펴보겠습니다.

> 요한이 잡힌 후 예수께서 갈릴리에 오셔서 하나님의 복음을 전파하
> 여 이르시되 때가 찼고 하나님의 나라가 가까이 왔으니 회개하고 복
> 음을 믿으라 하시더라.막 1:14-15

여기서 '때가 찼다'는 건, 하나님이 그분의 아들 예수 그리스도를 이 땅에 보내 천국 복음을 전파하게 될 그 때, 바로 하나님의 시간 곧 카이로스라는 의미를 가진 '때'를 뜻합니다.

> 가라사대 내가 은혜 베풀 때에 너를 듣고 구원의 날에 너를 도왔다
> 하셨으니 보라 지금은 은혜 받을만한 때요 보라 지금은 구원의 날이

로다.고후 6:2

구약성경 이사야 49:8을 인용한 말씀인데요, 여기에 나오는 '때' 역시 카이로스입니다. 여호와 하나님이 이사야에게 바벨론의 포로 된 이스라엘 백성이 고향 땅으로 돌아올 것이라는 회복을 예언하시는 말씀이거든요. 바울은 이 예언의 말씀을 인용하면서 하나님께서 예수 그리스도의 대속의 은혜로 인간을 구원하시는 '때'가 임했다는 사실을 긴박한 어조로 전하고 있습니다.

> 사랑하는 여러분 주님에게는 하루가 천 년 같고 천 년이 하루와 같
> 다는 사실을 잊지 마십시오.벧후 3:8, 현대인의 성경

하나님의 시간에 대한 베드로의 진술 역시 사람으로서는 측량하거나 예측할 수 없는 신적인 의미의 시간, 곧 하나님의 때가 있음을 나타내고 있습니다.

사람의 시간 크로노스와 하나님의 시간 카이로스, 참 많이 다르지요? 크로노스에 묶여 살아가는 사람이 무슨 수로 카이로스의 시간을 예측하여 대응하거나 측정 가능할 수 있겠습니까. 아무리 세상이 바뀌고 기술이 발달하여 인공지능이나 빅데이터가 관련 자료를 내어놓는다 하더라도 사람의 시간을 기준으로 한 결과치에 불과할 겁니다.

그런데 이 터무니없는 시도를 끊임없이 하는 것, 그게 또 바로 인간 아니겠어요? 진지한 관심과 열정을 가지고 휴거, 종말, 그리고 재림의 때

를 측정하겠다고 애를 쓰는 사람들이 있더군요. 글쎄요, 하루 24시간, 1년 365일이라고 하는 사람의 때를 기준으로 하나님의 구원 사역의 때를 측정하겠다니, 이것보다 헛된 수고가 더 있을까 하는 생각이 듭니다. 시간과 공간의 제약 속에 살아가는 크로노스적인 존재가 감히 카이로스의 세계를 측량하고 예측하다니요.

하나님의 때가 사람으로서는 예상치 못한 사건으로 임하는 것임을 알지 못했던, 그래서 하나님의 때를 사람의 시간 속에서 예측하려 했던 사람들이 성경에도 있습니다. 바로 예수님의 제자들이었지요. 예수님이 부활하여 다시 나타나셨을 때, 제자들이 "주님, 이스라엘 나라를 다시 세우실 때가 지금입니까?" 하고 물었거든요. 그런데 예수님은 그렇다, 아니다 하시지 않고 전혀 다른 말씀을 하십니다.

> 때와 시기는 아버지께서 자기 권한으로 정하신 것이니 너희가 알 것이 아니다. 그러나 성령님이 너희에게 오시면 너희가 권능을 받아 예루살렘과 온 유대와 사마리아와 땅 끝까지 이르러 내 증인이 될 것이다. 행 1:6-8, 현대인의성경

예수님이 돌아가시기 전, 당신의 죽음에 대한 계획을 제자들에게 여러 번 알리셨습니다. 그리고 말씀하셨던 대로 죽임을 당하셨다가 다시 살아나신 뒤에 하나님 나라에 대한 말씀을 전하고 계신 거지요. 하지만 제자들의 관심은 여전히 그대로였습니다. 부활하신 예수님이 전하시는 하나님의 나라를 바라는 게 아니라, 이 땅의 나라 곧 이스라엘이 언제 회복할 것인지에 대해 묻고 있습니다. 그럴 수밖에요. 그들이 알고 있는 세상의

전부가 이스라엘이고, 그들이 알고 있는 때라고는 크로노스뿐이잖아요.

> 때와 기한은 아버지께서 자기의 권한에 두셨으니 너희의 알 바 아니
> 요.행1:7

　제자들의 무지를 이해하셨던 걸까요, 예수님은 더 분명하게 시간의 개
념을 정리해 주셨습니다. 여기에 사용된 단어 '때'는 '크로노스'이고 '기한'
은 '카이로스'입니다. 다시 말해 사람의 시간이든 하나님의 시간이든 사람
손에 권한이 있지 않다는 말씀이지요. '알 바 아니요' 라는 표현은 사람의
지혜와 방법을 총동원하더라도 알아차리거나 분석할 수 없다는 의미입
니다. 사람과 하나님의 시간 개념은 서로 다르고, 하나님의 일하심은 사
람의 예상과 예측 밖에서 곧 위로부터 임하는 사건이기 때문입니다.

　전도자가 언급한 '때와 기한' 역시 이와 같은 맥락에서 이해할 수 있습
니다. 그는 크로노스와 카이로스의 권한이 하나님의 손에 있기 때문에,
인류와 역사의 주도권을 하나님이 쥐고 계시다는 걸 전하고 있지요. 이런
의미에서 인간은 모든 일에 '수동태'적 존재입니다. 하나님이 주체가 되어
활동하고 움직이심에 따라 발생하는 결과를 받는 입장에 사람이 놓여있
거든요. 하나님이 창조하신 자연과 우주 안에서 숨쉬며 살다가듯, 하나님
이 베푸신 구원을 그저 값없이 받아 누리는 존재가 사람입니다.

　때와 기한을 통해 전도자는 또 다른 교훈을 줍니다. 인류는 항해 중에
있다는 거지요. 그렇다고 인생 항해가 아름다운 경치를 구경하며 다니는
놀잇배이거나 호화 유람선은 아닙니다. 감당하기 어려운 폭풍우를 만나

기도 하고 원치 않는 상어 떼가 나타나기도 하며, 하루가 멀다 하고 멀미에 시달리기도 할 겁니다. 다만 중요한 것은, 인생사 그리고 인류의 역사를 통틀어서, 이 세상 모든 사람들은 항해하듯 어딘가를 향해 떠밀려 가는 중이라는 점입니다. 시간과 계절도 사람의 허락 없이 흘러가고, 사람은 하루하루 떠밀리듯 최종 정박지로 향하고 있습니다. 사람은 크로노스의 시간을 살면서, 그 흐름 속에서 일희일비하며 인생의 냉탕과 온탕을 경험할 뿐이지요.

그렇다면 사람의 때라는 것이 참 허무하지 않나요? 그저 흘러가는, 떠밀리는 삶이라면 인생의 시간 속에 우리는 왜 살아가는 걸까요? 범사가 기한이 있고 모든 목적이 이룰 때가 있는 제한된 기한이라면 우리는 무슨 태도로 살아가야 할까요? 애초에 인생이라는 항해는 왜 허락되었으며 우리의 인생은 어디서 와서 무엇을 하다가 어디로 갈까요?

성경은 이렇게 답합니다.

> 내가 은혜 베풀 때에 너를 듣고 구원의 날에 너를 도왔다 하셨으니
> 보라 지금은 은혜받을 만한 때요 보라 지금은 구원의 날이로다.고후
> 6:2

사람의 때와 하나님의 때가 다름을 명확히 알며 값없이 허락된 크로노스의 시간 속에서 오직 시작하신 그분만이 결정하실 수 있는 마지막 때와 기한의 은혜를 감사로 바란다면, 헛된 인생 항해 속에서도 세상이 줄 수 없는 희망이 보이겠지요.

영원을 사모하는 마음

모양과 목적은 다르지만 사람은 모두 일을 하며 살아갑니다. 일을 통해 성취감이나 만족감을 얻기도 하고 동시에 제발 쉬고 싶다고 노래를 부르기도 하지요. 하지만 일과 삶의 균형을 찾는 게 어디 쉬운 일이던가요. 경쟁에서 밀리지 않으려면 앞만 보고 달려야 하는 경우가 대부분이고, 쉬고 싶지 않아서가 아니라 꿈을 이루기 위해 혹은 먹고 살기 위해 그저 견디고 버티는 경우도 많이 있습니다. 잠은 죽어서 자도 충분하다는 말까지 있으니, 하루 해가 짧기만 한 사람에게 휴식이나 안식이라는 말은 그저 사치일 뿐이지요.

지금까지 전도자는 인생의 헛됨과 그 헛됨을 통해 발견할 수 있는 은혜에 대해 이야기했는데요, 안식에 대해서는 어떤 입장을 보이고 있을까요?

> 하나님이 모든 것을 지으시되 때를 따라 아름답게 하셨고 또 사람에게 영원을 사모하는 마음을 주셨느니라 그러나 하나님의 하시는 일의 시종을 사람으로 측량할 수 없게 하셨도다.3:11

'사람에게 영원을 사모하는 마음을 주셨다'는 부분에서 답을 찾아볼 수 있습니다. 여기서 영원이란 육신의 호흡이 끊어지지 않은 가운데 무한정 계속되는 상태를 말하는 것이 아니라, 생명이신 분과 잇대어 살아가는 은혜의 관계를 말하고 있습니다. 이는 마치 나무와 나뭇가지의 관계와 같은데요, 나뭇가지는 스스로 힘쓰고 애써서 열매를 맺는 것이 아니라 나무에 붙어 있는 것만으로도 시절을 좇아 저절로 열매를 맺게 됩니다. 나무로부터 공급되는 수액이 가지를 살게 하는 거지요.

이처럼 생명이신 분과 잇대어 살아가는 자에게 있어 안식은 억지스러운 것이 아니라 자연스럽고 당연한 것입니다. 생존과 자기 확장을 위해 다람쥐 쳇바퀴 돌듯 쉼 없이 반복되는 고단하고 피곤한 인생, 이마에 땀이 흐르도록 수고해야 먹고 살 수 있는 세상의 구조에 갇혀 살아가는 인생을 위해 하나님은 영원 즉 그리스도의 은혜로 말미암은 안식을 바라는 마음을 심어 놓으셨다고 말씀하십니다.

하지만 이 모든 것은 사람의 지혜와 방법으로 발견하거나 획득할 수 없는 영적인 비밀입니다, '측량할 수 없게 하셨다' 하셨거든요. 하나님이 영적인 눈을 열어 주셔야만, 그리고 그분이 계시해 주신 만큼만, 비로소 예수 그리스도 안에서 누리는 안식이 무엇인지 깨달을 수 있다는 것입니다. 학문이나 언어에 능통하다 해도, 두뇌가 비상하다 해도, 자력으로 하나님을 아는 것은 불가능하지요. 지식과 정보적 차원에서 '하나님에 관하여' knowing about God 알 수는 있겠지만, '하나님을 아는 것'knowing God은 하나님이 자신을 계시하는 범위 안에서만 가능할 뿐입니다.

우리 주 예수 그리스도의 하나님, 영광의 아버지께서 지혜와 계시의
정신을 너희에게 주사 하나님을 알게 하시고.엡1:17

다시 찾으시는 분

서른 개가 넘는 언어로 번역되어 2백만 부가 넘게 팔리며 세계적으로 사랑받았던, 베르나르 베르베르Bernard Werber의 "개미"라는 책을 아시나요? 집단 지성으로 유기체처럼 움직이는 개미 사회에 대한 이해에 인간의 상상력을 더해, 문명을 이룩한 개미들의 세상을 그려내어 큰 인기를 끌었던 책이지요. 그런데 과연, 그 반대는 가능할까요? 그러니까 개미들이 사람을 관찰하고 사람의 특성을 파악해서 사람을 이해할 수 있을까요? 무슨 소리인가 싶을 만큼 불가능하다는 걸 아실 겁니다. 사람은 개미를 이해할 수 있어도, 개미는 사람을 이해 아니 관찰조차 제대로 하지 못할 테니까요.

'측량할 수 없게 하셨다' 하신 말씀도 이렇게 볼 수 있지 않을까요? 개미가 사람을 이해할 수 없는 것처럼, 사람의 지혜와 재간으로도 하나님을 온전히 이해하고 파악할 수 없을 겁니다. 지구와 태양의 자전과 공전, 뜨고 지는 해와 달과 별의 움직임, 동식물이 자라나며 열매 맺고 죽는 과정, 계절의 변화 등 현상계의 모습을 보면서 천지를 창조하신 하나님이 어떤 분이신지 어렴풋하게나마 알 수는 있겠지요. 그러나 그 이해가 하나님과 일치하는 것일 수도 전혀 다른 오해일 수도 있을 겁니다. 보고 느끼고 경험하는 사람에 따라 하나님에 대한 이해 역시 천차만별일 거고요.

그럼 하나님이 아니라 같은 사람이었다면 이해가 좀더 쉬웠을까요? 실제로 하나님의 형상이신 그리스도가고후4:4 사람의 몸을 입고 이 땅에 나타나 세상 사람들과 더불어 생활하면서 사람의 언어로 하나님 나라를 설명하셨지요. 그런데 사람들의 반응은 뜻밖이었습니다. 사람의 몸을 입고 이 세상에 나타나신 예수 그리스도를 인정하지 않았을 뿐만 아니라, 그가 어떤 분인지 알아보지도 못한 채 기어이 십자가에 못박아 죽였습니다.

극히 소수의 사람만 예수를 알아보고 영접했는데요. 그렇다고 해서 그들에게 남다른 지혜가 있었다거나 신학적인 지식 혹은 다양한 경험을 바탕으로 예수가 그리스도임을 알아보게 된 것은 아니었습니다. 하나님으로부터 비롯된 성령의 감동을 받았기에 가능했지요.

> 예루살렘에 시므온이라 하는 사람이 있으니 이 사람이 의롭고 경건하여 이스라엘의 위로를 기다리는 자라 성령이 그 위에 계시더라 저가 주의 그리스도를 보기 전에 죽지 아니하리라 하는 성령의 지시를 받았더니.눅2:25-26

하나님은 이미 예레미야 선지자를 통해 성령의 감동에 대해 말씀하셨던 바 있습니다.

> 그러나 그 후에 내가 이스라엘 백성과 맺을 새로운 계약은 이렇다. 내가 나의 법을 그들 속에 새기고 그들의 마음에 기록할 것이다. 그리고 나는 그들의 하나님이 되고 그들은 내 백성이 될 것이다.렘31:33, 현대인의성경

구약 즉 옛 언약이 돌 판십계명 혹은 파피루스라는 풀 줄기의 섬유로 만든 종이에 기록되었다면 새로운 언약은 문신을 새기듯이 하나님이 당신의 말씀을 사람의 마음판에 기록하시겠다는 겁니다. 주사 바늘을 몸에 찔러 주사액을 몸 안으로 투입하듯이 하나님의 영, 하나님의 호흡으로 표현할 수 있는 성령을 사람의 마음에 넣으시겠다는 거지요. 성령이 사람의 마음에 침투하여 일하셔야만 세상이 처한 상태와 인간의 실상에 대해 알게 되고, 하나님이 어떤 분이시며 예수가 누구이신지, 그분이 이 세상에 왜 오셨는지를 비로소 하나님의 안목으로 이해하게 된다는 말씀입니다. 사람이 영적으로 얼마나 무지하며 완고한가를 보여주는 동시에 하나님의 방법대로 하나님을 알게 하도록 친히 조치하시겠다는 약속이기도 하지요.

> 이제 있는 것이 옛적에 있었고 장래에 있을 것도 옛적에 있었나니
> 하나님은 이미 지난 것을 다시 찾으시느니라.3:15

여기서 하나님은 어떤 지난 것을 다시 찾으시겠다고 하시는 걸까요? 사람의 마음에 넣으시겠다 하신 하나님 자신의 영, 호흡인 성령 아닐까요? 그런데 왜 전도자는 하나님이 성령을 다시 찾으신다고 진술했을까요?

성령이 없으면 사람은 자기 지혜와 종교적으로 학습한 내용 그리고 세상의 경험만을 바탕으로 하나님과 예수님을 아는 선에 머무를 수밖에 없습니다. 그렇게 자기 식대로 이해하면서 누구보다 하나님과 예수님을 잘

안다고 주장하며 고집하기도 하지요. 문제는 거기서 그치지 않고, 상대방을 판단하고 정죄하며 심지어 죽음으로 내몰기까지 한다는 사실입니다.

구약의 말씀을 문자적, 표피적으로 읽고 열심을 부렸던 유대 종교 지도자들을 보세요. 하나님을 누구보다 잘 믿고 잘 안다고 자부하면서 말씀대로 실천하지 못하는 자들을 죄인 취급했지요. 그러나 군중들을 선동하여 예수님을 잡아 죽인 게 바로 대제사장과 바리새인, 서기관 등 종교 지도자들 아니었나요? 이들을 통해 하나님이 찾으시는 성령이 없는 자들의 모습을 이해할 수 있지요. 그리고 바로 이것이 하나님이 성령을 다시 찾으시는 이유라고 생각합니다.

그러고 보면 하나님은 사람을 두 종류로 나누시는 것 같습니다. 하나님이 마음에 새기신 성령이 있는 하나님의 백성과, 오직 사람의 열심과 행위 그리고 덕행이나 공로 등 자기 의와 자랑거리로 가득한 사람. 종국에 이르게 되는 인생 종착역도 둘로 갈라지지 않을까요.

사람의 혼, 짐승의 혼

인생의 혼은 위로 올라가고 짐승의 혼은 아래 곧 땅으로 내려가는
줄을 누가 알랴 3:21

이 말씀은 단순히 사람과 짐승의 생물적 기능과 구조에 따른 차이를
말하는 것이 아닙니다. 사람에 해당하는 자가 있고, 사람인데 짐승에 해
당하는 자가 있다는 것입니다.

전도자는 사람과 짐승의 대조를 통해 극과 극으로 갈리는 운명을 언급
하고 있는데요. 하나님이 보시기에 사람에 해당하는 자는 위로 올라가고,
짐승에 해당하는 자는 아래로 내려간다고 합니다. 위는 구원을 얻어 천국
에 들어가게 된다는 말씀이고, 아래는 사망을 은유한 표현으로 하나님과
영원히 분리, 단절됨을 의미하지요. 성경에서 아래, 곧 땅이라고 하는 것
은 하늘과 대비되는 개념으로 건조하고 메마른 상태, 즉 생명이 존재할
수 없는 사망을 의미합니다.

그런데 이같이 두 운명으로 분명히 나뉘리라 하고 선포해도 믿을까 말
까 한 말씀을, 전도자는 '누가 알랴?'하며 마무리합니다. 대부분의 사람들
이 이 말씀을 듣고 같은 반응을 할 것 같지 않나요? 누구는 사람이고 누
구는 짐승인데, 사람은 천국에 가고 짐승은 지옥에 간다니, 그걸 어찌 입
증할 것이며 누가 알겠는가… 결국 죽고 나서야 아는 거 아니겠는가 하며

아무도 모른다고들 하겠지요. 사실 틀린 말도 아닌 게, 진짜 누가 알겠습니까? 죽음, 천국, 지옥, 누구도 경험해 보지 못한 영역이기에 동의하자니 불쾌하지만 부정하자니 또 불편하고, 그래서 누가 알겠느냐 하며 입을 다물 수밖에요.

하지만 전도자의 '누가 알랴'는 질문이나 비아냥이라기보다는 탄식처럼 들립니다.

> 내가 심중에 이르기를 의인과 악인을 하나님이 심판하시리니 이는
> 모든 목적과 모든 일이 이룰 때가 있음이라 하였으며 3:17

앞서 17절에서 전도자는 하나님이 의인과 악인을 심판하신다는 점을 말하고 있습니다. 그러니까 천국으로 갈 사람과 지옥으로 가게 될 운명에 처한 짐승이 나뉜다는 것을 확실히 알고 이야기를 시작했다는 말이 되지요.

그렇다면 사람과 짐승을 구분하는 하나님의 기준은 무엇일까요?

> 하나님이 자기 형상 곧 하나님의 형상대로 사람을 창조하시되 남자
> 와 여자를 창조하시고 창 1:27

성경은 사람의 창조가 '하나님의 형상대로' 되었음을 밝히고 있습니다. 그리고 이 하나님의 형상이라는 것을 사도 바울이 단순하면서도 명쾌하게 정의했지요.

그리스도는 하나님의 형상이다.고후4:4, 골1:15

흙으로 만들어진 존재는 하나님의 형상 즉 그리스도가 함께 해야만 비로소 사람으로 인정하신다는 겁니다. 그렇다면 그리스도가 함께 하지 않는 자는 그저 흙덩어리에 불과하겠네요.

여호와 하나님이 흙으로 사람을 지으시고 생기를 그 코에 불어 넣으시니 사람이 생령이 된지라.창2:7

'오직 그리스도의 호흡을 받은 자만이 생명이 있는 산 존재다,' 성경은 누차 말씀하고 있지요. 그리스도의 호흡이 없는 자는 살았다 하지만 실은 죽은 존재라는 뜻입니다. 여기서 죽은 존재란, 생명이신 분과 관계가 단절된 상태, 즉 영적 죽음을 의미하고요.

흙으로 만들어졌으나 흙 자체로는 아무런 가치도 의미도 없는 존재, 그게 바로 사람의 현주소입니다. 사람의 눈에 어떻게 보이든, 어떤 수고를 하고 살아가든, 무엇으로 자기를 가꾸고 꾸미고 발전시키든, 하나님의 눈에는 그저 흙 덩어리에 불과하지요. 하나님의 형상, 생명의 호흡인 그리스도가 그 안에 계실 때에만 하나님은 그 존재를 사람으로 보시고 존귀하게 여기신다는 겁니다. 오직 그런 사람만이 하나님의 뜻을 이해할 수 있고 영적으로 소통하고 교제할 수 있으니까요.

오해는 하지 마십시요. 흙 자체로는 의미도 가치도 없으니 사람의 몸은 아무렇게나 막 굴려도 좋다는 말은 아닙니다. 영적인 의미에서 하나님의 형상인 그리스도가 중요함을 이야기하는 것을, 흙인 몸은 멋대로 살아도 상관없다는 뜻으로 받아들이면 곤란합니다.

다시 본론으로 돌아와서, 원래 하나님의 형상대로 지음을 받은 사람은 하나님의 동산 에덴에서 하나님과 은혜의 관계 속에서 교제하며 살았습니다. 그런데 사람이 마귀의 거짓말에 속아서 먹지 말라는 선악과를 따 먹음으로써 그 교제와 소통이 단절되고 말았지요. 나무에서 떨어져 나간 나뭇가지처럼 말입니다. 단절은 불통과 부패를 동반하기에, 하나님과 은혜의 관계로 교제하던 에덴 동산에서의 추방 역시 불가피하게 되었습니다. 그런데 에덴 동산에서 쫓겨난 사람에게 닥친 불행은 환경의 변화뿐만이 아니었습니다. 그보다 근본적인 불행은, 하나님의 형상, 생명의 호흡인 그리스도가 사람과 더이상 함께 할 수 없는 상태에 놓이게 되었다는 것이죠.

> 여호와께서 가라사대 나의 신이 영원히 사람과 함께 하지 아니하리
> 니 이는 그들이 육체가 됨이라.창6:3

성경은 하나님의 형상, 생명의 호흡인 그리스도가 머물지 않은 상태, 그 존재를 육체라고 표현하고 있습니다. 그냥 사람의 육신, 신체를 말하는 게 아니겠지요. 자신의 수고와 열심이라는 행위를 통해 세상적인 내용과 종교적인 허울 등으로 외형을 그럴듯하게 포장함으로써 실상을 위장하고 가장하는 걸, 성경은 육체라고 말합니다.

이렇게 육체가 된 존재는 오직 본능과 욕망에 충실하며 살아갑니다. 육

체의 특징은 생존과 자기 확장, 그리고 자기 중심성인데요, 그래서 육체는 행위에 따른 결과라는 방식이 자연스럽고 익숙합니다. 그래서 제 방식대로 옳고 그름을 말할 뿐, 하나님의 은혜는 말하지 못하는 것입니다. 입이 있어도 하나님의 은혜는 말하지 못하는 영적인 벙어리인 거죠, 마치 짐승처럼 말입니다. 사실 짐승이란 단어가 '침묵하다'는 어근에서 유래했거든요. '말 없는 짐승'이란 뜻이지요. 짐승에게 입이란 그저 본능과 욕망을 채우는 흡입 기관일 뿐이잖아요. 그래서 하나님의 형상, 생명의 호흡인 그리스도가 떠나간 육체는 사람이 아니라, 입은 있으되 은혜는 말하지 못하는 짐승에 불과하다는 것이 사람에 대한 성경의 진단이고 평가입니다.

존귀에 처하나 깨닫지 못하는 사람은 멸망하는 짐승 같도다.시 49:20

전도자가 언급한 사람의 혼과 짐승의 혼도 바로 이 맥락 속에 있습니다. 하나님의 형상, 하나님의 호흡인 그리스도가 회복되어 하나님의 은혜를 고백하는 사람의 영혼은 구원을 얻어 천국에 들어가게 되고, 하나님의 은혜를 고백하지 못하는 말 못하는 짐승 같은 자는 사망이라는 지옥에 빠지게 된다는 이야기이지요.

내가 심중에 이르기를 인생의 일에 대하여 하나님이 저희를 시험하시리니 저희로 자기가 짐승보다 다름이 없는 줄을 깨닫게 하려 하심이라 하였노라3:18

한편 전도자는 하나님이 인간을 시험하신다고 기록하는데요, 그 목적은 사람이 짐승과 다를 바 없음을 깨닫게 하시려는 데 있다고 말하고 있습니다. 여기 사용된 시험이란 단어는 감정이나 태도, 특질을 분명히 '드러내 보이다' 라는 뜻입니다. 그러니까 하나님은 사람의 입에서 나오는 말, 그 고백을 통해 사람인지 말 못하는 짐승인지 밝히 드러내 보이시겠다는 겁니다.

주 예수의 은혜로 구원을 얻는 줄 믿습니다.행15:11

아주 간단하고 단순한 문장이지만, 아무나 인정하고 고백할 수 있는 말은 절대 아닙니다. 물론 앵무새처럼 따라하는 건, 흉내를 내는 건 누구나 할 수 있겠지요. 그런데 마음에서부터 우러나오는 진정성 있는 고백은 아마 쉽지 않을 겁니다. 생각해 보세요. 길 가는 사람을 아무나 붙잡고, "당신은 주 예수의 은혜로 구원을 얻는 줄 믿습니까?" 라고 물어본다면 과연 뭐라고 대답할까요? 퉁명스러운 대꾸나 무시는 기본이고, 욕이나 안 먹으면 다행이겠지요. 심지어 교회에 다니는 사람들에게 같은 질문을 하더라도, 고개를 갸우뚱하는 분이 있을 것도 같습니다.

그도 그럴 것이, 은혜로 구원을 얻는다는 것은 세상에는 없는 방식이거든요. 몹시 생소하고 이질적이지요. 사람이 공덕을 쌓아야 좋은 데 가는 것이고, 선행을 베풀어야 복을 받는 것이고, 대가를 치뤄야 속죄가 되는 것이 세상의 이치이고 법칙입니다. 내 열심과 행위가 있어야 그에 따른 열매가 뒤따른다는 것이 세상 법입니다. 그래서 사람이 어떤 원인을 제공하지 않아도 예수님의 피 덕분에 용서함을 받아 구원을 선물로 받는다는 것에 대해, 사람들은 동의도 납득도 할 수 없는 겁니다.

그래서 이 말은 아무나 시인하고 고백할 수 있는 말이 아닙니다. 하나님의 형상, 하나님의 호흡인 그리스도가 임한 자여야만 비로소 가능한 고백인 것이죠. 그리고 하나님은 그런 자만을 사람으로 보시고 인정하겠노라 하십니다. 이것이 바로 전도자가 세상으로부터 불러 냄을 받은 들을 귀 있는 교회들에게 전하는 하늘의 복음입니다.

전도서 4장

학대의 구조

내가 돌이켜 해 아래서 행하는 모든 학대를 보았도다 오호라 학대 받는 자가 눈물을 흘리되 저희에게 위로자가 없도다 저희를 학대하는 자의 손에는 권세가 있으나 저희에게는 위로자가 없도다. 그러므로 나는 살아 있는 산 자보다 죽은 지 오랜 죽은 자를 복되다 하였으며 이 둘보다도 출생하지 아니하여 해 아래서 행하는 악을 보지 못한 자가 더욱 낫다 하였노라4.1-3

　힘 있는 자가 힘 없는 자를 괴롭히거나 가혹하게 대우하는 것을 사전은 학대라고 정의합니다. 힘의 원리에 의해 지배되는, 갑을 관계로 점철된 이 세상에서 학대는 어쩌면 불가피한 것인지도 모릅니다.

　사실 학대는 인류의 역사만큼이나 오래 존재했던 아주 익숙한 구조입니다. 선악과 사건 이후 이 세상은 더 소유하기 위해 빼앗고 뺏기는 쟁탈이 계속되어 왔지요. 세상 어디를 가나 땀 흘려 수고해야 먹고 살 수 있다 보니, 땀을 덜 흘리고 덜 수고하면서도 더 누리기 위해서는 내가 상대방보다 더 많은 힘을 소유해야만 한다는 것을 알게 된 것이죠. 돈이든 권력이든 명예나 학벌, 인맥이든 경쟁 사회에서는 힘을 더 많이 확보하려면 상대방을 밟고 일어서야 그나마 조금이라도 더 누릴 수 있는 기회가 주어지니까요. 사람이 범죄한 이후 땅이 가시덤불과 엉겅퀴를 낼 것이라고 창3:18 하신 하나님의 말씀도 공연한 소리가 아니었던 거지요.

성경에서 학대를 보여 주는 대표적인 예가 하나 있지요. 유대 민족은 애굽에서 400여 년 동안 종살이하며 괴롭힘과 가혹한 대우를 받았습니다. 그나마 이민 1세대인 야곱과 그의 아들들은 애굽의 이민 생활에서 먹고 살 만했습니다. 죽은 줄 알았던 야곱의 아들 요셉이 국무총리로 있었거든요. 하지만 요셉을 알지 못하는 새 왕이 일어나 애굽을 다스리게 되자 감독들을 그들 위에 세우고 그들에게 무거운 짐을 지워 괴롭게 하여 그들에게 바로를 위하여 국고성 비돔과 라암셋을 건축하게 했지요.출1:8-11 야곱의 후손들은 건축 노동판에서 종의 신분으로 평생을 보내야 했습니다. 그러니 모세가 그들 앞에 나타나기 전까지 유대 민족은 그저 그렇게 사는 게 당연한 줄 알았을 겁니다. 모세가 출애굽을 한다고 했을 때 그들조차도 전혀 마음이 움직이지 않았잖아요. 고된 생활, 굴종적인 관계 그리고 자유의 박탈이라는 학대와 불편함에 고통스러워 하면서도 아무리 머리를 굴리고 계산기를 두드려도 현실적으로 탈출의 가능성이 아예 보이지 않았던 거죠.

생각해 보세요. 이미 애굽에 터를 잡고 자자손손 살아왔는데 갑자기 다른 곳으로 떠나기를 결정하는 게 어찌 쉬운 일이었겠습니까. 애굽에서는 적어도 숙식은 해결되니까, 생선과 오이와 참외와 부추와 마늘과 파도 먹을 수 있는 민11:5 곳이니까, 차라리 그대로 지내는 것도 나쁘지 않다고 생각했던 거겠죠. 이걸 두고 믿음이 없다, 불신앙이다 하며 비난할 수 있을까요? 솔직히 나 자신도 믿지 못할 때가 부지기수인 것이 인생인데 눈에 보이지도 손에 잡히지도 않는 하나님의 약속만 믿고 어떻게 인생을 건 도박을 하겠습니까, 누가 봐도 위험천만한 짓이죠. 경험해 보지 않은 세상에 대한 막연함과 두려움을 감당하느니 녹록지 않아도 익숙한 현실이 낫다고 안주하는 건 어쩌면 너무나 당연한 것이 아닐까요?

그럼에도 불구하고 유대 민족을 애굽의 억압과 착취에서 구출하라는 하나님의 명을 받은 모세는 애굽의 절대 권력자 바로를 만나 그분의 뜻을 전달합니다. 하지만 바로는 하나님의 말씀에 순순히 응하는 대신 유대 민족을 더 학대하게 했지요. 그런데 하나님은 그분의 뜻을 거절한 바로를 단칼에 베지도, 전지전능한 힘으로 유대 민족을 학대의 현장에서 구출하지도 않으셨습니다. 유대 민족을 도우려다 오히려 그들을 더 괴로운 상황에 빠진 모세는 발을 동동 구르는데, 그가 보기에 하나님은 먼발치에서 방관만 하고 계신 거죠. 애초에 유대 민족을 구출하겠다는 계획도 모세의 야심이 아니라 전적인 하나님의 뜻이었는데 말입니다.

> 모세가 여호와께 돌아와서 아뢰되 주여 어찌하여 이 백성이 학대를
> 당하게 하셨나이까? 어찌하여 나를 보내셨나이까. 내가 바로에게
> 들어가서 주의 이름으로 말한 후로부터 그가 이 백성을 더 학대하며
> 주께서도 주의 백성을 구원하지 아니하시나이다. 출5:22-23

보다 못한 모세가 하나님께 따지는 장면도 출애굽기에 그대로 기록되어 있습니다. 탈출의 계획이 뜻대로 진행되지 않자 유대 민족은 모세와 하나님을 더 원망하게 되었을 테고, 노동판의 작업량이 가중된 애굽 살이도 더 지옥 같아졌겠지요. 하지만 그 학대의 현장에서 스스로 빠져나올 수 없었기에, 실낱 같은 희망과 기대마저 체념으로 바뀌었을지도 모릅니다.

그런 가운데 하나님은 약속하신 대로 그들을 구원하셨습니다. 학대에 찌들어 옴짝달싹 못 하는 인생, 죽어야 끝나는 수고하고 무거운 짐 진 종

살이, 그 지옥과 같은 현실에서 하나님이 유대 민족을 구출해 내신 겁니다. 그들이 거리와 광장으로 뛰쳐나와 촛불을 들고 시위를 하거나 독립운동을 해서 주어진 해방이 아니었습니다. 사람의 어떤 도움도 없이, 하나님의 방법으로 혼자 행하신 구원의 일이었습니다.

하나님이 유대 민족을 애굽의 학대로부터 구원하신 데에는 사실 각별한 사연이 있었지요. 하나님은 오래 전에 아브라함과 언약을 하셨거든요. 바로 그 언약을 이루시기 위해 애굽에서 유대 민족을 구하셨던 것입니다.

> 아브라함의 후손들이 외국 땅에서 나그네가 되어 400년 동안 종살이하며 학대를 받을 것인데, 그들이 섬기는 나라를 하나님이 벌하시고 그 후손들이 많은 재물을 가지고 그 나라에서 나올 것이다.창15:13-14

신실하신 하나님이 아브라함과의 언약을 지키신 건 성경에서 정말 중요한 사건입니다. 약속의 백성들을 학대의 구조에서 구출해 내어 안식하게 하시겠다는 또 다른 언약을, 성경이 말하고 있기 때문입니다. 애굽 땅에서 유대 민족을 구하셨던 것처럼, 하나님은 학대와 억압으로 신음하는 약속의 자녀들을 이 세상의 틀에서 어린양의 피를 통해 건져 내시겠다고 하십니다. 실제로 유대 민족도 어린 양의 피 덕분에 학대의 현장에서 극적으로 구출되어 자유를 얻게 되었거든요.

풀려나 자유케 된다는 이 언약에서 사람이 해야 할 일은 없습니다. 사람은 구원을 선물로 받을 뿐이니까요. 혹여라도 도움이 되겠다고, 협조하겠노라고 나대고 설치며 인간의 방법을 동원할 경우 오히려 하나님의 구원 계획을 방해할 수 있다는 점을 기억해야 합니다. 하나님은 하나님의 때에 하나님의 방법으로 약속의 자녀를 분명히 구원하실 테니까요. 다시 말해 사람은 그저 약속의 자녀이기만 하면 거저 구원을 받는다는 건데, 과연 약속의 자녀는 누구를 뜻할까요?

> 형제들아 너희는 이삭과 같이 약속의 자녀라.갈4:28

사도 바울은 이삭을 약속의 자녀라고 말합니다. 이는 그의 출생에서 알 수 있지요. 이삭은 아브라함의 나이 99세, 어머니 사라는 이미 경수가 끊어진 때에 잉태하였습니다. 아버지 아브라함과 어머니 사라의 행위로 말미암은 것이 아니라 하나님이 아브라함에게 말씀하시고 약속하신 것이 나타난 출생이었다는 뜻이지요. 그래서 사도 바울은 이삭의 출생에 대해 육체를 따라 난 것이 아니라 자유하는 여자에게서 약속으로 말미암았다고갈4:23 증거했습니다. 즉 사람의 행위나 열심 또는 조건을 자격으로 한 결과가 아니라는 의미입니다.

이처럼 성경은 사람의 열심이나 정성, 진심이나 행위가 아닌 하나님의 말씀을 받아 거듭 태어난 자를 약속의 자녀라 말합니다. 거듭 태어난 사람은 이 세상에 살지만 이 세상에 속하지 않은 자입니다. 왜냐하면 사람들이 알고 있고 통용되는 인과율이라는 세상 방식에 대해서는 죽고 하늘나라의 방식인 은혜로 다시 태어난 사람이기 때문입니다.

그래서 하나님은 약속의 자녀들을 세상으로부터 구하셔서 그분이 은혜로 다스리고 통치하시는 새 하늘과 새 땅으로 반드시 인도하겠다고 하십니다. 이는 유대 민족이 애굽을 떠나 도착했던 가나안 땅과는 전혀 다른 곳입니다. 신구약 성경을 통틀어 보면 가나안도 궁극적인 약속의 땅이 아니었거든요. 비록 애굽 바로의 학대에서 구출되어 들어간 약속의 땅이었지만 그 땅에도 학대는 존재했습니다. 가나안 땅을 통치했던 지혜의 아이콘 솔로몬 왕조차도 뜯어 고칠 수 없었던 게 바로 학대의 구조였던 거죠. 세상 어디를 가나 위아래 질서와 권위, 갑과 을이라는 필요악의 학대구조가 있게 마련이니까요. 결국 가나안은 본질적인 약속의 땅인 새 하늘과 새 땅을 예표하려고 앞서 보여준 모형, 그림자 같은 곳이었지요.

성경은 분명히 약속합니다. 세상이 아닌 하늘에 속한 약속의 자녀는, 다시는 죽음도 슬픔도 없고 우는 것도 아픔도 학대도 없는 새 하늘과 새 땅을 유업으로 상속받게 된다고 말입니다. 계21:1-4

"Me, Myself, and I"

내가 또 본즉 사람이 모든 수고와 여러 가지 교묘한 일로 인하여 이 웃에게 시기를 받으니 이것도 헛되어 바람을 잡으려는 것이로다 4:4

성공과 출세에 어김없이 따라오는 것들이 있죠, 칭찬과 인정 그리고 시 기와 질투. 무한 경쟁과 끝없는 비교, 1위 쟁탈전 속에서 사람은 누구나 남보다 잘되기 위해 노력합니다. 그러니 누가 나보다 잘되는 꼴이 보기 싫은 거죠. 더 잘된 사람도 덜 잘된 사람도, 너 나 할 것 없이 모두가 나를 드러내고 나를 과시하고 내가 잘되기를 원합니다. 전부 주인공 병에 걸린 환자처럼요. 상대방에 대한 신뢰도 양보나 삶의 쉼도 기대할 수 없는 세 상입니다.

전도자는, "그러니까 우린 이렇게 살지 맙시다." 라고 권장하는 게 아닙 니다. 그런 권면으로 바로잡을 수 있는 성질의 문제도 아니니까요. 서로 배려하고 존중하고 사랑하자 다짐하고, 사람들 앞에서 설교도 하고, 공 동체에서 눈물로 고백도 하지만, 사람에게는 그럴 만한 실력이 없습니다. 사람은 태어날 때부터 두 주먹 불끈 쥐고 세상에 나오잖아요. 타인을 향 한 온정의 손을 펼치기보다 오히려 두 손을 움켜쥐고 살아가는 인색함이 자연스럽고 익숙합니다. 그래서 사람다운 삶, 의미 있는 삶을 바라고 외 치면서도 언제나 '나, 나, 나'뿐인 거죠.

그렇지만 전도자는 단순히 지적이나 폭로를 하려는 것도, 어차피 헛되어 바람을 잡으려는 인생이니 마음대로들 살라며 방관을 하고자 하는 것도 아닙니다. 비관적인 시각으로 그나마 착하게 살아 보려는 사람들의 자존심을 건드려 불쾌하게 만들려는 의도도 전혀 없지요. 다만 새로운 시각을 제시함으로써 진정한 자유함으로 인도하고자 할 뿐입니다.

'나는 왜 남이 잘 되는 걸 보기가 싫을까? 무조건 나만 잘되고 나만 인정받고 싶은, 나만 주인공이라는 이 생각은 어디에서 온 거지? 'Me, Myself, and I'라는 노랫말처럼 살아가는 건 선악과를 따 먹음으로써 하나님과의 관계가 끊어졌기에 나타나는 증상이구나.'

바람 같은 성령이 개입하신다면 이처럼 자기 실상에 눈을 뜰 수 있게 될 겁니다. 그리고 진정한 주인공이신 분께로 관심을 돌리게 되겠지요. 결국 헛된 주인공 병도 그저 무가치하고 무의미한 게 아니라 예수 그리스도께로 사람을 인도하는 길잡이 역할을 한 셈이지요.

일과 노고

어떤 사람은 아들도 없고 형제도 없으니 아무도 없이 홀로 있으나 수고하기를 마지아니하며 부를 눈에 족하게 여기지 아니하면서도 이르기를 내가 누구를 위하여 수고하고 내 심령으로 낙을 누리지 못하게 하는고 하나니 이것도 헛되어 무익한 노고로다.4:8

몸이 부서져라 일을 하여 재산을 얻었으나, 물려줄 자식도 형제도 없이 혼자입니다. 부족함 없이 펑펑 쓰다가 가면 될 법도 한데, 여전히 손에서 일을 놓지 못하죠. 이제부터는 먹고 살기 위해 일을 하는 게 아니라, 마치 관성의 법칙에 따라 돌고 도는 쳇바퀴 위의 다람쥐처럼 몸이 일을 요구합니다. '난 아직 건재해, 죽지 않았어!' 하며 일 즉 노동을 통해 존재를 확인하고 소속감을 얻거나, 여전히 일을 할 수 있는 자신의 모습에 안도하는지도 모르겠습니다.

전도자 시대의 이야기만은 아닌 것 같지요? 요즘도 나이나 부의 정도, 노동의 필요성을 떠나서 일에 중독된 것처럼 보이는 사람들이 있지요. 몸이 노동을 재촉하고, 그래서 일을 하지 않으면 죄를 짓는 느낌이 든다고들 하더군요. 죽어서 가지고 갈 것도 아니면서 왜 사람들은 죽을 때까지 일에 매달리고 성공에 목숨을 거는 걸까요? 마치 일하기 위해 태어난 사람처럼, 과감하게 손 털고 뒤돌아 나올 만한 능력도 없이 한없이 종노릇을 하다니… 참으로 비참할 뿐입니다. 그러고 보면 인생 살이가 품삯을 받고 남의 일을 해 주는 품팔이 종의 삶이 아닌가 싶기도 하네요. 시편 90편에서 모세 역시 종살이로 수고하며 보내는 인생에 대해 진술한 바 있습니다.

> 우리의 년수가 칠십이요 강건하면 팔십이라도 그 년수의 자랑은 수고와 슬픔 뿐이요 신속히 가니 우리가 날아가나이다.시90:10

그럼 '일'이라는 것은 전부 쓸데없고 헛된 걸까요?

나무와 가지의 비유를 떠올려 보세요. 나무에서 떨어져 나간 나뭇가지가 있습니다. 자신의 운명이 어떤 상태인지도 모른 채 나뭇가지가 스스로 살아보겠다고 애쓴다면 그 노동과 수고는 과연 무슨 의미가 있을까요? 살았다 하나 실은 죽은 자의 발버둥인 것이죠. 나무에 붙어 있는 가지는 애초에 스스로를 살리려는 노력을 할 필요가 없습니다. 그저 나무가 제공하는 수액을 받아 열매를 결실하는 일에 동참하면서 의미 있는 역할을 감당하니까요. 수고하고 애쓰며 살고자 하는 건 나무에서 떨어져 나간 가지라는 증거일 뿐입니다.

이와 같이 생명을 결실하는 통로 역할에 동원된 자의 수고를, 성경은 가치로 보고 일로 인정합니다. 그렇다고 목회나 선교만을 하나님이 인정하시는 일이라는 말로 이해한다면 가난한 해석이지요. 어느 분야에 몸담고 있느냐가 아니라, 하나님과 어떤 관계를 맺고 있는지에 관한 질문이니까요. 하나님과 은혜의 관계 속에 살아가는 자는 나무와 연합한 나뭇가지이고, 자기 열심과 수고로 스스로 하나님을 섬기면서 살아 있음을 확인하려 한다면 나무에서 떨어져 나간 나뭇가지에 불과하다는 겁니다.

전도자는 회중을 향해 질문을 던지고 있습니다. 당신은 나무에 붙은 가지입니까, 나무에서 떨어져 나간 가지입니까? 당신은 생명을 결실하는 일을 하고 있습니까? 아니면 수고와 슬픔뿐인 무익한 노고를 하고 있습니까?

하나보다 둘이 낫지 아니한가

두 사람이 한 사람보다 나음은 저희가 수고함으로 좋은 상을 얻을 것임이라 혹시 저희가 넘어지면 하나가 그 동무를 붙들어 일으키려니와 홀로 있어 넘어지고 붙들어 일으킬 자가 없는 자에게는 화가 있으리라 두 사람이 함께 누우면 따뜻하거니와 한 사람이면 어찌 따뜻하랴 한 사람이면 패하겠거니와 두 사람이면 능히 당하나니 삼겹줄은 쉽게 끊어지지 아니하느니라 4:9-12

백지장도 맞들면 낫다는 말과 일맥상통하는 유익한 말이지요? 함께 할 때 좋다는 말은 뻔하면서도 지혜롭게 들리지만, 전도자가 단순히 서로 도우며 살자는 말을 하려는 것은 아니라고 봅니다. 둘 혹은 셋이라는 복수의 수를 통해 전하고자 하는 전도자의 교훈은 무엇일까요? 두 사람이 함께 하는 유익성에 대한 성경 최초의 암시는 창세기에서 찾아볼 수 있습니다.

여호와 하나님이 가라사대 사람의 독처하는 것이 좋지 못하니 내가 그를 위하여 돕는 배필을 지으리라 하시니라. 창2:18

하나님이 일단 아담을 만들어 놓고 보니까 뭔가 부족하고 불완전해 보여 성에 차지 않았던 걸까요? 그래서 갑자기 마음을 바꿔서 남자보다 더 온전한 여자를 또 창조하려고 하신 건 아니겠지요? 하나님의 창조는 철저히 그분의 계획 안에서 이루어졌습니다. 하나님이 여자를 만드신 데에는 구속사적인 깊은 뜻이 있는데, 이는 여자가 어떻게 창조되었으며 왜 창조되었는지를 통해 여실히 드러납니다.

하나님은 먼저 아담을 깊이 잠들게 하시고는 아담의 갈빗대 하나를 취하셨지요. 그 갈빗대로 여자를 만드셨습니다창2:21-24. 그런데 성경에서 '잠'은 죽음의 다른 표현으로도 사용됩니다. 마태복음에 보면 한 관리의 딸이 죽었는데요, 예수님은 이 소녀가 죽은 것이 아니라 '잔다'마9:24고 말씀하셨습니다. 또 나사로의 죽음에 대해서도 예수님은 '그가 잠들었으나 내가 깨우러 가노라'요 11:11 하셨지요. 그러니까 여자는 아담의 깊은 잠 곧 죽음을 통해 창조되었다고 볼 수 있습니다. 그리고 여자는 돕는 배필로서 창조되었기에 남자와 부부의 언약을 맺게 되었지요. 사도 바울의 설명을 통해 이 관계의 진정한 의미를 이해할 수 있습니다.

바울은 남편이 아내를 제 몸같이 사랑하고, 아내도 자기 남편을 존중할 것을 권면합니다. 그러면서 '사람이 부모를 떠나 자기 아내와 합하여 두 사람이 한 몸이 될 것이다'창2:24 하신 창세기의 말씀을 인용하고 있는데요. 여자를 만드신 이유, 결혼의 목적이 부부라는 관계를 통해 그리스도와 교회, 그리스도와 성도의 관계를 말씀하시고자 함이었다는 겁니다.엡5:22-33 예수 그리스도의 아내인 교회성도는 예수님의 죽음을 통해 탄생하게 되었다는 것이고, 그래서 이 둘의 관계는 몸과 몸의 지체처럼 떼려야 뗄 수 없는 한 몸이라는 거지요.

이러한 이해를 가지고 전도자의 이야기를 다시 살펴봅시다. 두 사람이 한 사람보다 낫고 삼겹 줄은 쉽게 끊어지지 않는다는 말은 동일한 내용을 신앙으로 고백하는 두세 사람 즉 교회 공동체 가운데 주님이 함께 하신다는 뜻 아닐까요?

두 세 사람이 내 이름으로 모인 곳에는 나도 그들 중에 있느니라.마
18:20

그리고 여기서 중요한 건 사람의 수가 아니겠지요. 사람의 많고 적음과 관계없이 예수를 주와 그리스도로 동일하게 고백하는 공동체, 교회라면 예수님이 그들과 함께 하시겠다는 약속입니다. 예수를 주와 그리스도로 고백하는 것은 예수님을 머리로 삼은 그분과 지체의 관계에 있다는 표현이기 때문이지요. 몸과 지체는 언제 어디서나 붙어 다니기 때문입니다.

예수님은 십자가 대속의 죽음을 통해 탄생한 교회성도를 당신의 돕는 배필로 삼으셨습니다. 다시 말하자면 예수님의 죽음을 통해 탄생한 교회성도가 아닐 경우, 예수님의 돕는 배필이 될 수 없는 거죠. 그래서 그 교회는 예수님이 당신의 핏값을 지불하고 얻은 지체이기에 떼려야 뗄 수 없는 소중한 한 몸입니다. 교회는 오직 예수 그리스도 안에 거할 때에만 온전해지고 바로 설 수 있는 것이지요.

전도자는 이와 같은 영적인 메시지를 전달하기 위해 사람이 혼자 있는 것보다 둘 혹은 셋이 함께 할 때 좋다, 유익하다 하며 반복하여 말하고 있습니다. 겉으로 드러나 있지는 않지만 마음 깊은 곳에서부터 귀담아 들을

자들을 향해 이런 위로를 전하고 싶었던 건 아닌가 하는 생각이 드네요.

"여러분은 예수 그리스도의 십자가 대속의 죽음을 통해 탄생한 그분
의 돕는 배필입니까? 그렇다면 홀로 가는 인생길이 아닙니다. 예수
님과 둘이 한 몸을 이룬 일심동체로서 떼려야 뗄 수 없는 그분의 신
부요, 아내입니다."

훈계를 받을 줄 모르는 왕

가난하여도 지혜로운 소년은 늙고 둔하여 간함을 받을 줄 모르는 왕
보다 나으니 저는 그 나라에서 나면서 가난한 자로서 옥에서 나와서
왕이 되었음이니라 내가 본즉 해 아래서 다니는 인생들이 왕의 버금
으로 대신하여 일어난 소년과 함께 있으매 저의 치리를 받는 백성들
이 무수하였을찌라도 후에 오는 자들은 저를 기뻐하지 아니하리니
이것도 헛되어 바람을 잡으려는 것이로다.4.13-16

가난하여도 지혜로운 소년이 있어 옥에서 나오고 왕의 버금간다 하니,
제일 먼저 떠오르는 사람은 단연 요셉일 겁니다. 숱한 인생의 굴곡 끝에
노예에서 죄수가 되었다가 애굽의 총리가 되었던 요셉이라면 왕보다 낫
다 할 법도 하지요. 하지만 한결같이 헛됨을 통해 은혜의 말씀을 전하던
전도자가 단순히 요셉의 업적을 추앙하거나 그 지혜를 칭찬하기 위한 이
야기를 하는 걸까 의문이 듭니다. 더구나 '간함을 받을 줄 모르는 왕'이라
는 표현을 통해, 마땅히 들어야 하는데 듣지 않는다는 불편함을 의도적으
로 드러내고 있거든요. 전도자가 과연 어떤 말을 하려는 건지 자세히 살
펴봐야 하겠습니다.

'간함'에 해당하는 원어의 뜻은 '충고하다, 경고하다, 가르치다, 훈계하
다'입니다. 옳지 못하거나 잘못된 일을 바로잡아 고치도록 타이르는 거죠.

성경은 훈계의 중요성을 심심치 않게 언급하고 있습니다.

> 훈계를 굳게 잡아 놓치지 말고 지키라 이것이 네 생명이니라.잠4:13

> 훈계를 지키는 자는 생명길로 행하여도 징계를 버리는 자는 그릇 가
> 느니라.잠10:17

> 훈계 받기를 싫어하는 자는 자기의 영혼을 경히 여김이라 견책을 달
> 게 받는 자는 지식을 얻느니라잠15:32

잠언 기자는 훈계가 생명이라고 진술합니다. 그런데 결정적으로 사람
은 훈계를 싫어하죠. 아무리 좋은 말이라도 같은 말을 여러 번 들으면 듣
기가 싫어지는 게 사람인데, 경고나 훈계에 대해서는 오죽할까요.

실제로 성경에는 생명의 말씀인데도 듣지 않는 사람의 이야기가 나옵
니다. 하나님의 명을 받은 두 천사가 아브라함의 조카 롯이 살고 있는 소
돔과 고모라에 이르러 성이 곧 멸망할 거라고 알렸을 때의 일인데요. 다
급한 상황 속에서 롯은 자기 딸들의 약혼자들에게 여호와께서 곧 멸망시
키실 성에서 빨리 떠나라고 말합니다. 그들의 목숨을 구하기 위한 일이었
으니 얼마나 단호하고 얼마나 간절했을지 상상이 가시나요? 하지만 그들
은 여호와의 말을 받아들이지 않았고, 소돔과 고모라의 멸망이라는 경고
를 농담으로 여겼습니다.창19:14
왜 롯의 사위 될 사람들은 롯이 실없는 소리를 한다면서 웃어넘겼을까

요? 소돔과 고모라 성이 멸망할 것이라는 경고가 얼마나 심각하고 급박한 것인지 몰랐으니 그랬겠지요. 하나님의 말씀임에도 불구하고, 자기들이 판단하기에 현실 가능성이 전혀 없다고 생각했던 겁니다. 노아의 홍수 심판 때도 그랬잖아요. 아무도 노아의 경고에 귀를 기울이지 않았고 되려 비웃었죠. 구름 한 점 없는 쨍쨍한 날씨에 배를 만들면서 홍수 심판을 예고했으니 노망이 났다는 소리를 들었을 밖에요.

이처럼 사람마다 자기 생각과 주관이 있습니다. 옳고 그름의 판단도 각자 하고요. 한 마디로 선악을 판단하는 주체가 '나'라는 겁니다. 지식과 경험 그리고 수집한 정보에 따라 내리는 자기의 판단이 옳고 정당하고 중요하다고 여기는 거죠. 내 생각과 다른 상대방의 조언과 훈계는 기껏해야 참고 사항에 불과할 수밖에 없습니다.

주변을 보면 '자기 판단'으로 가득한 세상입니다. 이제 겨우 세 돌이 지난 제 손주 녀석만 해도 어찌나 자기 주장과 판단이 분명한지 모릅니다. 인생을 한참 더 산 할아버지가 최대한 친절하게 방향 제시를 해도 제 뜻과 다르면,"싫어, 아니야." 하며 딱 잘라 말하지요. 어른들도 마찬가지입니다. 상담하는 분들이 공통적으로 하는 말이 있는데, 상담을 받으러 방문하는 피상담자가 실은 답을 가지고 있다는 거예요. 결국 자기 얘기를 잠자코 들어줄 사람이 필요해서, 문제에 대해 뭐라고 말하는지 들어나 보고 참고할 만한 내용이 있나 싶어서 상담자를 찾는다는 거죠. 그래서 노련한 상담자는 상대방이 말을 하도록 유도하면서 묵묵히 듣기만 하는데, 그러다 보면 피상담자가 이제 속이 후련하다며 가벼운 마음으로 돌아간다고 하더군요.

그런데 이와 같은 태도는 신앙의 영역에서도 그대로 적용됩니다. 생각해 보세요. 변두리 나사렛 촌 동네 출신, 집안도 별 볼 일 없고, 정규 교육도 제대로 받지 못한, 비호감 외모에 결혼도 못하고, 혼자서 설치고 다니다가 꽃다운 나이 33세에 십자가에 못박혀 처형된 유대인 청년 예수. 당대 어느 누가 이러한 예수의 훈계를 받겠으며 그의 말에 귀를 기울였겠습니까? 지금은 그 예수가 활동하는 시대도 아니잖아요. 우리는 인공지능과 정보통신의 시대, 인간의 몸으로 우주를 왕복하고 이제는 생명까지 복제하는 첨단 과학의 시대에 살고 있습니다. 예수님이 사람의 몸으로 기적을 베푸시던 그 시절에도 안 믿던 사람이 태반이었는데, 이 시대에 누가 말씀속 인물을 믿겠으며 그 훈계와 경고를 받아들이고 행동에 옮기려 하겠어요?

> 말씀이 육신이 되어 우리 가운데 거하시매 우리가 그 영광을 보니
> 아버지 독생자의 영광이요 은혜와 진리가 충만하더라. 요1:14

말씀이 육신을 입은 사람으로 이 세상에 나타난 것이 예수님이라니, 말도 안 되는 소리죠? 이성적인 판단, 합리적인 사고로는 도저히 받아들일수 없는 내용일 겁니다. 롯의 사위들처럼 실없는 소리나 농담을 한다고여기며 웃어넘기겠지요. 이렇게 자신이 선악 판단의 주체가 되어 있는 인간은 누구의 말도 듣지 않습니다. 심지어 하나님의 말씀이라 하더라도 내가 판단해 볼 때 아닌 건 아닌 겁니다.

> 율법의 행위로 그의 앞에 의롭다 하심을 얻을 육체가 없다. 롬3:20, 갈

2:16

율법 안에서 의롭다 함을 얻으려 하는 너희는 그리스도에게서 끊어
지고 은혜에서 떨어진 자이다.갈5:4

우리가 저희와 동일하게 주 예수의 은혜로 구원받는 줄을 믿노라 하
니라.행15:11

　성경은 구원에 대해서도 훈계하듯 밝히, 여러 번에 걸쳐 분명한 말씀을
전합니다. 구원은 어린양 예수 그리스도의 십자가 대속의 피로 말미암은
은혜의 선물입니다. 그런데 사람들은 이 말씀을 듣고 순종하기보다, 자기
생각과 판단 그리고 세상에서 배운 지식 등으로 구원에 대한 자신의 정답
을 만들어 내고 그걸 실천하려고 합니다. 그 과정에서 성경의 말씀을 참
고라도 하면 다행일 만큼요.

　문제는 사람들의 자기 판단이 틀려도 보통 틀린 게 아니라는 데 있습니
다. 왜냐하면 그 판단의 기준과 근거가 때로는 너무나 주관적이고 때로는
정말 터무니없기까지 하거든요. 예를 들어 꿈에서 뭔가를 보고 들었다 하
면, 그 환상을 말씀보다도 더 믿고 따르지요. 남다른 은사로 신앙적인 체
험을 했다는 사람들이 말씀의 권위보다 자기 경험을 내세우는 걸 자주 볼
수 있듯이 말입니다. 좀 배웠다 하는 이들은 세상에서 배운 지식과 인과
라는 학문의 틀을 가지고 성경 말씀을 취사선택합니다. 자기가 보기에 앞
뒤가 맞는다 싶으면 합리적이고 논리적이다 판단하여 받아들입니다만,
그렇지 않을 경우에는 설화나 신화 정도로 치부하는 거지요. 내 판단, 내

생각, 내 주관이 하나님 위에서 왕 노릇하는 것 아닌가요?

전도자가 말하는 '간함을 받을 줄 모르는 왕'은 다름 아닌, 선악과를 따먹고 범죄한 해 아래 있는 사람들을 가리킵니다. 사물을 깨닫게 되면서부터 내가 선악 판단의 주체가 되어 인생의 왕 노릇하며 살아가는 이들이, 무지하게도 종교의 이름으로 생명까지 제 식대로 얻겠다고 나서지요. 이 얼마나 엄청난 착각이고 헛된 욕심인지 모르겠습니다. 생명은 자기 판단이나 경험에 따른 어떤 종교적 행위나 열심, 체험 등을 통해서가 아닌 오직 주님의 은혜로 주어지는 선물입니다. 그 생명을 선물로 받은 사람이 바로 말씀이신 그리스도께서 거하시기에 합당한 처소인 성전이지요.

전도자는 간함을 받을 줄 모르는 왕과 같은 사람에게서 비롯될 수 없는 생명, 그러나 싫어 버린 바 된 예수 그리스도의 말씀이 은혜로 임한 자에게 선물처럼 주어지는 영생과 구원에 대해 말하고 있습니다. 은혜로 말씀이 임하게 되면, 즉 말씀과 대면 혹은 말씀이 침투하게 되면, 나의 죄 됨이 드러나고 예수의 그리스도이심이 밝혀지게 되지요. 그제야 비로소 성경 말씀이 은혜의 복된 소식이라는 걸 깨닫게 됩니다. 이런 사람은 무지렁이 같은 인생이라 하더라도 간함을 받을 줄 모르는 왕보다 백배 천 배 낫다고 전도자는 말하고 있습니다. 생존을 위해 살아가다 마침내 흙으로 돌아갈 헛됨 가운데 영원한 생명이 들어왔으니까요.

전도서 5장

듣는 것이 제사보다 낫다

너는 하나님의 전에 들어갈 때에 네 발을 삼갈찌어다 가까이 하여 말씀을 듣는 것이 우매자의 제사 드리는 것보다 나으니 저희는 악을 행하면서도 깨닫지 못함이니라. 너는 하나님 앞에서 함부로 입을 열지 말며 급한 마음으로 말을 내지 말라 하나님은 하늘에 계시고 너는 땅에 있음이니라. 그런즉 마땅히 말을 적게 할 것이라 일이 많으면 꿈이 생기고 말이 많으면 우매자의 소리가 나타나느니라.5:1-3

전도자는 말씀을 듣는 것, 말을 하는 것 등에 관해 이야기하고 있습니다. 말을 듣고 말을 하는 건 언어를 사용해서 일어나는 행위인데요, 이 구절을 제대로 이해하려면 성경이 말하는 언어가 무엇인지 먼저 살펴보아야 합니다.

창세기에는 언어에 대한 다양한 기록이 존재합니다. 최초의 언급에서부터 언어라는 개념의 발달 과정과 바벨탑 사건을 통한 언어의 분화에 이르기까지, 여러 기록을 통해 언어에 대한 성경의 관점을 엿볼 수 있지요.

우선 하나님이 말씀으로 천지를 창조하셨다는 기록이 있습니다. 사람이 알아들을 수 있는 언어 체계를 갖춘 말이었는지 단지 소리였는지는 알 수 없지만, 성경은 분명히 하나님이 말씀으로 천지를 창조하셨다고 말합니다. 그리고 하나님이 사람에게 에덴 동산 중앙에 있는 선악을 알게 하는 나무의 실과는 먹지 말라고 말씀하신 것으로 보아창2:17, 어떤 형태였든 하나님과 사람 사이에 교감이 있었음을 알 수 있지요.

나아가 사람이 언어를 사용한 기록을 통해 언어의 범위는 확장됩니다. 아담이 자신의 감정과 생각을 언어라는 수단을 통해 표현한 것을 확인할 수 있는데요, 자신의 갈빗대로 지음 받은 여자를 본 순간 아담은 '이는 내 뼈 중의 뼈요 살 중의 살이구나!'창2:23 라고 외쳤습니다.

대화의 대상 역시 확대됩니다. 여자가 뱀으로 둔갑한 사탄과 대화를 나누기도 하고, 하나님이 금단의 열매인 선악과를 따 먹은 사람에게 질문을 던지시며 사람의 대답을 들으시기도 합니다. 이후에는 하나님이 동생 아벨을 죽인 가인을 추궁하시고 가인이 이에 대꾸하기도 하지요. 어떤 형태로든 육을 가진 사람과 눈에 보이지 않는 영적 존재가 대화할 수 있는 소통의 방식이 존재했음을 짐작하게 합니다. 하나님이 노아에게 홍수 심판을 대비하여 방주를 지으라고 하시며 구체적인 방주 설계도를 직접 설명하셨던 것을 보면, 당시 사람들이 통용하는 언어를 빌려 노아와 소통하셨던 것 같기도 합니다.

이러한 언어에 대한 다양한 기록 중에서 성경은 무엇에 초점을 두고 있을까요? 성경을 유심히 살펴보면 언어 사용의 시점이나 사용한 언어의 종류가 무엇인지는 크게 중요한 것처럼 보이지 않습니다. 언어를 통해 성경이 진짜 하고 싶은 말은, 하나님의 말씀이 사람에 의해 훼손되었고 왜곡되었다는 것이지요.

혀 끝이 둘로 갈라진 뱀, 한 입으로 두 말 곧 거짓말을 하는 뱀으로 나타난 마귀가 하는 말에 속아 선악과를 따 먹은 사람의 말은 하나님과 어그러졌고 그래서 달라지고 말았다는 겁니다. 선과 악에 대한 개념부터 뒤바뀌고 말았는데요. 하나님은 은혜를 선하다, 좋다, 착하다, 아름답다 하시는 반면 사람은 자신의 행위에 따른 결과라는 방식을 선하다, 좋다, 이치에 맞다 하며 믿고 따르게 되었습니다.사5:20

개념의 도치, 의미의 변질입니다. 개념이 뒤바뀌게 되면 기준과 관점이 완전히 달라지게 되지요. 생각마저 바뀌게 됩니다. 관점이 다르고 생각이 다르다면 서로 다투고 충돌할 수밖에 없습니다. 이처럼 선악과 사건 이후 말에 대한 이해와 개념이 달라지는 바람에 하나님의 생각과 사람의 생각은 어긋나게 되었습니다. 그래서 사람의 생각으로 하나님께 접근할 경우 다툼과 충돌이 불가피하다는 것을, 말과 언어에 대한 기록을 통해 성경은 강조하고 있는 겁니다.

생각이 달라짐으로 인해 빚어진 충돌의 대표적인 예가 신약 성경에 나옵니다. 예수님이 제자들에게 자신이 많은 고난을 받고 죽임을 당하고 제삼일에 살아나야 할 것을 말씀하셨습니다.마16:21 그러자 베드로가 "주님, 안 됩니다. 절대로 이런 일이 주님에게 일어나서는 안 됩니다." 하며 강하게 훈계하듯이 예수님을 말렸습니다.마16:22 물론 베드로의 발언은 개인의 생각이 아니라 제자들의 생각을 대변한 것이라 볼 수 있지요. 스승이 죽음을 이야기하는데 어느 제자가 어서 그리하소서 하겠습니까, 의리 있는 제자라면 응당 제 스승을 말리고 봐야겠지요. 그런데 예수님은 칭찬은커녕, '사단아 내 뒤로 물러 가라. 너는 나를 넘어지게 하는 자로다. 네가 하나님의 일을 생각지 아니하고 도리어 사람의 일을 생각하는구나,'마16:23 하시며 베드로를 책망하셨습니다.

예수님과 베드로의 생각이 어디에서부터 충돌했는지 눈치채셨나요? 예수님 곧 하나님 아버지의 생각은 희생 제사에 바쳐진 어린 양처럼 아들이신 예수님의 죽음을 통해 사람들의 죄를 속죄하려는 구원 사역에 관한 것이었습니다.마20:28 그래서 말씀처럼 예수님은 대속물로 죽으셔야 했고, 그것이 하늘 아버지의 뜻을 땅에서도 이루어지도록 하는 방법이었던 겁니다. 그런데 베드로는 사람의 생각으로 예수님을 걱정하면서 제발 죽지 마시라고 말렸으니, 베드로의 생각은 하나님의 생각을 대적하고 하나님이 하시고자 하는 일을 막아서는 마귀의 역사가 되었던 거지요.

다른 언어, 의미의 변질, 그리고 하나님의 생각과 사람의 생각 사이의 충돌. 바로 이 맥락에서 보아야 전도자가 하는 말의 진정한 의미를 파악할 수 있습니다.

> 너는 하나님의 전에 들어갈 때에 네 발을 삼갈찌어다 가까이 하여 말씀을 듣는 것이 우매자의 제사 드리는 것보다 나으니 저희는 악을 행하면서도 깨닫지 못함이니라. 너는 하나님 앞에서 함부로 입을 열지 말며 급한 마음으로 말을 내지 말라 하나님은 하늘에 계시고 너는 땅에 있음이니라. 그런즉 마땅히 말을 적게 할 것이라 일이 많으면 꿈이 생기고 말이 많으면 우매자의 소리가 나타나느니라.5:1-3

사람들은 그저 자기가 하나님께 뭔가를 가져다 바치면 하나님이 기뻐하실 거라고 믿지요. 그런데 전도자는 그게 착각이라고 말합니다. 그보다 말씀을 듣는 편이 낫다고 하면서요.

사무엘이 가로되 여호와께서 번제와 다른 제사를 그 목소리 순종하는 것을 좋아하심 같이 좋아하시겠나이까 순종이 제사보다 낫고 듣는것이 수양의 기름보다 나으니. 삼상15:22

사울 왕의 불순종을 지적하며 사무엘 선지자도 같은 말씀을 합니다. 순종과 듣는 것이 하나로 묶이고 제사와 수양의 기름이 다른 하나로 묶여 대비되는데요, 순종과 듣는 것이 다른 단어이지만 같은 의미를 가진 것을 알 수 있습니다. 사람의 정성, 실천 등 행위와 대조적으로, '경청하다, 귀를 기울이다, 이해하다' 라는 의미로서 하나님 말씀에 귀를 기울이는 태도가 바로 순종이란 단어의 뜻입니다. 그러니까 듣는다는 게 단지 듣는 행위가 아니라 남이 하는 말의 뜻을 알아듣는 '말귀'를 의미하는 단어이지요.

귀 있는 자는 들을찌어다. 마11:15

들을 귀 있는 자는 들으라. 막4:9

귀 있는 자는 성령이 교회들에게 하시는 말씀을 들을찌어다. 계2:11

이처럼 성경에는 육신의 귀가 아니라 들을 귀 있는 자 즉 말귀를 알아듣는 자를 지칭하는 표현이 많이 나옵니다. 하나님이 하신 말씀의 말귀를 알아듣는 사람, 즉 하나님이 무슨 의도에서 하신 말씀인지 그 의미를 이해하기 위해 제대로 듣는 사람을 가리키는 거지요. 듣지도 못한 채, 혹은 듣기는 했으나 자기 생각대로 이해하고 판단하여 실천하는 사람은 말귀를 알아듣는다 하지 못할 것입니다. 오죽했으면 하나님도 선지자들을 통해 "뭘 가지고 와서 바치려 하지 말고 제발 말씀을 들으라"하셨겠어요.

> 너희는 무가치한 제물을 더 이상 가져오지 말아라. 너희가 분향하는 것도 나는 싫어졌다. 너희가 초하루와 안식일과 그 밖의 명절을 지키고 종교적인 모임을 가지면서도 악을 행하는 것을 내가 차마 볼 수 없구나. 너희가 지키는 초하루와 그 밖에 지정된 명절을 내가 싫어하는 것은 그것이 오히려 나에게 짐이 되어 내가 감당하기에도 지쳤기 때문이다. 사1:13-14, 현대인의성경

이사야 선지자를 통해 하나님은 사람을 책망하십니다. 하나님이 무슨 말씀을 하시는지 말씀에 귀를 기울이기보다 종교적인 행위나 열심을 부리는 것으로 할 도리를 다했다고 생각하는 것에 대해 따끔하게 훈계하시지요.

그런데 이 말씀을 종교적인 행위보다 성경 공부를 더 열심히 해야 한다는 권면으로 이해한다면 그거야말로 정말 큰 오해입니다, 말귀를 알아듣지 못한 격이죠. 단순히 성경을 읽는다는 행위만 가지고 '듣는다'고 할 수는 없을 뿐 아니라, 종교적인 행위, 곧 예배, 기도, 헌금, 찬양, 전도, 선교, 세례, 성찬, 구제, 봉사 등은 모두 신앙 생활의 중요한 부분으로 그리스도인과 분리하여 생각할 수 없으니까요. 이는 하나님의 뜻과 생각이 무엇인지 말씀 속에서 그 의미를 파악하는 것이 사람의 행동보다 우선되어야 한다는 뜻입니다. 하나님이 하신 말씀의 진정한 의미, 그 뜻이 무엇인지 질

문하고 묵상하며 깨달아야 하는데, 그저 종교적인 행위나 행사에 열심만 다할 바엔 차라리 성전 문을 닫으라는 거지요.

왜 이렇게까지 극단적으로 말씀하시는 걸까요? 예수님의 생각과 베드로의 생각이 달랐듯, 사람의 열심이 하나님의 계획과 충돌하기 때문입니다. 말씀하시는 하나님의 의도는 깨닫지 못한 채 사람의 생각으로 열심만 다한다면, 하나님을 기쁘시게 하겠다며 하는 일이 오히려 하나님의 일을 방해하고 대적하는 세상적이고 마귀적인 불신앙이 될 수 있으니까요.

이상히 여기지 말라

가난한 사람이 학대받는 것과 정의가 무시당하는 것을 보아도 너는
놀라지 말아라. 모든 관리는 자기보다 더 높은 사람의 감시를 받고
있다. 모든 사람이 농산물의 혜택을 받고 있으며 왕도 밭에서 나는
것을 먹고 산다.5:8-9, 현대인의성경

가난한 자를 학대하고 정의가 무시당하는 것과 왕도 밭에서 나는 것을
먹고 산다, 이 두 구절이 무슨 연관성이 있는 걸까요?

앞서 '학대의 구조'라는 장에서 세상에 존재하는 학대의 본질에 대해
언급한 바 있지요. '얼굴에 땀이 흐르도록 수고해야 먹고 살 수 있는 이 세
상은 불가피하게 학대의 구조에 있다'고 말씀드렸습니다. 수고하고 애쓴
만큼 보상을 받아야 한다는 사람들이 있는가 하면, 수고한 것보다 더 많
은 대가를 받아내려는 사람들, 덜 수고하고 더 많이 가져가려는 사람들,
그리고 남이 수고한 것을 거저 가로채려는 사람들까지. 수고와 노동으로
점철된 세상에서 서로를 착취하려는 사람들이 함께 얽히고설켜 살아가
는 세상은 학대로부터 자유로울 수 없지요. 특정한 상황, 특정한 사람에
게서만 나타나는 악한 현상이 아니라 사람이 에덴 동산에서 추방된 이후
구축된 이 세상 삶의 방식 그 자체가 학대의 구조인 것입니다.

모든 사람이 농산물의 혜택을 받고 있으며 왕도 밭에서 나는 것을

학대의 본질에 기반하여 이해하자면, 이 구절의 뒷부분은 얼굴에 땀이 흐르도록 수고해야 먹고 살 수 있는 이 세상의 구조에서 누구도 자유로울 수 없다는 점을 언급한 것입니다. 백성들은 물론이고 최고의 권력자, 세상을 쥐락펴락하는 왕이라 해도 이마에 땀이 흐르도록 수고함으로 먹고 산다는 말이지요.

그런데 앞부분이 영 마음에 걸립니다. 학대의 구조 속에서 살아가는 사람들의 이야기를 하는 도중에 왜 전도자는 농산물의 혜택이라는 말을 하는 걸까요?

농산물의 혜택이 무슨 의미인지 먼저 이해해야 할 것 같습니다. 농부가 씨를 뿌리고 잡초를 뽑고 관리를 해야 농산물을 얻습니다. 하지만 사람이 아무리 땀 흘리며 수고를 한다 하더라도 비가 제때 내리지 않고 햇빛이 들지 않으면 한 해 내내 농사를 짓는다 한들 헛수고가 될 것입니다. 농사일에 비와 햇빛은 반드시 필요한 자연적 요소지요.

그 비와 햇빛을 내려 주시는 분이 누구시죠? 바로 하나님이십니다. 그리고 비와 햇빛은 농부의 인격이나 성품, 수고한 정도에 따라 차등적으로 주어지는 게 아닙니다. 선한 농부든 악한 농부든 하나님은 비와 햇빛을 동일하게 내려 주십니다. 아무런 대가 없이 무상으로 베풀어 주시는 하나님 덕분에 선한 농부와 악한 농부 그리고 백성은 물론 왕까지 농산물의 혜택을 받는 거지요.

하나님이 그 해를 악인과 선인에게 비취게 하시며 비를 의로운 자와
불의한 자에게 내리우심이니라. 마5:45

예수님도 같은 맥락에서 말씀하셨습니다. 하나님은 의로운 자와 불의
한 자 모두에게 똑같이 해와 비를 제공하시는 분이라고 말이지요. 하지만
이 말씀이 모든 사람이 구원을 얻는다는 만인구원설의 근거라고 생각하
신다면 엄청난 오해입니다. 하나님이 악인과 선인에게 동일하게 비를 내
리시고 해를 비취게 하시듯이 의로운 자와 불의한 자 모두 하나님의 은혜
라는 동일한 방식으로 구원을 얻는다는 것에 말씀의 초점이 있기 때문입
니다. 억울하게 학대 받는 자라고 해서 하나님이 특별한 방법으로 구원을
해주시고 학대하는 자라고 해서 다른 방식으로 구원을 얻는 것이 아니라
는 거지요. 나이나 성별, 인종이나 피부색, 언어, 배움의 정도, 재산의 많고
적음, 지위 고하, 성품, 진심과 열심 등등 그 어느 조건에 따라 구원이 차
별화되거나 급이 나뉘어지는 것이 아니라 '구원은 오직 주의 은혜로' 라는
말입니다.

예수님이 하신 이 말씀을 기록할 때 마태는 유대인을 염두에 두었습니
다. 마태복음의 1차 독자가 유대인이었으니까요. 전도서의 1차 독자도 마
찬가지로 유대인입니다.

유대인은 하나님으로부터 율법과 제사 그리고 성전이라는 신적인 제
도를 부여 받은 민족입니다. 그래서 그들은 스스로를 하나님이 특별히 가
려 뽑은, 택한 민족, 곧 선민이라 여겼습니다. 아브라함의 후손이라는 혈
통으로 말미암아 당연히 구원받을 것이라 믿었고, 율법을 열심히 지키고

제사를 정성껏 드리며 성전을 목숨처럼 떠받들면 하늘 창고에 상급이 차곡차곡 쌓여서 남들과는 다른 무언가를 더 받으리라 생각했습니다. 이러한 생각에 의구심을 갖거나 부정한다면 그건 불신앙이요, 하나님에 대한 불경이라 여겼을 겁니다.

전도자와 예수님은 바로 이런 생각으로 충만한 사람들을 앉혀 놓고 하늘의 말씀을 전했던 겁니다. 구원은 아브라함의 혈통에 따르며 상급은 자기가 하기 나름이라고 믿던 이들에게는 그야말로 마른 하늘에 날벼락 같은 소리였겠지요.

> "선악과를 따 먹은 인간은 학대의 현장, 정의의 실종이라는 이 세상의 바다에 던져진 존재이기에 학대와 더불어 함께 살아가는 운명에 처해 있고, 구원은 유대인이나 이방인이나 육신의 할례를 받은 사람이나 할례를 받지 않은 사람이나 야만인이나 미개인이나 종이나 자유인이나 차별이 없다.롬3:22, 롬10:12."

초대 교회 당시 예루살렘 회의에서도 사도들이 모여 입장을 정리하고 교회 공동체에 공표했습니다.

> 우리 유대인가 저희 이방인와 동일하게 주 예수의 은혜로 구원 받는 줄을 믿노라 하니라.행15:11

유대인이든 이방인이든 구원은 동일한 방식 즉 오직 주 예수의 은혜로만 얻는 선물입니다. 성경은 단 한 번도 다른 방식의 구원을 말한 적이 없다는 사실을 반드시 기억하셔야 합니다.

돈이 문제냐 사람이 문제냐

은을 사랑하는 자는 은으로 만족함이 없고 풍부를 사랑하는 자는 소
득으로 만족함이 없나니 이것도 헛되도다. 재산이 더하면 먹는 자도
더하나니 그 소유주가 눈으로 보는 외에 무엇이 유익하랴5:10-11

돈이나 재물에 욕심을 부리지 말라는 충고 정도로 이해해도 대단히 틀
린 말은 아니겠습니다만, 다른 사람도 아닌 전도자의 입에서 그런 말이
나왔다면 좀 의아하지요? 40년 동안 왕의 자리에서 차고 넘치도록 풍요
로운 삶을 살았던 사람, 성경이 기록하기를 그가 먹고 마시는 데 쓰는 모
든 그릇은 금으로 되어 있었고 그의 시대에 은은 귀금속 축에 들지도 못
하였다왕상10:21 하였는데 말입니다. 이처럼 일평생 부귀와 영화를 누리며
살았던 사람이 갑자기 무욕과 무소유를 말한다면, 글쎄요, 어느 누가 선
뜻 동의할 수 있겠습니까.

노동자는 먹는 것이 많든지 적든지 잠을 달게 자거니와 부자는 그
부요함 때문에 자지 못하니라 5:12, 개역개정

설상가상으로, 제 몸 닦는 것조차 제 손으로 했을까 싶은 사람이 부자
와 노동자에 대한 언급을 합니다. 어제도 오늘도 삶의 현장에서 치열하게
살아가는 사람들이 듣기에 전도자의 이 말은 전혀 설득력이 없지요. 물론

수많은 업적을 통해 왕의 자리에서 나름대로 수고하며 살아온 전도자의 삶을 어느 정도 확인할 수 있습니다만, 백성들의 애환은 조금도 헤아리지 못하는 철딱서니 없는 늙은 왕의 자기 고백으로 들리는 것도 사실입니다.

하지만 전도자가 누구입니까, 반전의 대가 아닙니까. 행간에 숨겨진 의미를 파악하고 문맥을 따라 추적하다 보면 겉으로 드러난 것과 다른 그의 본심을 읽을 수 있습니다. 돈에 대한 다른 언급을 찾아 보면 전도자는 10장에서 '돈은 범사에 응용된다'며 돈의 가치, 돈이 가지고 있는 실용성을 인정합니다. 그렇다면 여기 5장에서 돈이나 재산, 풍요 자체를 속되고 무가치하다고 말하려는 것은 아니라는 걸 알 수 있습니다. 만약 그런 거라면 스스로 모순에 빠지게 되니까요.

그렇다면 전도자가 돈에 대해 진짜 말하고 싶은 본심은 무엇일까요? 결론부터 말하자면 돈이 아니라 사람이 문제라는 겁니다. 돈과 소득에 대해 만족함이 없다는 말을 통해, 돈이나 소득이 문제가 아니라 만족할 줄 모르는 사람이 문제라는 걸 귀띔하고 있는 것이죠.

사실 돈은 죄가 없습니다. 어디까지나 가치 중립적이거든요. 돈 자체를 선하다거나 악하다고 말할 수 없습니다. 예를 들어 칼도 마찬가지입니다. 그 자체로는 그저 칼일 뿐이지만, 누구의 손에 들려 있느냐에 따라 용도와 가치가 완전히 달라지지요. 요리사의 손에 사용될 경우 맛있는 음식을 만드는 유용한 칼이 되는 반면 동일한 칼이라도 강도의 손에 들리게 되면 사람의 목숨을 빼앗는 흉측한 흉기가 됩니다. 돈도 누가 어떻게 사용하느냐에 따라 유용할 수도 악용될 수도 있지요. 결국 전도자는 남용하고 오용하며 편법을 동원하는 사람이 문제라는 걸 꿰뚫어보고 있는 겁니다.

뉴욕타임스의 보도2023.10에 의하면 미국 항공우주국 NASA가 2040년까지 달에 주택을 건설하는 방안을 추진하고 있다고 합니다. 미국 사람들이 달에 머물며 살 수 있도록 지정한 장소에 주택을 만들 계획이라는 건데요. 사회 성원들의 출산, 양육, 실업, 은퇴, 장애, 질병, 빈곤, 사망 등의 문제를 잘 해결해 주는 사회 보장 제도가 잘 구축된 나라로 이민을 가든, 이제는 아예 지구를 떠나 달에 가서 거주하든, 문제는 결국 사람이라는 걸 잊지 말아야 합니다. 선악과 사건 이후 사람은 세상의 방법이나 사람의 힘으로 해결할 수 없을 만큼 심각하게 망가진 상태라고, 성경은 분명히 진단하고 있으니까요.

밑 빠진 독의 자족

돈이 아니라 사람이 문제다 하는 말에 선뜻 동의하지 못하는 분이 계실지도 모르겠습니다. 성경을 읽어 보면 돈에 대한 경계의 말씀과 함께 신앙인의 태도로서 자족하는 삶을 강조하는 구절들이 있거든요. 자족이 가능하다는 걸 성경이 말씀하는데 만족함이 없는 사람이 문제라고 하는 건 비성경적이다 하는 의견도 있을 수 있겠지요.

> 돈을 사랑함이 일만 악의 뿌리가 된다.딤전6:10 참고.딤전3:3; 딤후3:2; 히13:5
>
> 먹을 것과 입을 것이 있으면 그것으로 만족해야 한다.딤전6:8
>
> 자족하는 마음이 있으면 경건은 큰 이익이 된다.딤전6:6; 빌4:11

성경이 말하는 자족에 대한 이해가 먼저 필요할 것 같은데요, 이는 본능을 억누르거나 도를 닦아야 한다는 가르침이 아닙니다. "금 보기를 돌같이 해야지, 돈 보기를 돌같이 해야지."하면서 자신의 의지 혹은 신앙이란 이름으로 본능을 억누르는 것은 스스로를 고문하는 것에 불과하거든요. 이를 악물고 버티는 것은 마치 용수철을 누르고 있는 상태와 같아서 그 반작용이 더욱 심해질 뿐입니다.

정말로 우리 주변에 '성경 말씀대로 자족하며 산다' 할 수 있는 사람이 있던가요? 하루 10시간 성경을 읽는다던 사람도 만족함이 없고, 심지어

히브리어와 헬라어에 능통해서 성경을 원어로 읽는다는 사람도 별반 다를 바 없더군요. 방언으로 기도하는 사람, 남다른 체험을 했다는 사람도 집에 가보면 온갖 사치품과 고가의 가구들이 가득하고요, 복음을 안다, 복음을 깨달았다 하더라도 돈이라면 화색이 돌던 걸요. 또 미니멀 라이프나 무소유의 삶이라는 것도 결국은 결핍에서 비롯된 만족에 대한 간절한 바람과 자족에 대한 갈망을 표현하는 또 다른 몸짓이 아닌가 싶기도 합니다.

자족하지 못하는 사람들을 정죄하려는 게 아니라요, 사람이 만족함 없는 밑 빠진 독과 같다는 전도자의 진술이 사람의 실상에 대한 정확한 진단이자 통찰이라는 겁니다. 밑바닥이 없는 무저갱 같은 마음은 불신자나 신자나, 일반인이나 성직자나 경계가 없고 구분이 없거든요.

거듭 말하지만 문제는 사람입니다. 사도 바울의 진술은 사람이 어떤 존재인가를 예리하게 지적하고 있습니다. "돈을 사랑하지 마세요, 돈 보기를 돌 보듯 하세요, 제발 자족하며 사세요, 주어진 환경과 여건에 만족해야 합니다." 하고 눈물로 호소하면서 가르친다 하더라도, 글쎄요, 그렇게 말하고 가르치는 사람부터 문제가 있는데 누가 누구더러 자족하고 만족하며 살라고 요구할 수 있을까요?

> 그런 여러분이 남은 가르치면서도 왜 여러분 자신은 가르치지 못합니까? 도둑질하지 말라고 하는 여러분이 도둑질하고 간음하지 말라고 하는 여러분이 간음하며 우상을 지긋지긋하게 여기는 여러분이 신전의 물건을 훔치고.롬2:21-22, 현대인의성경

'돈을 사랑하지 말라, 자족하라,' 하시는 경계와 권면의 말씀은 큰 그림의 틀에서 보아야 제대로 이해할 수 있습니다. 십자가를 기준으로, 그 관점으로 새롭게 말씀을 보아야 합니다. 이해의 시각이 바뀌게 되면 세상과 사람의 실체가 보이겠지요. 죄악 된 세상이 하나님의 진노와 심판 아래 놓여 있다는 것과 사람의 마음은 터진 웅덩이와 같아서 만족함이 없는 결핍의 존재라는 것을 보게 될 겁니다.

이렇게 세상과 사람의 실상을 알게 되면, 진짜 문제가 사람이라는 것도 깨닫게 됩니다. 돈이나 소득, 종교적 열심이나 행위에 대해서도 사람은 만족할 수 없다는 걸 발견하게 되지요. 그러니까 안목과 관점이 바뀌어 세상의 실상과 사람의 실체를 보게 되면, 세상의 내용이나 종교적인 행위 등으로 자신을 과시하거나 자랑하거나 증명하려는 것이 부끄럽고 어리석은 짓이라는 걸 알게 된다는 말입니다. 세상적인 내용이 더는 필요하지 않다는 얘기가 아니라, 범죄한 인간이 자신의 수치를 가리기 위해 무화과나무 잎사귀를 엮어 치마를 해 입었다는창3:7 사실을 보게 됩니다. 하나님이 선물하신 가죽옷창3:21이 아니라 잎사귀라는, 한시적인 것을 두르고 있다는 실상을 보게 된다는 거지요.

언제부터인가 '사람이 답이다' 하는 말이 회자되더군요. 그런데 어느새 교회 안에까지 들어와서 마치 복음인 것처럼 자리를 잡았습니다. 그것도 모자라 말씀이 선포되어야 할 강단에서 거침없이 전해지고 있기도 합니다. 세상이야 사람이 우선이고 인권을 중시하기 때문에 사람이 답이라고 말하는 것이 당연하고 자연스러울 수 있지요. 하지만 성경은 이 달콤한 소리에 절대 맞장구를 치지 않습니다. 세상이 있기 전에 하나님이 계셨고,

사람보다 하나님이 먼저입니다. 사람 중심이 아니라 말씀이신 그리스도가 중심 되심을 성경은 시종일관 증거하고 있습니다.

> 만물이 그에게 창조되되 하늘과 땅에서 보이는 것들과 보이지 않는 것들과 혹은 보좌들이나 주관들이나 정사들이나 권세들이나 만물이 다 그로 말미암고 그를 위하여 창조되었고 또한 그가 만물보다 먼저 계시고 만물이 그 안에 함께 섰느니라.골1:16-17

성경은 하나님의 아들이신 예수 그리스도께서 사람들의 손에 무참히 죽은 전무후무한 사건을 통해 세상의 죄악 됨을 결론지었고, 사람에 대해서도 '문제다' 라며 날카롭게 지적하고 있습니다. 성경의 안목으로 세상과 인생을 바라본 세례 요한도 '이미 도끼가 나무 뿌리에 놓였다'마3:10 하며 담대히 선포했지요.

전도자의 입장도 다르지 않습니다. 만족함이 없는 사람이 문제라는 이야기를, 그는 이렇게 마무리합니다.

> '덧없는 인생살이에 크게 마음 쓸 일이 없다.'5:20, 새번역

'크게 마음 쓸 일이 없다' 하는 건, 스스로 자책하거나 닦달하지 말라는 겁니다. 사람이 문제이고 그래서 사람에게는 답이 없기 때문이지요. 내가 문제인데 자책해서 얻을 게 무엇이겠으며, 답이 없는 인생을 닦달한다고 해서 무슨 답이 나오겠습니까.

답이 없는 사람이 돈으로 만족할 수 없는 건 당연한 일입니다. 설령 돈이 있다 한들 영혼 구원의 문제는 돈으로도 해결하지 못하는데, 돈 좀 있다고 거들먹거리고 우쭐댄다면 얼마나 우습겠습니까? 돈뿐이겠습니까? 남다른 권력이나 명예, 혹은 종교적 이력으로 생명을 대속할 수 있는 것처럼 만족하며 자랑거리로 삼는다면 그것 역시 정말 큰 착각이지요.

전도자는 어차피 만족할 수 없다면 실컷 누리고 즐기며 욕망대로 살자고 부추기는 것이 아닙니다. 답이 없는 사람의 실상을 보게 되었다면 더는 무화과 나뭇잎을 엮어 만든 치마를 내세울 수 없게 되겠지요. 하나님이 선물해 주신 가죽옷의 가치와 의미를 알게 되고, 그 가죽옷의 실체인 어린양 예수 그리스도의 희생에 대해 새로운 시각을 갖게 되기에, 그저 감사할 수밖에 없게 됩니다. 어린양이 답이 없는 인생을 위해 대신 죽으셨기 때문이지요. 그 은혜에 대한 반응으로 나오는 감사가 바로 만족함 없는 인생이 할 수 있는 유일한 자족, 밑 빠진 독의 자족인 것입니다.

전도서 6장

천년의 갑절을 산다고 하여도

저가 비록 천년의 갑절을 산다 할찌라도 낙을 누리지 못하면 마침내
다 한곳으로 돌아가는 것뿐이 아니냐.6:6

전도자는 인생의 낙을 원 없이 누렸던 사람입니다. 아버지를 잘 만난
덕분에 얼굴에 땀 한 방울 흘리지 않고 수고한 것도 없이 왕의 자리를 물
려 받았고, 40년 동안이나 이스라엘의 최고 통치자로서 부귀영화를 누렸
습니다. 그뿐인가요? 평생을 화려한 궁에 살며 아내도 천 명이나 두었으
니, 세상 모든 걸 다 가졌고 누렸으며 즐겼던 사람이지요. 인생의 낙을 누
리는 일에 있어 전도자에 견줄 상대는 이전에도 이후에도 아마 없을 겁니
다.

그렇다고 해서 그가 갑자기"인생을 즐겨라, 행복을 누리라, 나처럼 낙
을 누리지 못한다면 그 인생 천년만년 산들 헛 산 거야." 이렇게 생각없이
말하진 않았겠죠. 지금까지 보여준 본심과 많이 다르니까요. 전도자가 이
야기하는 '낙'의 진정한 뜻을 알아야 그의 의도를 이해할 수 있습니다.

낙에 해당하는 원어 '토브'는 '선한, 좋은, 아름다운, 착한'을 의미합니
다. 하나님이 천지를 창조하실 때 반복적으로 사용된 단어인데요, '하나
님 보시기에 좋았더라'에서 '좋았더라'가 바로 토브입니다. 사람이 전혀 개
입하지 않고, 사람의 땀이나 손때가 전혀 묻지 않은 가운데 오롯이 하나

님이 계획하시고 실행하신 일의 결과를 두고 하나님은 좋다, 선하다, 아름답다, 착하다 하신다는 겁니다. 사람이 어떤 대가를 지불하거나 수고를 하지 않았는데도 하나님이 행하신 일의 결과를 그냥 선물로 받는 것을 가리켜 토브 즉 하나님 보시기에 좋다 말씀하신다는 거지요.

한마디로 토브의 본질은 하나님의 은혜입니다. 성경이 말하는 행복은 사람들이 기대하고 바라는 행복의 개념과는 많이 다르다는 것을 알 수 있습니다.

그럼 '비록 천년의 갑절을 산다 할찌라도 낙을 누리지 못하면 마침내 다 한곳으로 돌아가는 것뿐이 아니냐,' 라는 전도자의 말에서 낙을 은혜로 이해해 봅시다. 이 세상을 사는 동안 예수 그리스도의 대속의 은혜를 입지 못하면 즉 성경이 말하는 행복, 낙을 누리지 못하면 제아무리 육신의 쾌락을 즐기며 산다 하더라도 비참한 인생이라는 겁니다.

전도자는 자신이 깨달은 이 불행한 운명을 고백적인 언어로 풀어내고 있습니다. 왕궁에서 40년이 아니라 400년 동안 호의호식하며 인생을 즐긴다 하더라도, 아버지가 성군 다윗이라 하더라도, 예루살렘 성전을 7년에 걸쳐 순금으로 지었다 하더라도, 일천 번제 곧 천 마리의 제물로 제사를 드렸다 하더라도, 남들보다 지혜가 뛰어나다 하더라도, 대속의 은혜를 입지 못하면 결국 영원한 사망에 처하게 된다는 거죠. 성경의 관점에서 볼 때 그 사람은 결국 하나님과 영원히 분리되고 단절되는 사망으로, 심판으로 귀결될 운명이기 때문입니다.

성경은 이미 이러한 심판의 예시를 몇 차례 보여준 바 있습니다.

칠 일 후에 홍수가 땅에 덮이니 노아가 육백 세 되던 해 둘째 달 곧 그
달 열이렛날이라. 그 날에 큰 깊음의 샘들이 터지며 하늘의 창문들
이 열려 사십 주야를 비가 땅에 쏟아졌더라 … 지면의 모든 생물을
쓸어버리시니 곧 사람과 가축과 기는 것과 공중의 새까지라. 이들은
땅에서 쓸어버림을 당하였으되 오직 노아와 그와 함께 방주에 있던
자들만 남았더라.창 7:10-12, 23

여호와께서 하늘 곧 여호와께로부터 유황과 불을 소돔과 고모라에
비같이 내리사 그 성들과 온 들과 성에 거주하는 모든 백성과 땅에
난 것을 다 엎어 멸하셨더라 … 하나님이 그 지역의 성을 멸하실 때
곧 롯이 거주하는 성을 엎으실 때에 하나님이 아브라함을 생각하사
롯을 그 엎으시는 중에서 내보내셨더라.창19:24-25, 29 개역개정

그리고 사도 베드로는 다시 있을 하나님의 심판을 말하고 있습니다. 죄
악 된 세상을 물로, 소돔과 고모라를 유황불로 심판하셨던 것처럼 이 세
상에 대한 하나님의 심판이 오리라는 겁니다.

'지금의 하늘과 땅은 하나님의 심판의 날까지만 보존되었다가 불에
타버리고 말 것인데'벧후3:7

성경은 하나님의 에덴 동산에서 추방된 사람이 만들어 가는 인류의 역
사와 이 세상은 하나님이 보시기에 죄악 된 것으로 그분의 심판 아래 놓
여 있다는 것을 증거합니다. 낙을 누리지 못한다면, 즉 노아나 롯처럼 주

의 은혜를 입지 못한다면 버림받은 자로서 영원한 형벌을 면치 못한다는 것을 말하고 있지요.

사형수가 감옥에서 천년만년 사는 것은 복일까요, 저주일까요? 감옥의 시설과 환경이 최고급 호텔처럼 편리하고 쾌적하다 해도 어디까지나 감옥은 감옥입니다. 통제와 속박에서 벗어날 수 없는 몸, 더구나 사형수라면 언제 형장의 이슬로 사라질지 모르는 하루살이 인생인데, 감옥에서 아무리 부귀영화를 손에 넣은들 그게 정말 낙이요 행복은 아니겠지요. 사형수에게 진정한 행복은 죄를 용서받고 감옥이라는 속박과 통제의 울타리에서 풀려나 자유의 몸이 되는 것뿐입니다.

그렇기에 전도자는 간절한 심정으로 말씀을 전하고 있습니다. 예수 그리스도의 십자가 대속의 은혜라는 낙을 누리지 못하면 마침내 형벌과 영원한 사망에 처하게 될 운명들을 향해, 지금 그 낙을 누리고 은혜 안에 있느냐고 묻고 있는 겁니다.

사람들의 반응은 어떻습니까? 이 간절하고 절박한 소리에 귀를 기울여 그 은혜를 사모하며 살아가는 대신, 먹고 사는 일에 바쁘고 자기 꿈을 펼치며 자기를 즐겁게 하는 일에 열중할 뿐입니다. 전도자의 간절한 외침은 듣고 싶지도 들리지도 않습니다. 노아의 때처럼 외면당하기 일쑤입니다.

기독교인들이라고 다를까요? 세례 받을 때 '주 예수의 대속의 은혜로 구원을 얻습니다,' 하는 한 번의 고백만으로 과연 충분한 건지 잘 모르겠습니다. 뜨거운 감정이 지나가면, 이미 구원 열차 자리는 확보했으니 천국 입성은 당연한 수순이라는 자기 확신에 사로잡혀 살아가잖아요. 십자가 대속의 은혜를 이야기하면 다 아는 얘기, 또 그 소리 하냐는 반응이 태반입니다.

　심판과 구원의 일을 누가 알겠습니까. 하지만 세상과 인생의 실상에 눈
이 뜨인 성도라면 감옥과 다름없는 이 세상을 사는 동안 그리고 떠나는
그 순간까지, 예수 그리스도의 대속의 은혜를 간절히 바라며 간구해야 마
땅하지 않을까 싶습니다.

먹어도 차지 않는 영혼의 배

사람의 수고는 다 그 입을 위함이나 그 식욕은 차지 아니하느니
라.6:7

뜬금없이 시작된 먹는 이야기. 도대체 얼마나 모자라게 먹길래 식욕이 차지 않는다는 건지, 전도자의 식단과 일일 양식에 대한 기록을 좀 살펴보겠습니다.

솔로몬의 왕궁에서 하루에 소비되는 식량은 고운 밀가루 약 7킬로리터, 보통 밀가루 약 14킬로리터, 축사에서 가두어 기른 소 10마리, 초원에서 놓아 기른 소 20마리, 양 100마리, 그 밖에 사슴과 영양과 노루와 살진 새들이었다.왕상4:22-23,현대인의성경

계산해 보면 이는 하루에 약 1만 4천명이 먹을 수 있는 분량이라고 합니다. 그만큼 솔로몬의 치세가 대단했음을 단적으로 보여주는 수치인데요, 그렇다면 솔로몬이야 말할 것도 없고 궁궐에서 일하는 사람들까지 꽤 잘 먹고 잘 살았다는 걸 알 수 있습니다. 40년 동안 이스라엘을 통치했으니 전도자는 평생 진수성찬에 산해진미로 배를 채웠을 겁니다. 배부른 돼지의 자기 푸념도 아니고, 식욕이 차지 않는다는 전도자의 말은 도대체 무슨 의미일까요?

이해의 열쇠는 '식욕'이라는 단어에 있습니다. 이에 해당하는 원어 '네

페쉬'는 사실 '영혼'으로 해석하는 것이 전도자의 의도에 더 적합해 보이거든요. '사람이 먹고 살기 위해 얼굴에 땀이 흐르도록 수고하지만 그것으로 영혼의 자리까지 채우지는 못한다.'

전도자의 본심이 명확하게 드러나지요? 물론 금강산도 식후경이라지만, 사람이 육신의 배가 부르다고 해서 전부는 아닙니다. 사람이라는 존재가 단순히 입을 즐겁게 하는 음식이나 물질 따위 같은 외형적인 여건에 의해서 만족을 얻을 수 있는 동물이 아니기 때문입니다. 그저 배만 채우면 되는 동물과 사람은 분명히 다른데, 음식으로 채워야 할 육신의 배와 영의 양식으로 채워야 할 영혼의 배가 따로 존재한다는 말입니다.

그렇다면 영혼의 자리는 무엇으로 채울 수 있을까요? 마귀의 시험을 물리치신 예수님의 말씀 속에서 답을 얻을 수 있습니다.

> 네가 만일 하나님의 아들이어든 명하여 이 돌들이 떡덩이가 되게 하라. 마4:3

마귀가 예수님께 한 말은 결국 하나님의 아들이라는 걸 스스로 증명해 보라는 유혹이었습니다. 쉽게 말하자면, "당신이 정말 하나님의 아들이 맞다면 먹고 사는 문제 좀 해결해 봐, 그러면 인정할게." 한 셈이지요. 그런데 예수님은 기적을 행할 능력이 없으셨던 것도 아니면서, 예상 밖의 대답을 하셨습니다.

> 예수께서 대답하여 가라사대 기록되었으되 사람이 떡으로만 살것

이 아니요 하나님의 입으로 나오는 모든 말씀으로 살 것이라 하였느니라 하시니.마4:4

육의 양식은 필요하지 않다거나 육의 양식 없이도 얼마든지 살 수 있다는 말씀이 아닙니다. 하나님의 씨, 즉 말씀눅8:11을 받은 아들은 그 말씀을 영혼의 배를 채우는 양식으로 삼아 살아간다는 뜻입니다.

그런데 이 말씀이 어떻게 마귀의 시험에 대한 대답이 되는 걸까요? 사실 하나님의 아들임을 증명하라는 마귀의 유혹은 인간의 고질병 같은 습성을 정확하게 건드리고 있었습니다. 마귀의 거짓말에 속아 선악과를 따 먹은 사람이 자신의 수치를 가리기 위해 무성하고 푸른 무화과 나뭇잎을 엮어 치마를 해 입었던 것처럼, 수고와 행위를 통해 자신을 증명하려고 그럴듯하게 치장하고 포장하려는 욕구는 범죄한 인간의 습성이거든요. 원래 사람은 자신을 증명하기 위해 포장할 필요가 없었습니다. 에덴 동산에서 하나님의 은혜라는 그늘 아래 살았던 사람은 하나님에 의해 존재의 의미와 가치가 증명되었기 때문에, 자신의 행위를 통해 스스로를 증명할 이유도 필요도 없었던 겁니다.

그래서 예수님은, 하나님의 아들은 하나님의 입에서 나오는 모든 말씀으로 사는 존재임을 언급하심으로 마귀의 시험을 일축하셨습니다. 마귀의 종이 아닌 하나님의 아들에 해당하는 자들은 수고하고 애써서 자신을 증명하는 자들이 아니라 은혜의 말씀을 일용할 양식으로 삼아 영혼의 배를 채우는 것으로 위로와 만족을 얻는다는 대답을 주신 거죠.

전도자의 진술도 예수님의 말씀과 일맥상통합니다. 영의 양식인 하나님의 말씀을 '하라, 하지 말라' 하는 율법 즉 문자로만 알고 먹게 되면, 그러한 행위의 실천을 통해 자신의 정당함과 의로움을 증명하고 치장하려고 애를 쓰게 됩니다. 영혼의 배를 결코 채울 수 없는 방법이지요. '수고하고 애쓰는 사람의 행위로는 영혼의 자리까지 채우지는 못한다'는 전도자의 외침은, 하나님의 말씀을 은혜로 깨달아야 영혼의 배를 채울 수 있다는 뜻입니다.

오해는 하지 마십시오. 성경만 읽고 기도, 전도, 헌금, 구제, 봉사, 선행 등등 종교적인 행위는 일절 하지 말라는 이야기가 아닙니다. 다만 개념과 의미를 알고 해야 한다는 겁니다. 그저 안다고 생각하고 열심만으로 행할 경우 기도는 자칫 '비나이다'가 될 수 있고요, 전도와 헌금은 교인의 도리를 다했다는 자기 만족으로 가는 지름길이 될 수 있으며 생각없이 부르는 찬송은 자아도취가 될 수 있다는 점을 잊지 말아야 합니다.

말씀에 담겨진 저자의 의도와 의중이 무엇인지 살피고 그 내용을 영의 양식으로 삼는다면 성경적인 개념을 제대로 이해하게 됩니다. 그러면 그동안 해오던 종교 활동이 나의 지식과 경험 또는 학습에서 비롯된 행위였다는 것을 깨닫게 됨으로, 이제는 전혀 다른 접근과 방식에서 행할 수 있습니다. 무엇보다 신앙 생활의 자유와 홀가분함을 맛보게 되겠죠.

> 내가 곧 생명의 떡이로라. 너희 조상들은 광야에서 만나를 먹었어도
> 죽었거니와 이는 하늘로서 내려오는 떡이니 사람으로 하여금 먹고
> 죽지 아니하게 하는 것이니라. 요6:48-50

예수님도 직접 말씀하셨습니다. 예수 그리스도가 생명의 떡입니다. 은혜의 말씀이신 그분으로 영의 양식을 삼으면 생명을 얻지만, 말씀을 율법의 요구로 받아들인다면 그 영혼은 실천과 행위로 수고하고 무거운 짐 진 인생길에서 점점 말라가고 죽어갈 것입니다. 말씀을 문자적으로 알고 율법으로 먹으면 껍데기만 먹은 것이나 마찬가지일 테니까요.

전도자가 바로 하나님의 말씀을 율법이라는 껍데기로만 알고 먹었던 사람이었습니다. 그래서 후에 성령의 감동을 받아 전도서를 기록하면서 이전의 방식으로는 '영혼에 만족함이 없더라'고 토로했던 겁니다. 세상의 그 어떤 것으로, 부나 명예와 권력, 쾌락이나 산해진미로도, 심지어 율법이라는 문자로도 결코 영혼을 채우지 못하며 하나님의 형상인 그리스도, 곧 십자가의 진리와 그 은혜의 말씀으로만 영혼을 채울 수 있음을 전하고 있습니다.

나약함의 역설

현존하는 것이 무엇이든 그것은 오래 전에 이미 그 운명이 결정되었
으며 사람이 어떻게 될 것도 이미 알려진 일이다.6:10 현대인의성경

천하를 호령하던 솔로몬 왕이 한없이 약한 모습을 드러냅니다. 분명 인간의 한계를 인정하는 말이죠. 세상의 왕과는 비교할 수조차 없는 높은 존재가 있음을 암시하면서 해 아래 피조물의 위치와 한계, 유한한 존재인 인간의 제한적이고 무지한 연약함을 이야기합니다.

제아무리 왕이라도 나이가 드니 별 수 없는 걸까요? 세상의 지혜, 부귀영화를 손에 넣고 평생을 자신만만하게 살았을 법한데, 어쩌다 돌연 자신의 나약함을 발견하게 되었을까 의문이 듭니다. 몸과 마음이 약해진 건지 아니면 인생 말년에 사리를 분별하여 판단하는 안목이 생긴 건지는 모르겠습니다만, 사람이 그냥 나이를 먹는다고 해서 갑자기 피조물로서의 한계를 깨닫고 창조주의 은혜를 구하게 되지는 않을 것 같습니다. 사람에게서 비롯될 수 없는, 오직 신의 개입으로만 가능한 이러한 변화는 전도자에게 하나님의 아주 특별한 간섭이 있었을 거라고 추측하게 합니다. 왜냐하면 이러한 모습들은 하나님을 경험한 자들에게서 나타나는 공통된 특징이기 때문입니다. 그분의 개입 앞에서 자신의 실상을 발견하게 됨으로 인간의 한계와 연약함 그리고 죄 됨을 깨닫게 되면 그분 앞에 넙죽 엎드릴 수 밖에 없다는 겁니다. 여호와의 영광을 경험한 이사야 선지자의

고백을 보면 이 특징을 바로 이해할 수 있습니다.

> 화로다 나여 망하게 되었도다. 나는 입술이 부정한 사람이요 입술
> 이 부정한 백성 중에 거하면서 만군의 여호와이신 왕을 뵈었음이로
> 다.사6:5

이사야는 두렵고 떨리는 마음으로 거룩한 분 앞에서 자신이 부정한 자라고 털어놓았습니다. 여호와를 뵙거든 이렇게 말하라고 누가 가르쳐서 알았겠습니까? 사람의 속성과 전혀 다른 분이 다가올 때, 그 거룩 앞에 자신의 부정한 존재가 드러남으로써 터져 나오는 두려움이자 존재의 항복입니다. 예수님의 신적인 능력을 대면한 베드로도 예수님의 무릎 아래 엎드려 자신의 무능과 한계를 인정했지요.

> 주여 나를 떠나소서 나는 죄인이로소이다.눅5:8

전도자도 이와 동일한 경험을 하지 않았을까 싶습니다. 인생에 개입하신 하나님과의 접촉을 통해 피조물로서의 한계를 인정하고 창조주를 의지하게 되었겠지요. 사람의 힘과 방법으로는 불가능한 변화이니 말입니다.

그러나 이러한 태도를 비판하는 이들도 적지 않습니다. 사람이 오죽 모자라고 나약하면 보이지도 않는 신을 찾고 의지하겠냐고들 하죠. 이 세상에 있는 문제도 당장 해결하지 못하는 무능한 하나님을 믿고 의지하는 게

제정신이냐고도 합니다. 자기 합리화를 위해 창조주와 피조물의 관계 같은 걸 꾸며내지 말고, 손에 잡히지도 눈에 보이지도 않는 신에게 빌붙어 살지 말고, 만물의 영장답게 당당하게 굳건히 살아가라는 게 세상의 가르침입니다.

누군가에게 기대거나 기생하려 하지 말고 자기 힘으로 떳떳하고 당당하게 서는 것, 좋죠. 마땅히 그래야 합니다. 독립적으로, 주도적으로 살지 못한다면 진상이고 민폐인 세상입니다. 우주 가운데 자기 자신보다 더 존귀한 이는 없다고 세상은 끊임없이 속삭이며 신을 의지하는 이들을 약해빠진 존재로 취급합니다.

그런데 인간에게 '독립'이라는 가치를 가장 먼저 알려 준 게 누구였을까요? 놀라지 마세요. 바로 뱀으로 둔갑한 마귀였습니다. 마귀가 사람에게 접근해서 하나님에게 빌붙어 살지 말고 선악과를 따 먹고 하나님으로부터 독립해서 네가 하나님처럼 주인 행세하며 살라고, 그게 사람다운 삶이라고 달콤하게 속삭였잖아요.창3:5 마귀의 거짓말에 속아 선악과를 따 먹은 사람은 결국 마귀의 말대로 되었습니다. 마음에 하나님 두기를 싫어하고롬1:28 각자 자기 인생의 주인 행세를 하면서 살아가게 되었죠.

마귀의 말만 이루어진 것은 아니었습니다. 하나님의 말씀도 함께 이루어졌는데요, 선악과를 따 먹으면 정녕 죽으리라 하신 대로 사람은 죽었습니다. 여기서 죽었다는 건, 육신의 호흡이 끊어져 심장 박동이 멈춘 생물학적인 죽음이 아니라 하나님과 은혜의 관계가 단절된 상태를 의미합니다. 선악과를 따 먹은 사람은 하나님으로부터 독립하여 각자 자신이 선악 판단의 주체가 되어 살아가고, 성경은 이를 가리켜 영적 사망이라 말합니다. 육신으로 천년만년 산다 하더라도 똑같이 죽은 목숨이죠, 이미 영적으로 사망 선고를 받았기 때문입니다.

그렇다면 하나님을 의지하고 그분의 은혜 아래 살아가는 것이 정말 나약한 실패자의 자기 변명일까요? 나뭇가지가 나무로부터 독립해서 자기 힘과 방법으로 살아가는 것이 당당한 모습이고, 나무에 붙어서 수액을 공급받아 생명을 얻고 열매를 맺는 것은 비겁하고 나약한 태도라고 말하는 사람은 아마 없을 겁니다. 기생충처럼 전력을 축내지 말고 스스로 당당하게 제 역할을 하라며 냉장고의 전원 코드를 뽑아 버리는 사람도 없겠죠. 나무에서 떨어져 나오는 순간 그리고 전원 코드가 뽑히는 순간, 나뭇가지와 냉장고는 죽음을 향해 갈 수밖에 없습니다.

사람도 마찬가지입니다. 피조물이 창조주의 사랑 안에서 생명을 공급받아 살아가는 모습이 지극히 정상적인 창조의 관계입니다. 이 질서와 주제를 파악하는 것은, 나약함이 아니라 하나님이 그 인생에 개입하셨음을 나타내는 증거입니다. 하나님의 개입과 간섭 없이, 성령의 역사가 아니고서는 사람 스스로 이러한 사실을 발견하거나 인정할 수 없기 때문입니다.

전도서 7장

초상집이 잔칫집보다 낫다?

아름다운 이름이 보배로운 기름보다 낫고 죽는 날이 출생하는 날보
다 나으며 초상집에 가는 것이 잔칫집에 가는 것보다 나으니 모든 사
람의 결국이 이와 같이 됨이라 산 자가 이것에 유심하리로다. 슬픔이
웃음보다 나음은 얼굴에 근심함으로 마음이 좋게 됨이니라.7:1-3

언뜻 봐서는 전도자가 뭔가 착각하거나 잘못 말하고 있는 게 아닌가
싶습니다. 보통 사람들의 생각과 완전히 반대되는 말을 하고 있는데요,
어떤 역설과 반전으로 이야기를 풀어갈지 궁금해집니다.

전도자는 초상집과 잔칫집을 대조하고 있습니다. 초상집이란 수의를
입은 시신을 장사 지내기 전까지 모셔 두고, 문상객들이 고인의 죽음을
애도하며 상주를 위로할 수 있게 하는 곳입니다. 수의만 입은 채 누워 있
는 모습은 모든 사람이 일반입니다. 수의에는 주머니가 없다는 말이 있듯
이 고인은 빈손이죠. 생전에 땀 흘려 수고하여 모은 재산과 인생에서 쌓
았던 수많은 공든 탑 그리고 애지중지하며 자신을 치장했던 모든 것들이
전부 벗겨진 채 벌거숭이처럼 누워 있습니다.

반면 잔칫집은 초상집과 정반대의 분위기로 희락을 즐기는 곳입니다.
잔치를 연 사람이든 잔치에 초대받은 사람이든, 모두가 자신을 돋보이게

하려고 한껏 치장하고 뽐내는 자리죠. 술도 마시고 자기 자랑으로 이야기 꽃을 피우며, 시간 가는 줄도 잊은 채 전부 즐거움에 흠뻑 빠져 있습니다.

초상집과 잔칫집. 둘 중 한 곳을 선택해서 가야 한다면 대부분의 사람이 잔칫집을 선택할 것 같습니다만, 전도자는 초상집이 잔칫집보다 낫다고 말합니다. 잔칫집에서 사람들은 자기의 본색을 가리기 위해 한껏 치장하지만, 결국 모두 초상집의 시신처럼 민낯으로 드러나게 될테니까요?

하나님의 명령을 어기고 선악과를 따 먹어 범죄한 인류는 무화과 나뭇잎으로 벌거벗은 수치를 가리듯이, 잔칫집의 하객들처럼 스스로를 치장하고 포장하며 멀쩡한 척 꾸미는 일에 능숙합니다. 치장하는 도구도 다양합니다. 돈, 권력, 명예, 학벌, 종교적인 허울이라는 마스크이지요. 그러나 죽음 앞에 무화과 나뭇잎으로 만든 옷이 의미가 있던가요? 세상의 것들로는 영원히 자신의 수치를 가릴 수 없다는 것이 성경의 교훈입니다.

전도자는 초상집에 가서 유족을 위로하고 먹고 마시며 인생무상을 노래하라고 말하는 것이 아닙니다. 사람은 모두 언젠가 수의만 걸친 시신처럼 인생의 수치가 드러나게 될 텐데, 마침내 민낯을 드러낼 죽음 앞에서 흙으로 돌아갈 운명이라는 걸 마음에 새기고 살아가라고 설교하는 것입니다.

솔로몬은 왕의 화려한 의복과 절대 권력으로도 자신의 민낯을 가릴 수 없을 뿐 아니라 성전을 짓고 제사를 드리며 봉헌한 종교적 공로로도 자신의 수치를 가릴 수 없다는 걸 깨달았던 모양입니다. 그래서 듣는 이들에게도 죽음 앞에서 우리를 덮어 줄 진정한 옷이 무엇인지 생각하게 합니다. 하나님 앞에서 적나라하게 드러날 사람이 어린양 예수의 피 묻은 가죽옷_{창3:21} 즉 대속의 옷자락으로 부끄러움을 덮어 주시는 은혜를 입지 못한다면 영원히 수치스런 인생이 아니겠습니까.

그 때가 좋았더냐?

옛날이 오늘보다 나은 것이 어찜이냐 하지 말라 이렇게 묻는 것이
지혜가 아니니라.7:10

사람마다 인생에서 후회하는 일들이 다릅니다. 그런데 주변을 보면, 대놓고 말하고 다니지는 않더라도 그 중에 기독교인들은 공통으로 갖는 후회나 회의감이 있는 것 같습니다. '예수 믿어서 덕 본 게 뭔가,' '내가 이러려고 예수 믿었나,' 하는 생각, 혹시 한번쯤 해보셨는지 모르겠습니다. 열심히 주일을 지키고 교회에 충성하며 봉사했는데 보상은커녕 오히려 삶의 무게는 더 버겁고 눈치가 보여서 세상적인 재미로 욕구를 분출할 수도 없다는 겁니다. 허탈한 마음이 드는 것도 당연하겠죠.

전도자는 교인들의 이러한 심경을 꿰뚫어 본 걸까요? '예수를 믿지 않을 때가 더 나았다고 말하지 말라, 그건 지혜가 아니다,' 라고 말하는 것 같습니다.

신앙적 회의, 하나님에 대한 실망감은 오늘날 우리만의 문제는 아닙니다. 신앙의 선배들도 그때가 좋았는데 하며 과거를 그리워했습니다. 출애굽한 유대 민족이 그랬죠. 애굽으로부터 극적인 탈출을 경험하면서 고생 끝 행복 시작을 꿈꾸었지만, 현실은 광야였습니다. 고달픈 생활 속에서 유대 민족은 애굽에서의 날들을 그리워하기 시작했습니다.

> 우리가 애굽에 있을 때에는 값 없이 생선과 외와 수박과 부추와 파
> 와 마늘들을 먹은 것이 생각나거늘.민11:5

애굽에서 먹던 음식들을 나열하며, 왜 잘 살던 사람을 데려와서는 광야에서 생고생을 시키냐고 했던 겁니다. '그때가 좋았는데' 그리워하면서요. 비록 종살이는 했어도 먹고 사는 게 어느 정도 해결됐을 테니, 기약도 없이 하늘에서 내리는 만나만을 양식으로 먹는 지금보다 옛날이 나았다며 불평과 짜증을 늘어놓았겠지요.

그런데 감사할 줄 모르는 유대 민족이나 신앙적인 회의에 빠진 오늘날의 성도들을 향한 전도자의 입장이 좀 흥미롭습니다. 그저 꾸짖고 훈계하려는 게 아니라, 오히려 하나님에 대한 불만으로 가슴앓이하는 성도들을 위로하고 격려하는 것 같습니다. 전도자는 사람들이 어떤 맥락에서 하나님을 원망하고 옛날을 그리워하는지를 꿰뚫어 보았고, 그럼에도 불구하고 하나님의 인도하심과 이끄심 가운데 살아가는 인생이 얼마나 복된지를 전하고 있습니다.

하나님을 믿기 전과 후의 삶은 어떻게 다를까요? 하나님을 믿기 전에는 내가 삶의 주도권을 두 손에 쥐고 하고 싶은 대로 삽니다. 그런데 하나님은 그런 인생의 자유를 방종의 삶이라 하십니다. 마치 연줄이 끊어진 연 같다는 건데요, 제멋대로 움직이는 게 자유로워 보이더라도 결국 땅바닥으로 곤두박질치잖아요. 이처럼 삶의 주도권을 내가 쥐고 자기 뜻대로 살아가는 인생은 결국 하나님과 영원히 단절되는 사망으로 귀결됩니다. 하

지만 구원을 얻은 백성이라면 삶의 주도권이 하나님께 있기에 제멋대로 나는 것 같아도 결국엔 주인의 뜻에 따라, 주인이 의도하고 인도하는 대로 이끌려가는 인생입니다. 그러니 인생살이가 자기 맘대로 풀리지 않는 것처럼 느껴지는 것이 정상이겠지요.

주인이 인도하는 연이라면 더 잘 날기만 해야 하는 거 아니냐고 반문하실지도 모르겠습니다. 그런데 연이 주인의 뜻을 헤아릴 수 있을까요? 주인은 바람의 방향과 속도 등을 감안해서 연줄을 풀기도 하고 감기도 합니다. 때로는 일부러 연을 높이 날게도 하고 낮게 날게도 합니다. 연의 입장에서만 보자면 자기가 지금 어디로 가는 건지, 하나님은 일처리를 왜 이렇게 하시는지 불만이 생길 수 있을 겁니다. 스스로 길을 개척할 능력도 없고, 자기 생각이나 계획대로 일이 풀리지 않는 것처럼 느껴지겠지요.

주인의 인도하심 가운데 있는 인생보다 정말 옛날이 나을까요? 연줄이 끊어져서 주인의 이끄심으로부터 자유로운 연이 어쩌면 아직도 부러우실지 모르겠습니다. 하지만 주인의 뜻에 따라 인도함을 받는 연에게만 주인과 함께하는 안식이 있다는 걸 기억하셔야 합니다. 이것이야말로 진짜 복된 인생이겠지요. 이런 맥락에서 전도자는 현실의 삶이 뜻대로 풀리지 않는다고 구원 얻기 전의 생활, 그러니까 연줄이 끊어진 것처럼 제멋대로 살던 때가 더 좋았다고 그리워하고 부러워하는 건 지혜가 없는 거라고 말하고 있는 겁니다.

그렇다고 해서 구원 얻은 자녀의 삶이 하나님의 꼭두각시라는 의미는 아닙니다. 하나님이 광야에서 유대 민족을 불기둥과 구름기둥으로 인도하시며 약속하신 가나안 땅으로 책임지고 이끌어 가셨듯이, 약속의 자녀들을 생명의 나라로 이끌어 가신다는 의미에서 하나님의 주도권을 강조한 것입니다.

메시지 앱에서 친구들의 프로필 문구를 훑어보다가 눈에 들어오는 내용이 있어 다시 보았습니다. '내 뜻대로만 되는 것처럼 불행한 것이 없다.'

당사자의 사연을 직접 듣지 못했기 때문에 의도와 의미는 정확히 파악할 수 없습니다만, 전도자의 이야기와 맥이 닿는다 싶은 생각이 들었습니다. 내가 마음 먹은 대로 일이 순조롭게 진행되고 결과까지 만족스럽다면 너무 좋아서 날아갈 기분이겠죠. 하나님이 내 편이시고 세상이 내 것 같을 겁니다. 그러나 연과 주인의 관계를 기억하는 사람이라면, 그게 혹시 연줄이 끊어진 연과 같은 인생이기 때문은 아닌가 한번쯤 돌아보아야 하지 않을까요.

지혜가 돈보다 유익하냐?

전도자 솔로몬 왕의 지혜는 오늘날까지 익히 알려져 있습니다. 그럼 당대에는 어땠을까요? 그 탁월함에 대한 소문이 사방으로 퍼져서 그의 지혜를 듣겠다고 세계 각처에서 줄을 섰다고 합니다. 뿐만 아니라 전도자는 엄청난 재산도 소유했던 사람이죠. 아버지 다윗 왕으로부터 나라를 송두리째 물려받았으니 말입니다. 그가 사용한 술잔뿐 아니라 왕궁에서 사용하는 그릇도 다 금이었다고 합니다.왕상10:21-25 한 손에는 지혜를 다른 손에는 돈을 쥔 인생이었다 해도 과언이 아닌데요, 정작 전도자는 지혜와 돈에 대해 이렇게 말합니다.

> 지혜는 유산처럼 좋은 것이며 세상을 살아가는 자에게 유익한 것이다. 지혜로도 보호를 받을 수 있고 돈으로도 보호를 받을 수 있으나 지혜가 더 유익한 것은 그것이 소유한 자의 생명을 보존하기 때문이다.7:11-12, 현대인의성경

그런데 지혜가 돈보다 유익한 이유가 좀 특별합니다. 생존이나 목숨이 아니라 '생명'을 보존하기 때문이라고 하네요. 여기서 생명이란 영생 혹은 구원으로 바꿔 말할 수 있습니다. 결국 돈은 이 땅에서 살아가는 동안 생존을 위해 필요한 것이지만, 아무리 많은 돈으로도 영원한 생명은 절대 살 수 없다는 얘기가 됩니다. 그렇다면 생명을 보존하는 지혜란 당연히

말씀이신 그리스도를 소개하는 표현으로 보아야 하겠지요. 잠언에서도 지혜를 의인화하여 말씀이신 그리스도를 은유하고 있는 구절이 나오는데, 잠언 기자는 말씀이신 그리스도를 인생의 주인, 남편으로 삼는 사람은 생명을 얻는다고 말하고 있습니다.

> 지혜는 그 얻은 자에게 생명 나무라 지혜를 가진 자는 복되도다.잠
> 3:18

전도자는 왜 굳이 지혜를 '돈'과 비교한 걸까요? 천박한 가치관을 가진 졸부에 대한 이야기들도 많지만, 지혜와 돈이 언제나 반대되는 개념은 아닙니다. 물론 그렇다고 모든 사람이 솔로몬 왕처럼 지혜와 돈을 다 가지는 것도 아니죠. 그렇다면 지혜가 말씀이신 그리스도를 의미하는 것처럼, 여기서 돈도 뭔가 다른 의미를 갖고 있다고 볼 수 있습니다.

지혜와 대조를 이루는 돈이란 무엇일까요? 일차적으로 돈은 화폐를 말합니다. 그런데 돈이 거저 주어지는 건 아니죠. 내가 땀 흘려서 수고하고 애쓴 노동의 대가, 근로의 보상으로 주어지는 것이 돈입니다. 그러니까 전도자는 수고와 노력이라는 행위와 실천에 따른 보상을 통틀어서 '돈'이라고 말하는 겁니다.

> 지혜로도 보호를 받을 수 있고 돈으로도 보호를 받을 수 있으나 지혜가 더 유익한 것은 그것이 소유한 자의 생명을 보존하기 때문이
> 다.7:12, 현대인의성경

돈의 의미를 파악하고 나니, 전도자의 의도가 좀더 명확하게 보입니다. 지혜의 말씀이신 그리스도의 그늘 아래 있는 자들은 예수 그리스도의 대속의 은혜 아래 살아가는 영적인 자녀들을 뜻합니다. 그리스도가 인생의 주인이고 머리이기 때문에, 그 자녀들은 그분으로 말미암아 생명을 얻지요. 이에 반해 돈으로 인생의 그늘을 삼는 자들은 자신의 행위와 실천에 따른 보상으로 스스로를 책임지려고 하는 자들입니다. 이들은 이미 땅의 것으로 스스로를 증명하고 보상받았기에 하늘에 속한 상급인 영생은 받지 못한다는 겁니다. 예수님도 같은 말씀을 하셨습니다.

> 그러므로 구제할 때에 외식하는 자가 사람에게 영광을 얻으려고 회당과 거리에서 하는 것 같이 너희 앞에 나팔을 불지 말라 진실로 너희에게 이르노니 저희는 자기 상을 이미 받았느니라. 마6:2, 5, 16

그렇다면 행위와 실천을 통해 자신의 의로움과 정당함을 증명하려 하고 자기 보호막을 삼는 자들을, 하나님은 왜 방치하듯 그대로 두시는 걸까요? 애초에 그런 일이 불가능하게 하시거나 그런 일이 있을 때마다 뭔가 조치를 취하신다면, 사람들이 지혜가 돈보다 유익함을 더 쉽게 알 수 있을 텐데 말입니다. 이런 질문들을 예상이라도 한 듯 전도자는 바로 다음 구절에서 이렇게 답합니다.

> 하나님의 행하시는 일을 보라 하나님이 굽게 하신 것을 누가 능히 곧게 하겠느냐 형통한 날에는 기뻐하고 곤고한 날에는 생각하라 하나님이 이 두 가지를 병행하게 하사 사람으로 그 장래 일을 능히 헤

여기에 사용된 단어 '보라'의 뜻이 '주목하다, 관찰하다, 분별하다'입니다. 그러니까 전도자는 하나님이 지혜와 돈 이 둘을 왜 그냥 두시는지 눈을 크게 뜨고 관찰하고 분별하라고 말하고 있습니다. 하나님이 지혜와 돈 그러니까 그리스도의 은혜와 사람의 행위를 병행하게 하신 것은 마지막 날 심판의 증거물로 사용하시기 위함이라는 거지요. 하늘 법정에서 은혜 신앙 안에 있는 자들이 옳다는 것을 판결하고 증명하기 위한 증거물로 사용하시려고 행위뿐인 종교인들을 그때까지 내버려두신다는 말입니다.

예수님의 씨 뿌리는 비유에서도 같은 말씀을 발견할 수 있습니다. 예수님은 가라지를 뽑지 말고 그냥 두라고 하셨습니다. 검은색이 있어야 흰색을 골라내기 쉽듯이, 심판 때에 행위 종교인인 가라지는 불사르게 따로 단으로 묶고 그리스도의 대속의 은혜를 바라는 알곡 신자는 천국 곳간에 들여보내는 분류 작업을 위해 필요한 대책이라는 겁니다.마13:27-30

전도자의 말이나 예수님의 비유나, 모두 영적인 비밀에 속한 것입니다. 그래서 행위 종교인에 해당하는 자들은 들어도 무슨 소린지 깨닫지 못하죠. 오직 지혜로 말미암아 생명을 얻은 자만이 분별할 수 있는 하늘의 비밀이기에, 전도자는 사람으로서는 그 장래 일을 능히 헤아려 알지 못하게 하셨다고 진술하고 있습니다.

전도자의 진술은 고리타분한 옛날 이야기가 아닙니다. 오늘날 교회 안에도 지혜와 돈이 병행하고 있으니까요. 예수 그리스도의 대속의 은혜로 구원과 영생을 선물로 받는 지혜에 속한 자들이 있는가 하면 자신의 행위와 정성과 열심을 통해 스스로 의로움을 증명하고 그것으로 보호막을 치는 돈에 속한 자들이 있습니다. 지혜에 속했든 돈에 속했든, 같은 교회에서 같은 성경을 읽고 함께 예배도 드리고 기도도 하며 헌금도 하고 찬송도 부르며 전도도 하면서 살아갑니다. 하지만 성경은 그들의 마지막이 분명히 다르다고 말합니다. 한 쪽은 데려감을, 다른 한 쪽은 버려둠을 당한다고 기록하고 있습니다. 버려둠을 당하는 이들은 사람들로부터 실천하는 신앙인이라는 칭찬과 박수를 이미 받았기 때문에 은혜로만 주어지는 하늘에 속한 상은 결코 받지 못하겠지요.

지나치게 의인도, 악인도 되지 말라

지나치게 의인이 되지 말며 지나치게 지혜자도 되지 말라 어찌하여
스스로 패망케 하겠느냐 지나치게 악인이 되지 말며 우매자도 되지
말라 어찌하여 기한 전에 죽으려느냐.7:16-17

하늘의 말씀을 전하던 전도자가 의인이니 악인이니 하며 중용의 도를
말하는 것 같습니다만, 이 구절 역시 도덕이나 처세술이 아니라 성경의 입
장을 전제로 보아야 제대로 이해할 수 있습니다.

성경은 창세기에서부터 사람에 대한 일관된 입장을 밝히고 있습니다.
모든 사람이 죄인이라는 것이죠. 윤리, 도덕적으로 몹쓸 짓을 했다거나
법이나 규범을 어겼기 때문에 죄인이라는 것이 아닙니다. 성경은 근본적
으로 먹지 말라 명하신 선악과를 따 먹고 하나님으로부터 독립해서 떠난
그 자체를 사형에 해당하는 범죄로 규정합니다. 그래서 이 세상 사람 치
고 죄인이 아닌 자가 없다는 것이고, 그래서 예외 없이 형벌이 예약된 상
태라고 말합니다.

유대인이나 헬라인이나 다 죄 아래 있다고 우리가 이미 선언하였느
니라 기록한바 의인은 없나니 하나도 없으며 깨닫는 자도 없고 하나
님을 찾는 자도 없고 다 치우쳐 한가지로 무익하게 되고 선을 행하

는 자는 없나니 하나도 없도다.롬3:9-12,참고.시14:1-3,시51:5

사도 바울 역시 하나님을 믿고 성전을 떠받들며 율법을 실천한다고 하는 유대인이나 그 밖의 사람들이나 전부 죄인이라 말하고 있습니다. 의롭기는커녕 선을 행하는 사람도 없다는 겁니다. 하나님 보시기에 죄인뿐이라는 거죠. 사람들이 인정하든 인정하지 않든, 성경은 이렇게 선언합니다.

그렇다면 성경의 관점에서 지나치게 의인 되지 말라는 말은 무슨 뜻일까요? 사람은 존재부터 죄인이라서 제아무리 자신을 갈고 닦고 조이고 기름 친다 하더라도 의인이 될 수 없다는 겁니다. 속세를 떠나 도를 닦는다거나 세상과 담쌓고 극기와 금욕으로 본능을 거세하려는 시도도 사람이 죄인이라는 사실을 망각한 주제 넘는 수고인 셈이지요. 호박에 줄 긋는다고 수박이 되는 게 아니듯, 본질이 죄인인데 몇 가지 잘못된 습관이나 태도를 회개하고 바로잡는다고 의인이 되는 게 아니거든요. 헛수고라는 말입니다.

성경에는 이 헛수고에 열심을 다했던 사람들이 등장합니다. 스스로 의롭게 될 수 있고 지혜자가 될 수 있다고 하면서 자신을 끊임없이 갈고 닦았던 사람들, 바로 바리새파 사람들입니다. 그들은 율법에 기록된 그대로를 실천함으로 하나님의 백성다운 의롭고 경건한 사람이 될 수 있다고 굳게 믿었습니다. 전도자의 표현을 빌리자면, 지나치게 의인이 되거나 과도하게 지혜자가 되려고 무던히 애를 썼던 사람들이죠.

실제로 바리새파 사람들 즉 바리새인들은 율법에 따라 안식일에는 노동이라 여기는 일은 아예 하지 않았습니다. 아마 안식일에 손톱, 발톱을

깎는 것도 노동이라 여겨서 하지 않았을 겁니다. 그들의 열심은 아무나 따라할 수 없을 정도로 철저했습니다. 분명 속으로 스스로를 대견하다 여기며 의로운 자신은 남들과 다르다고 생각했을 것입니다.

그러나 예수님은 바리새인들을 의롭다 하시지 않았습니다. 오히려 무섭게 책망하셨지요, 회칠한 무덤, 독사의 새끼들이라 하시면서 말입니다.마23장 쉽게 말해 호박이 어디서 수박 행세를 하느냐고 지적하신 거죠.

전도자도 같은 맥락에서 지나치게 의인이 되지 말라고 말하고 있습니다. 본질적으로 죄인인 사람은 전혀 다른 차원, 그러니까 죄 없으신히4:15 어린양 예수 그리스도의 희생을 통해 그분의 의를 덧입어야만 비로소 의롭다고 인정받을 수 있습니다. 사람은 대속의 은혜로 생명이신 하나님과 잇대어 살아갈 수 있는 존재인 것이지, 자기 열심이나 행위로 의롭게 되거나 지혜를 쌓을 수 없다는 걸 강조해서 전하고 있는 겁니다.

그러면 '지나치게 악인이 되지 말며 우매자도 되지 말라'는 전도자의 진술은 어떻게 이해하면 좋을까요? 악인, 우매한 사람이 누구입니까, 내가 원인을 제공한 만큼 그에 따른 결과를 보상으로 받는 이 세상 방식에 푹 빠져 살아가는 사람들이죠. 전도자는 세상의 구조와 틀 속에서 안위를 찾으려 하지 말라고 말하고 있습니다.

노력과 수고로 얻는 보상은 선물이 아닙니다. 원인에 따른 결과의 법칙 즉 인과의 틀에 묶인 것 자체가 선악과를 따 먹음으로 인해 내려진 형벌이기 때문입니다. 결국 삶 자체가 저주인데 이런 구조에서 벗어나기를 구하기는커녕 여기가 좋사오니 하며 그 안에서 천년만년 잘 살아보려 한다면,

세상에 빌붙어 스스로 종살이하겠다는 것이죠.

하지만 이를 금욕주의나 세속주의로 연결 짓는 것은 빗나간 해석입니다. 이 말씀은 일차적으로 하나님의 백성들을 경계하게 하는 훈계의 말씀입니다. 세상의 방식으로부터 불러냄을 받은 하나님의 백성이라면 속세를 떠나 도를 닦아서 의롭게 되려고 하지 말라는 충고이고, 동시에 세상 방식과 풍조에 취해 헛된 세상에 인생을 걸지 말라는 권면입니다.

삶에 대한 전도자의 입장

> 너는 이것을 잡으며 저것을 놓지 마는 것이 좋으니 하나님을 경외하
> 는 자는 이 모든 일에서 벗어날 것임이니라.7:18

여기서 하나님을 경외한다는 건, 두려움과 공포심에 무서워 벌벌 떨어
야 한다는 뜻이 아닙니다. 잠언 기자는 간결하면서도 분명하게 하나님을
경외하는 것의 의미를 진술했습니다.

> 여호와를 경외하는 것은 악을 미워하는 것이라 나는 교만과 거만과
> 악한 행실과 패역한 입을 미워하느니라.잠8:13

하나님 경외하는 것은 악을 미워하는 것이라 하는데요, 여기서 '악'이
라는 단어도 성경적인 의미로 이해하지 못하면 배가 산으로 가듯 전혀 다
른 해석이 됩니다. 성경이 악으로 규정하는 것이 무엇인가요? 누차 설명
했듯이 자신이 선악 판단의 주체가 되어 인생의 주인 노릇하며 생존을 위
해 살아가는 것, 그리고 얼굴에 땀이 흐르도록 수고해야 먹고 살 수 있는
이 세상의 방식입니다. 그러니까 은혜의 하나님이 보시기에 세상은 그 자
체가 악한 것이고, 악의 굴레에서 벗어나지 못한 채 살아가는 사람도 악
한 자요, 그의 삶이 악한 삶인 것입니다.

그렇다면 악을 가장 미워하는 건 누구겠습니까? 바로 다름 아닌 하나

님이십니다. 그래서 악을 미워하는 태도는 사람의 시각이 아닌 하나님의 안목과 관점으로 이 세상을 직시하는 것을 의미합니다. 속세를 등지고 현실을 도피하거나 속세에 물들어 사는 게 아니라, 여전히 세상에 발을 딛고 살아가지만 이 세상 방식이 정상이 아니라는 것, 악하다는 것을 깨닫는 것을 말하지요. 실상을 보고 진실을 마주하는 겁니다.

같은 맥락에서 예수님도 제자들에게 '악에서 구해주소서' 라고 기도하라고 말씀하셨습니다.마6:13 이는 주님이 속히 오셔서 악의 구조를 철거하시고 은혜로 다스리시고 통치하시는 주님의 나라가 임하기를 간청하는 기도인 동시에, 이 세상 악의 굴레에서 벗어나도록 주님이 건져 주실 것을 간절히 바라는 기도입니다. 사람 살 곳이 못 되는 이 지긋지긋한 세상에서 차라리 데려가 달라는 간구로 설명할 수 있겠지요. 예수님의 눈에 세상이 오죽 악했으면 제자들에게 이러한 기도를 하라고 말씀하셨을까 싶습니다.

그런데 악에 대한 성경적 이해를 갖고 보면, 이 기도는 아무나 할 수 있는 청원이 아닌 것을 알 수 있습니다. 이 세상이 악하다는 걸 인식하고 인정하는 자만이 드릴 수 있는 기도이고, 인과의 방식이 아닌 은혜의 원리를 사모하는 사람에게서만 나올 수 있는 기도이기 때문입니다.

마찬가지로 사람이 스스로 하나님을 경외할 수 있을까요? 죄악 된 세상에서 사람이 자신의 의지나 결단으로 하나님께로 눈을 돌리는 시각의 변화가 가능할까 하는 겁니다. 자신이 주인 노릇하며 생존을 위해 살아가는 것에 대해 사람들은 불편함을 전혀 느끼지 못할 뿐 아니라, 얼굴에 땀이 흐르도록 수고해야 먹고 살 수 있는 이 세상 방식을 더 자연스럽고 익숙하다 여기기 때문입니다.

　결국 하나님을 경외하는 삶은 사람이 선택하고 결단해서 될 문제가 아닙니다. 빛을 수용하는 성질이 내재되어 있는 해바라기가 해의 방향에 따라 움직이고 반응하는 것처럼, 하나님의 속성인 은혜라는 씨앗을 하나님이 사람 속에 심어 놓으셔야 비로소 사람은 하나님 나라를 바라보는 시각의 전환을 경험할 수 있을 겁니다.

잡힐 듯 잡히지 않는 지혜

전도자 솔로몬 왕은 누구 못지않게 열정적으로 살았던 사람입니다.

우선 아브라함이 아들 이삭을 제물로 바치려 했던 모리아 산에 하나님을 위해 무려 7년에 걸쳐 성전을 건축했고요, 산림과 수로 사업뿐 아니라 과수원을 운영하기도 했으며 무역에도 관심이 많아 국제 해운업을 추진하여 많은 성과를 내었습니다. 예술에 남다른 소질이 있어 수많은 시와 노래를 지은 것은 물론 백과사전을 편찬하기도 했다고 성경은 기록합니다. 심지어 대규모 건축 사업까지 진행했으니, 뭐 하나에 꽂혔다 하면 끝장을 봐야 직성이 풀렸던 사람인 것이 틀림없습니다.

관심사는 또 얼마나 다양했는지 모릅니다. 종교에 대한 관심도 지대했는데, 낱낱이 살피고 연구해서 스스로 지혜자가 되려고 했지요. 그가 수많은 이방 여인들을 아내로 삼은 것도 이와 무관하지 않다고 봅니다. 이방 여인들이 혼인을 위해 들어올 때 그 나라의 문화와 언어, 풍습, 음식, 패션, 그리고 종교까지 함께 들어 오게 되죠? 아마도 솔로몬은 천 명이나 되는 아내들이 가지고 들어온 이방 종교까지 두루 섭렵하기 위해 밤을 잊은 채 파고 들지는 않았을까 생각해 봅니다.

물론 그의 종교에 대한 일차적 관심은 유대교에 있었을 겁니다. 탁월한 지혜와 정보력을 총동원하여 유대교를 완전히 이해하려고 무던히 애를 썼겠지요. 성경 원어의 문법을 외우다시피 공부했을 것이고 종교 지도자들과 석학들까지 왕궁으로 불러 성경을 해석하는 방법도 배웠을 겁니다.

일천 번제까지 드린 것을 보면 지극정성으로 하나님을 섬기기도 했던 것 같습니다.

그런 솔로몬이 지혜에 대해 고백합니다. 지혜에 접근해 보겠다고 사람의 방법과 열정을 가지고 다가가면 갈수록, 오히려 지혜는 잡힐 듯 잡히지 않고 멀리 도망간다는 겁니다.

> 내가 이 모든 것을 지혜로 시험하며 스스로 이르기를 내가 지혜자가 되리라 하였으나 지혜가 나를 멀리 하였도다.7:23

앞서 살펴보았듯이 여기서도 지혜는 말씀이신 그리스도를 지칭하는 표현입니다. 그러니까 사람이 학문적으로 연구하고 수행하고 열정으로 찾는다고 해서 지혜이신 그리스도를 발견하거나 잡을 수 없다는 말이겠지요. 사람의 열심과 방법을 동원해서 접근하거나 파악할 수 있는 것이라면, 철학이고 종교이지 성경이 말하는 신앙은 아닙니다. 성경은 지혜이신 그분이 찾아오셔서 깨닫게 해주셔야만 사람이 비로소 지혜에 눈을 뜨게 된다고 말하고 있기 때문입니다.

편무 언약

과연 솔로몬에게 지혜가 임했을까요? 그랬던 것 같습니다. '돌이켜'7:25 라는 단어로 추측할 수 있는데요, 이는 '방향을 돌이키다, 방향을 바꾸다' 라는 뜻입니다. 가던 길에서 방향을 완전히 바꾼다는 의미죠. 전도자가 자신의 지혜와 인간적인 열심을 총동원하여 지혜를 찾아보려던 태도를 바꾸게 되었다는 것을 나타냅니다.

'돌이키다, 방향을 바꾸다'의 다른 표현으로는 회개라는 단어가 있습니다. 성경이 말하는 회개는 사람이 말하는 개과천선과는 다릅니다. 단순히 지난날의 잘못이나 허물을 고쳐 올바르고 착하게 되는 정도를 말하는 것이 아니거든요. 성경적 회개는 사람의 안목과 관점이 완전히 새롭게 되는 영적인 변화, 즉 자기 열심을 믿고 살아가던 자기 행위에서 방향을 돌려 하나님 아버지의 은혜를 구하는 쪽으로 인생의 방향이 전환되는 것을 말합니다. 그러니까 지혜이신 분이 전도자에게 찾아와 임하심으로 그가 그리스도의 안목과 관점으로 세상과 사람을 바라보게 되었다는 말입니다.

> 내가 깨달은 것은 오직 이것이라 곧 하나님은 사람을 정직하게 지으
> 셨으나 사람이 많은 꾀들을 낸 것이니라.7:29. 개역개정

그리고 나서 전도자는 자신이 깨달은 오직 한 가지를 전합니다. 여기서

'정직'은 '곧은, 똑바른, 정확한, 옳은'이라는 뜻으로, 단어의 유래를 추적해 보면 '언약을 맺다' 라는 의미를 갖고 있습니다. 그러니까 '정직하게 지으셨다'는 말은 하나님이 사람을 창조하시면서 사랑의 언약을 맺은 사이라는 걸 뜻하고 있습니다. 그렇게 하나님이 사람과 은혜의 관계로 사랑의 언약을 맺으셨는데, 사람이 사탄의 꾀임에 빠져서 그 언약을 헌신짝처럼 버리고 뱀 즉 마귀를 따라갔던 겁니다. '사람이 많은 꾀를 낸 것이다' 라는 표현이 바로 그 의미죠.

언약은 맹세입니다. 특히 당대의 언약은 목숨을 담보로 맺는 약속이었습니다. 그래서 언약을 어긴 자의 결과는 사형, 곧 죽음뿐입니다. 하나님과의 언약을 깨뜨린 사람의 결과 역시 다르지 않겠지요.

이쯤 되면 질문이 하나 생깁니다. '그 사랑의 언약이라는 것, 나는 맺은 적 없는데?' 여러분은 혹시 동의하셨나요? 계약서를 잘 읽어보고 직접 서명하셨습니까? '나는 하나님과 언약하며, 이를 위반할 시 목숨을 내놓겠습니다,' 맹세하신 적 있으세요? 생각해 보면 이 언약은 사람의 동의나 합의 없이 하나님이 혼자 맺으신 일방적인 언약입니다. 하나님만 동의하셨고 그래서 하나님만 언약의 책임을 지는 언약, 이와 같은 언약을 편무片務언약이라 합니다. 쌍방의 책임에 근거하는 언약이 아니라 일방의 책임만 존재하는 언약이지요.

그래서 언약의 책임이 없는 사람이 언약을 어겼을 때 어떤 결과가 생겼습니까? 애초에 사람이 언약을 어기더라도 그 책임은 하나님이 고스란히 떠안겠다는 약속인 지라 모든 후폭풍을 하나님이 책임지시고 의무를 다 하셨습니다. 그래서 언약을 파기한 사람에게 책임을 묻는 대신 독생자 예수 그리스도를 희생양으로 내어 주실 수밖에 없었던 것이죠. 그리스도도 아버지 하나님의 뜻을 기꺼이 수용했고 말입니다. 언약에 신실하신 하나님이 깨어진 언약의 원상회복을 위해 지혜이신 그리스도를 해 아래 이 땅에 투입하셨던 겁니다. 지혜가 임하여 이와 같은 하늘의 놀라운 비밀과 신비를 깨닫게 된 전도자는 이렇게 증거했습니다.

> 내 마음이 계속 찾아 보았으나 아직도 찾지 못한 것이 이것이라 천 사람 가운데서 한 사람을 내가 찾았으나 이 모든 사람들 중에서 여자는 한 사람도 찾지 못하였느니라.7:28, 개역개정

현대어 성경은 같은 구절을 이렇게 번역합니다.

> 1,000명의 사람 가운데 지혜로운 남자는 하나밖에 없었으며 그 1,000명 가운데 지혜로운 여자는 하나도 없었다.7:28, 현대인의성경

여기서 1,000이라고 하는 숫자는 단순히 수적인 의미를 나타내기보다는 많은 수효를 나타내는 상징으로 보아야 합니다. 그리고 남자니 여자니 하는 것도 성의 구별이나 차별이 아니라 남자든 여자든 해 아래 새것이 없다1:9,4:7는 의미로 보아야 하겠지요. 그럼 남자 중에 지혜로운 남자 하나는 누구를 말하는 걸까요? 이는 지혜이신 그리스도를 지칭하는 문학적인 표현입니다.

> 하나님은 한 분이시오 또 하나님과 사람 사이에 중보자도 한 분이시

니 곧 사람이신 그리스도 예수라딤전 2:5

신약 성경은 하나님과 사람 사이의 유일한 중보자인 그리스도 예수가 바로 그분이심을 증거합니다. 그러니까 에덴 동산에서 맺은 사랑의 언약을 어기고 바람난 여자처럼 세상을 따라간 해 아래 있는 사람과 은혜의 관계를 복원할 그 남자, 그 한 사람이 바로 지혜이신 예수 그리스도라는 말입니다.

전도서 8장

지혜의 대리자

줄곧 지혜를 말하던 전도자가 갑작스럽게 주제를 바꿔 '왕의 명령을 지키라'8:2고 합니다. 그런데 참 이상합니다, 분명 솔로몬은 전도서를 기록하면서 '전도자의 말씀이라'1:1 라고 시작했거든요. 백성들의 복종을 원했거나 자신의 지혜나 업적에 대해 알리고 싶었던 거라면 '다윗의 아들 예루살렘의 왕 나 솔로몬의 말씀이라,' 하지 않았을까요?

전도자가 자신의 지위나 권력을 드러내려 하지 않았다는 점을 생각해 보면, 여기서 왕도 스스로를 가리키는 말이 아닌 것 같습니다. 의도적으로 왕이라는 단어를 사용함으로써 왕 중의 왕이신 분이 있다는 점을 넌지시 암시한 건 아닐까요. 지혜이신 그리스도야말로 진정한 왕이 되신다는 점을 선언한 셈입니다. 그리고 그리스도가 진정한 왕이라면 솔로몬은 왕이신 그리스도로부터 보내심을 받은 왕의 대리자, 대사인 것이죠.

이스라엘의 역사를 보면 왕과 왕의 대리자 사이의 관계를 잘 이해할 수 있습니다. 모세나 여호수아가 지도자로서 원수로부터 이스라엘 백성들을 극적으로 인도하기는 했습니다만, 그들이 진정한 머리는 아니었습니다. 진짜 머리 되신 하나님의 뜻을 대변하는 대리자들이었죠. 그들 이후에 이스라엘을 지도했던 사사들도 마찬가지였습니다.

이처럼 시대와 상황에 따라 하나님은 이스라엘을 위해 계속해서 지도자를 세우셨습니다. 그러나 이스라엘 백성들은 이에 만족하지 못하겠다며 사무엘 선지자에게 왕을 달라고 요구했습니다. 그도 그럴 것이 이스라엘 백성들이 볼 때 주변 국가들은 뭔가 있어 보이고 근사해 보였거든요. 베일에 싸인 신이 아닌, 눈에 보이는 왕이 알기 쉽게 명령하는 것도 부러웠을 테고, 왕의 통치 하에 막강한 군사력은 물론 배불리 잘 먹고 잘 사는 것을 보게 되니 남의 떡이 더 커 보인다고 내심 그들이 부러웠던 겁니다.

결국 이스라엘의 초대 왕으로 사울이 임명됩니다. 왕이 있다고 해서 하나님은 일선에서 완전히 손을 떼고 물러나 구경꾼으로 있는 것은 아닙니다. 한국식으로 하면 어린 임금을 대신해서 왕대비나 대왕대비가 정사를 돌보던 수렴청정 같은 구조라 할 수 있겠네요. 이스라엘의 왕도 어디까지나 하나님의 뜻과 계획을 선지자로부터 전달받아 백성에게 알리는 대변자, 곧 철저한 대리인이었으니까요. 그렇다고 자질구레한 심부름이나 하는 하나님의 꼭두각시였다는 말이 아니라 나라와 백성을 다스리는 일에 있어 하나님을 대신하여 임무를 수행하면 되는 존재였다는 뜻입니다.

솔로몬은 인생 말년에 왕으로서 자신의 위치와 역할이 무엇인지 분명히 깨달았고 전적으로 인정했습니다. 그래서 진정한 왕이신 지혜, 그분의 대리자로서 백성들에게 지혜의 뜻을 가감 없이 전할 수 있었던 겁니다. 그러니까 '왕의 명령을 지키라'고 말한 것도, 하나님이 명하신 율례와 법도 즉 하나님의 말씀을 지키라는 의미였던 셈입니다.

그런데 여기서 '지키다'라는 동사를 주목해야 합니다. 많은 사람들이 뜻을 오해하는 단어이기 때문인데요, 보통은 이를 내가 행위의 주체가 되어 몸을 움직여서 실천하는 것 정도로 알고 있습니다. 예를 들어 교통 법규를 지킨다거나 나라에서 정한 법을 따르는 정도로 생각하죠. 그렇다 보니 하나님의 말씀도 최선을 다해 행동으로 옮기고 실행하려 듭니다.

이 구절에서 '지키다'의 뜻은 어떤 행동을 하는 것이 아닙니다. '보존하다, 주시하다, 관찰하다, 간직하다' 라는 뜻입니다. 다시 말해 하나님이 하신 말씀의 뜻, 취지가 무엇인지 주의 깊게 관찰하고 그 내용을 마음에 굳게 간직하는 것을 '지킨다'고 말합니다. 하나님이 하신 말씀을 문자적으로 기어이 실천하겠다고 결심하고 열심을 부리는 것은 왕의 명령을 지키는 태도가 전혀 아니겠지요. 글로 나타난, 주께서 하신 말씀의 의도와 뜻을 헤아리는 자 곧 말귀를 알아듣는 자가 왕의 명령을 지키는 자입니다. 말씀의 뜻을 깨닫고 마음에 굳게 간직하는 것이 그 어떤 실천이나 행동보다 우선이라는 겁니다.

잠깐 짚고 넘어갈 단어가 또 있는데요, '화'8:5,6라는 단어입니다. 이를 '악'으로 해석하는 것이 맥락에 더 적절한 번역으로 보이는데, 화 대신 악으로 바꿔서 해당 구절을 다시 풀어 보자면 이렇습니다. 명령을 지키는 자 곧 하나님이 하신 말씀의 뜻을 깨달아 그 내용을 마음에 간직하는 자는 하나님이 미워하시는 악이 무엇인지 깨달아 알게 된다는 내용입니다. 악에 대한 성경적 이해는 7장 풀이에서 이미 다룬 바 있지요? 하나님이 미워하시는 악을 깨닫게 된다는 건 한마디로 세상을 보는 시각이 사람의 관점에서 하나님의 관점으로 바뀌는 것을 의미합니다.

전도자의 말처럼 진정으로 왕의 명령을 지키려 들면, 무엇보다도 교회 생활 가운데 바로잡아야 할 것이 한두 가지가 아니라는 걸 바로 알 수 있습니다. 예배, 기도, 헌금, 찬송, 전도, 교제, 봉사 등등 신앙 생활의 기초부터 다시 생각해 봐야 할지도 모릅니다. 무조건 하지 말라는 것이 아니라 성경이 말하는 예배가 뭔지 기도, 헌금, 찬송이 뭔지 전도와 교제 그리고 봉사가 뭔지 그 개념부터 바로 알아야 한다는 것입니다. 성경이 말하는 진정한 뜻은 알지 못한 채 '이게 맞을 거야'라는 본성에 따른 자기 생각과 판단대로 행동할 경우 불신앙이 될 수 있다는 점을 잊지 말아야 합니다.

이스라엘의 초대왕이었던 사울은 하나님으로부터 버림을 받았습니다. 아말렉을 전멸하라는 하나님의 명령의 속뜻을 그는 바르게 이해하지 못했습니다. 그래서 그는 하나님의 뜻을 따르기보다 자기 생각과 판단에 따라 행동했다가 결국 하나님으로부터 버림을 받았습니다.삼상16:7

남의 얘기로 여기고 가볍게 보아 넘길 일이 아니지요? 오늘날 성경 말씀을 실천해 보겠다고 나서는 교인들도 문제지만 더 심각한 건 말씀을 전하고 가르치는 이들입니다. 왕의 말씀을 진정으로 지킬 수 있도록 교인들을 이끌어야 할 왕의 대리인들이죠. 그런데 신학을 전공했다, 목사 자격증을 가지고 있다, 성경 100독 이상을 했다, 원어로 성경을 읽는다, 대형교회에서 목회한 성공 이력이 있다, 계시를 받았다, 남다른 은사를 가지고 있다, 예수님처럼 40일 금식은 덤, 뭐 이런 조건들을 가지고 하나님의 대리자로서 하나님의 말씀을 가르칠 자격이 충분하다고 여기는 건 그야말로 큰 문제가 아닐 수 없습니다.

성경 어디를 보아도 이러한 자격과 조건이 하나님의 대리자로서 합당하다고 말하는 구절은 없기 때문입니다. 그렇다면 과연 어떤 사람이 하나님의 말씀을 가르칠 자격이 충분한 하나님의 대리자일까요?

얼굴에 광채가 나는 자

지혜자와 같은 자 누구며 사리의 해석을 아는 자 누구냐 사람의 지
혜는 그 사람의 얼굴에 광채가 나게 하나니 그 얼굴의 사나운 것이
변하느니라 8:1

'사리의 해석'으로 번역한 부분이 마음에 썩 내키지 않습니다. 마치 사물의 이치를 아는 사람이라고 오해하기 쉽거든요. 사리에 해당하는 단어 '다바르히'는 말씀으로 번역해야 옳습니다. 8장 1절을 다시 쉽게 풀면 이렇습니다.

'지혜이신 그리스도와 마음이 통하는 자가 누구며 왕이신 분의 뜻에 맞게 왕의 명령 즉 말씀을 풀어 설명할 자가 누구냐? 그 사람은 지혜이신 그리스도로 말미암아 얼굴에 광채가 나게 하실 것이다.'

어떤 사람이 하나님의 대리자로서 하나님의 말씀을 해석하고 전하고 가르칠 자격이 있는가 하는 질문에 얼굴에 광채가 나는 자라는 답이 나옵니다. 얼굴에 광채가 나온다는 게 무슨 뜻일까요? 기독교 성화에서 볼 수 있는 것처럼 얼굴 뒤에 둥근 후광을 뿜어내는 그런 건 아니겠지요, 이 광채가 지혜이신 그리스도로 말미암았다고 하니 말입니다.

무엇으로 말미암아 빛을 내는 존재라고 하면, 가장 먼저 달이 떠오릅니다. 달은 발광체가 아니죠. 제 스스로 빛을 내는 물체가 아닙니다. 단지 태

양으로부터 빛을 받아 반사할 따름입니다. 그렇다면 지혜이신 그리스도로 말미암아 얼굴에 광채가 난다는 표현은 결국, 지혜이신 그리스도가 빛이라는 의미가 됩니다.

전도자는 지혜이신 분이 찾아오심으로, 곧 그 지혜의 빛이 임함으로, 빛을 받아 그 빛을 반사하는 자를 가리켜 얼굴에 광채나는 자라고 하는 겁니다. 신약 성경의 표현을 빌리자면 예수 그리스도께서 찾아오심으로 자기가 답이 없는 어두움이고 죄인이라는 실상을 말씀의 빛 가운데 확인하여, 오직 예수 그리스도의 대속의 은혜만이 살 길임을 깨달은 자가 바로 얼굴에 광채가 나는 자입니다. 그러니까 문자적으로만 보아 사람의 얼굴이라 이해할 것이 아니라, 영혼의 낯 혹은 심령의 꼴로서의 얼굴이라 할 수 있겠지요. 빛이신 그리스도가 말씀이라는 빛을 사람의 심령이라는 판에 비추심으로써 어두움이라는 실상이 말씀의 빛 가운데 드러날 때, 그걸 가리켜 광채가 난다고 말하는 것입니다. 사도 바울도 '빛이 폭로하면 모든 것이 드러나게 되고, 드러나는 것은 다 빛이다.'엡5:13-14 라고 증언했습니다.

> '나 같은 죄인 살리신 주 은혜 놀라와, 잃었던 생명 찾았고 광명을 얻었네.'

이와 같은 고백이 심령으로부터 터져 나오는 사람이 있다면 은혜의 빛을 받아 얼굴에 광채가 나는 자요, 하나님의 말씀을 풀어 설명할 하나님의 대리자로서 합당한 자라는 뜻입니다. 이 빛에 대한 전도자의 생각을 엿볼 수 있는 구절이 하나 더 있습니다.

떠나는 영을 붙들 사람이 없고 죽는 날을 연장할 사람도 없으며 전 시에는 제대도 없고 악이 악인을 구해 낼 수도 없다.8:8, 현대인의성경

언뜻 보면 사람의 한계와 무력함을 표현하는 것처럼 보이지요. '누구도 죽음을 거부할 수 없고 연장할 수도 없으며, 사람은 악의 틀에 갇힌 악인이기에 스스로도 다른 악인도 구해 낼 재간이 없다'는 겁니다. 그러나 이 말씀의 기저에는 죄와 상관없는 그리스도, 악을 철거할 능력자 그리스도만이 악의 구조와 틀에 갇힌 해 아래 있는 자들을 구출해 낼 유일한 지혜요 빛이라는 의미가 담겨 있습니다.

정리하자면, 하나님이 하신 말씀의 말귀를 알아듣는 왕의 명령을 지키는 자, 그리고 빛이신 그리스도가 임하여 대속의 은혜라는 생명의 빛을 반사하는 자, 바로 그 사람이 하나님의 대리자로서 예수가 구원자라는 변치 않는 진리를 전할 것이고 또한 가르칠 것입니다.

악을 행하기에 담대하니

　코로나19의 세계적 대유행을 지나면서 교인들에게 있어 가장 큰 변화는 무엇이었을까요? 종교적인 부담감에서 자유로워진 담대함이 아닐까 싶습니다.

　예전에는 주일을 지키지 않거나 십일조를 온전히 바치지 않으면 일도 잘 안 풀리고 벌을 받을 것 같기도 해서, 그걸 어긴다는 생각은 상상만으로도 불경하게 여겼잖아요. 기도 생활이나 큐티와 같은 묵상 혹은 교회 봉사를 소홀히 하는 것 역시 괜히 불안하고 영 꺼림칙했던 분들도 많았을 겁니다. 그런데 코로나로 교회가 문을 닫게 되니 자연히 이런 신앙 생활도 제대로 하지 못하게 되었는데, 생각보다 아무 일도 안 일어나고 오히려 별 탈 없이 잘 지내는 거예요. 놀라운 경험적 확신을 통해 스스로 종교적 부담감에서 자유함을 얻은 교인들이 많이 있습니다.

　실제로 주일 예배에 참석하는 교인 숫자만 봐도 그렇습니다. 코로나 이전에 주일 예배에 600명 정도가 출석하던 어떤 교회가 근래에 다시 교회 문을 열었는데, 글쎄 예배에 나오는 교인 수가 이제는 200명도 채 되지 않는다고 하더군요. 교인의 3분의 1만 남았다니, 꽤나 많은 교인들이 주일 성수에 대한 부담감에서 벗어나 넘치게 자유한 모양입니다.

　한편 담임 목사님은 잃어버린 영혼에 대한 안타까움과 교회 운영의 어려움 때문에 가슴앓이를 하고 계셨습니다. 오죽하면 그 목사님이 하나님의 처벌이 신속히 집행되었더라면 교인들이 이토록 담대하게 악을 행하지 못했을 텐데, 하며 푸념하셨겠어요. 물론 하나님이 바로바로 벌을 주시는 분이었다 하더라도 교인들이 부리나케 교회에 나와서 이런저런 종교 활동을 빡세게 하지는 않았을 것 같습니다만, 하나님이 악한 일을 바로 징벌하시지 않는 이유가 무엇인지 문득 궁금해지기도 합니다.

> 악한 일에 징벌이 속히 실행되지 않으므로 인생들이 악을 행하기에
> 마음이 담대하도다.8:11

　성경은 악에 대해 어떻게 설명하고 있나요? '얼굴에 땀이 흘러야 식물을 먹고 필경은 흙으로 돌아갈'창3:19 처지에 놓인 상태를 성경은 악이라 말합니다. 하루하루 살아가는 삶 자체가 하나님이 보시기에는 악행인 것이고 그러니 우리는 모두 악을 행하기에 담대한 자들이라는 말입니다. 그렇다면 하나님은 악한 일에 징벌을 내리셔야 마땅할 텐데, 이상하게도 처벌을 속히 하지 않으십니다. 사람의 생각 같아서는 권선징악이 바로바로 시행된다면 정의도 서고 질서도 잡히고 불의도 뿌리째 뽑힐 것 같은데 말입니다.

　그런데 만약 하나님이 악한 일에 즉각적으로, 바로바로 처벌하신다면 어떻게 될까요? 아마 몸 성한 자가 없을 겁니다. 아니, 어쩌면 이 지구상에 살아남을 자가 하나도 없을지도요. 복음을 전한다고 하는 목사도, 새벽부터 일어나 마음을 수련하는 승려도, 세상과 담쌓고 금욕 생활을 하는 수도사도 남아나지 않을 겁니다. 인간이라면 누구나 이런저런 모양의 수고

함으로 먹고 살잖아요, 그러니 모두 심판의 대상일 수밖에 없습니다.

악에 대한 심판은 포괄적이고 일괄적입니다. 예외가 없습니다. 성경은 노아 때의 홍수 심판과 소돔과 고모라의 불 심판을 통해 심판의 본질을 명백하게 나타내고 있습니다.

은혜로 구원

불행 중 다행이라고 해야 할까요, 악에 대한 심판이 집행되는 현장에서 극적으로 구원을 얻은 사람들이 성경에 나옵니다. 하나님의 은혜를 입은 노아와 그의 여덟 식구가 홍수 심판에서 구원을 얻었고, 하나님의 천사들이 손을 잡아 이끌어 낸 롯은 소돔과 고모라의 불 심판에서 구출함을 받았습니다. 이처럼 성경은 심판 가운데 구원의 소망을 보여 줍니다. 오직 하나님의 은혜를 입은 자만 구원을 얻는다는 사실을 전제로 해서 말이지요.

그런데 은혜로 구원을 얻는다고 할 때, 이 '은혜'라는 단어를 제대로 이해해야 합니다. 교회에서, 교인들끼리 가장 자주 사용하는 단어가 어쩌면 은혜일 텐데요, 그만큼 함부로 사용되고 있고 또 오해하고 있는 단어이기도 합니다.

은혜는 선물입니다. 선물은 상대방이 받을 만한 자격이나 조건이 있는지 심사해 보고 합격이다 싶으면 주는 것이 아닙니다. 즉 은혜로 구원을 얻는다고 하는 것은 하나님이 인간의 행위나 열심, 자격이나 조건을 따져 보고 구원하시는 것이 아니라는 말입니다.

이와 같이, 지금 이 시기에도 은혜로 택하심을 입은 사람들이 남아 있습니다. 은혜로 된 것이면, 행위에 근거한 것이 아닙니다. 그렇지

않으면, 그 은혜는 이미 은혜가 아닙니다.롬11:5-6,새번역

성경의 입장은 이렇게나 분명한데 사람들은 이 말을 좀처럼 인정하려 하지 않습니다. 입으로는 은혜라고 말하면서도, 자꾸만 은혜 받을 만한 구석을 찾으려 듭니다. 노아는 의인이고 완전한 자로서 하나님과 동행했기 때문에 보상으로 구원을 받았다거나, 롯도 믿음의 조상 아브라함이 조카를 위해 간절히 기도한 덕분에 하나님이 구하셨을 거라고 생각하는 겁니다. 왜 이렇게 구원을 얻을 만한 이유나 근거를 만들어서까지 납득하려고 애를 쓰는 걸까요? 원인과 결과라는 인과 관계가 성립해야 사람은 수긍하고 고개를 끄덕이기 때문입니다, 그게 세상이 돌아가는 방식이니까요.

하지만 은혜를 인과로 이해하면 두 가지 심각한 모순을 만나게 됩니다. 만일 사람에게 구원을 얻을 만한 조건이나 자격이 있어서 심판 가운데 구원이라는 결과를 얻는 것이라면, '의인은 없다, 하나도 없다,' 말한 사도 바울의 선언적 증거와 정면 충돌하게 되어 성경 스스로 모순에 빠집니다.

또한 사람에게 구원을 얻을 만한 근거나 자격이 털끝만큼이라도 있다면 예수 그리스도의 십자가 희생은 헛된 죽음이 되고 맙니다. 예수님이 대속의 피를 흘리신 것은 사람이 스스로 해결할 길도 능력도 없기 때문이었는데, 의로운 사람이 있다거나 사람에게 의롭다고 인정할 만한 근거나 요소가 있다면 굳이 예수님이 하늘 보좌를 버리시고 이 땅에 내려와 죽기까지 하실 필요가 있었을까요? 선지자나 사도들을 통해 의로움을 개발하는 방법과 구원을 얻는 조건들을 전달하셨으면 훨씬 쉬웠을 겁니다.

때문에 은혜는, 구원은 절대 인과가 될 수 없습니다. 따지고 보면 노아나 롯의 삶도 동시대의 사람들의 삶과 별반 다르지 않았을 겁니다. 동일하게 주어진 하루 24시간 속에서 잠자고 일어나 일터에 나가 땀 흘려 수고하고, 수고하여 받은 삯으로 먹고 누리고 사회에서 활동하고, 결혼해서 자식들 낳아 기르며 뒷바라지 하다가, 늙어서 마침내 흙으로 돌아가고…. 굳이 다른 점을 찾는다면 그들은 세상의 문화와 경향 그리고 수고하고 애쓰며 살아가는 삶의 방식을 옹호하고 따르기보다, '이건 정상적인 삶의 방식이 아닌데,' 라고 질문하며 심령이 상했을 겁니다. 그러니 성경이 이들에 관해 진술한 내용에서 왜 이들을 의롭다 하였는지 알 수 있지요.

> 무법한 자들의 음란한 행실로 말미암아 고통 당하는 의로운 롯을 건지셨으니 (이는 이 의인이 그들 중에 거하여 날마다 저 불법한 행실을 보고 들음으로 그 의로운 심령이 상함이라). 벧후2:7-8, 개역개정

노아의 때에 홍수 심판이 집행되었고 롯의 때에는 불심판이 임했습니다. 그리고 악에 대한 하나님의 심판은 여전히 유효합니다. 선하신 하나님의 눈에 악은 눈에 가시와도 같아서 마냥 내버려 둘 수 없기 때문입니다. 물론 그 징벌의 시간과 방법은 사람으로서는 가늠하기 어렵고, 사람의 소관도 아닙니다. 다만 하나님의 시간에 하나님의 방법으로 악인은 처벌하시고 악의 구조는 철폐하신다는 것을, 그리고 심판 가운데서 하나님의 은혜를 입은 자는 구원을 얻는다는 사실을 홍수 심판과 불 심판 등 성경의 역사를 통해 확인할 수 있습니다. 전도자는 악인에 대해 이렇게 결론을 맺습니다.

악인은 잘 되지 못하며 장수하지 못하고 그 날이 그림자와 같으리니
이는 하나님 앞에 경외하지 아니함이니라. 8:13

하나님의 시간은 한도 끝도 없이 무한정 계속되는 것이 아니고 그렇다고 물레방아처럼 돌고 도는 것도 아니며 마감이 있고 결국이 있다는 겁니다. 비록 이 세상 방식에 충실하고 모든 에너지를 세상에 쏟아부을수록 다시말해, 악할수록 이 땅에서 잘 먹고 잘 살고 성공하여 만수무강의 복까지 누릴 가능성이 큽니다. 하지만 악인의 결국은 피할 수 없는 심판이라는 거지요. 악을 미워하는 것이 하나님을 경외하는 태도인데 악인은 오히려 물 만난 고기처럼, 몸에 꼭 맞는 옷을 입은 사람처럼 악한 세상에서 만족과 기쁨과 뿌듯함을 만끽하기 때문입니다. 그러니까 단박에 벼락이 떨어지지 않는다고 해서 복된 인생이라고 결코 말할 수 없겠지요, 악인에게는 분명한 하나님의 심판이 예약된 상태입니다.

전도자는 말씀의 자리로 모여든 청중을 향해 묵언의 질문과 함께 위로의 말씀을 던지고 있습니다.

"소돔과 고모라 성에 살았던 롯이 악의 현실을 보면서 심령이 상했던 것처럼 이 세상 풍조와 삶의 방식에 대해 고통스런 심정으로 살아가는 사람이 있습니까? 그건 사회학, 심리학, 철학, 신학 등 학습에서 비롯된 통찰일까요, 수행 중 각성하여 얻은 깨달음일까요, 아니면 하나님이 개입한 흔적으로 영생을 주기로 작정하신 자이기 때문일까요?

이마에 땀이 흐르도록 수고하며 살아가는 이 세상의 품팔이 종과 같은 방식에 남의 옷을 걸쳐 입은 것처럼 불편함을 느낀다면, 그와 같은 심령은 하나님이 심어 놓으신 말씀의 씨앗으로 심판 가운데 은혜로 구원을 얻을 자입니다. 그 사람, 참으로 복 있는 자입니다."

성도는 무엇으로 사는가

세상 돌아가는 모양새를 보자면 열 받을 때가 참 많습니다. 착한 사람이 잘되고 땀 흘려 수고한 사람이 정당한 보상을 받아야 하는데 그렇지 않은 경우가 적잖이 발생하거든요. 선하고 착한 사람이 말도 안 되는 불행을 겪는가 하면 절대 발 뻗고 잘 수 없는 악당이 오히려 잘 먹고 잘 사는 경우를 보게 된다는 겁니다.

> 세상에 행하는 헛된 일이 있나니 곧 악인의 행위대로 받는 의인도 있고 의인의 행위대로 받는 악인도 있는 것이라 내가 이르노니 이것도 헛되도다. 8:14

전도자 역시 악한 사람이 받아야 할 벌을 의인이 받는가 하면, 의인이 받아야 할 보상을 악인이 받는다고 말하고 있습니다. 인과응보, 권선징악이 제대로 시행되어야 하는데 전혀 그렇지 않더라는 거죠. 하나님을 믿는 사람이라면 하늘을 향해 화를 내고 싶어질지도 모르겠습니다. 공의의 하나님이 일처리를 왜 이렇게 하시냐며 못마땅하게 여기겠지요. 이마에 땀을 흘린 만큼 정당한 보상이 주어져야 하는 것이 세상의 순리이고 이치인데, 삶의 현장은 변수와 모순으로 가득합니다.

현실이 이렇다 보니, 굳이 나만 성실하게 노력하며 살 필요가 있을까 싶지요? 대충대충 적당히 요행이나 바라면서 편법을 통해 기회를 노리며 사는 편이 훨씬 덜 억울하고 현실적인 것 같기도 합니다.

> 이에 내가 희락을 칭찬하노니 이는 사람이 먹고 마시고 즐거워하는
> 것보다 해 아래서 나은 것이 없음이라 하나님이 사람으로 해 아래
> 서 살게 하신 날 동안 수고하는 중에 이것이 항상 함께 있을 것이니
> 라_8:15

　안타까운 세태에 어떻게 살아야 하는지 지혜를 나누어 줄 법도 한데, 전도자는 이미 여러 차례 했던 이야기를 다시 반복합니다.2:24, 3:13, 5:18 그만큼 중요하다는 뜻이겠지요. 그런데 여기서 '사람이 먹고 마시고 즐거워하는 것'의 진정한 의미는 무엇일까요?

　전도자는 이 책을 시작하면서 해 아래 새것이 없다고 선언했습니다. 모든 것이 헛되다고 헛됨을 노래했는데, 사람이 먹고 마시고 즐거워하는 것은 헛되지 않다는 말일까요? 전도자가 육신의 배를 채우기 위해 먹고 마시고 즐거워하는 것만이 해 아래에서 유일하게 의미 있는 일이라는 말을 할 리가 만무합니다. 뭔가 숨은 뜻이 있는 것 같아 보입니다.

　전도자는 '하나님이 사람으로 해 아래서 살게 하신 날 동안 수고하는 중에 항상 함께 있을,' 세상과는 본질적으로 다른 원리가 해 아래에서 작동하고 있다고 말합니다. 인과응보, 권선징악, 지성이면 감천이라고 하는 사람 하기에 따라 행복과 불행이 결정된다는 사고의 틀에 단단히 묶여 살아가는 이 땅의 방식과, 그래서 당연히 그럴 것이라 믿는 이들의 기대와 예상을 빗나가는 또 다른 원리가 공존한다는 겁니다.

그것은 바로 하늘의 원리로서, 하나님의 일하시는 방법 곧 은혜를 말합니다. 그러니까 '사람이 먹고 마시고 즐거워하는 것보다 해 아래서 나은 것이 없다'는 전도자의 말은 세상 원리를 따라 사는 이들이 아닌 하나님의 긍휼과 은혜라는 하늘의 원리에 이끌림을 받은 자들을 향한 말인 겁니다. 그렇다면 세상의 원리와 방식으로부터 불러냄을 받은 교회 즉 성도를 향한 이 말의 진정한 의미는 무엇이겠습니까?

> 예수께서 이르시되 내가 진실로 진실로 너희에게 이르노니 인자의 살을 먹지 아니하고 인자의 피를 마시지 아니하면 너희 속에 생명이 없느니라 내 살을 먹고 내 피를 마시는 자는 영생을 가졌고 마지막 날에 내가 그를 다시 살리리니 내 살은 참된 양식이요 내 피는 참된 음료로다 내 살을 먹고 내 피를 마시는 자는 내 안에 거하고 나도 그 안에 거하나니 살아계신 아버지께서 나를 보내시매 내가 아버지로 인하여 사는것 같이 나를 먹는 그 사람도 나로 인하여 살리라 이것은 하늘로서 내려온 떡이니 조상들이 먹고도 죽은 그것과 같지 아니하여 이 떡을 먹는 자는 영원히 살리라.요6:53-58

전도자는 예수 그리스도를 육신의 눈으로 직접 보지는 못했습니다. 하지만 말씀을 토대로 충분히 짐작할 수 있듯이, 그는 예수 그리스도를 증거하고 있는 구약의 말씀눅24:27, 44을 통해 말씀이 육신이 되어 이 세상에 나타나실 그리스도의 출현을 소망했을 겁니다. 그래서 전도자는 해 아래서 땀 흘려 수고함으로 먹고 살아가는 동안 값없이 주어지는 그리스도의 말씀을 영의 참된 양식으로 삼아 먹고 마시고 즐거워하는 것보다 나은 것이 없다고 진술하고 있습니다. 하나님의 말씀인 성경을 행위를 요구하는 율법이 아닌 복음으로 깨달아 은혜의 말씀을 매일 먹고 마시는 것으로 인해 즐거워하고 기뻐하는 희락이야말로 이 땅에서 사는 동안 더할 나위 없이 좋은 것이라는 말이지요.

이런 삶을 간절히 사모하고 기뻐하는 자는 세상과 구별된 거룩한 백성으로 성도라 불릴 것입니다. 반대로 말하면, 이 땅의 방식에 묶여 구원도 사람의 수고와 노력에 따른 보상으로 주어지는 것이라 생각하는 사람은 여전히 세상의 종이라는 뜻입니다.

하나님이 하시는 일

사람이 하나님의 하시는 일을 이해하고 깨달을 수 있을까요?

> 하나님이 하시는 일을 살펴보니 세상에서 되어지는 일을 사람은 이
> 해할 수가 없다. 아무리 애써서 찾는다고 해도 그 의미를 찾을 수가
> 없으며 지혜로운 자가 다 안다고 주장하여도 실제로 그것을 이해할
> 수가 없다.8:17, 현대인의성경

전도자의 입장은 단호합니다. 사람은 하나님이 하시는 일을 결코 알 수 없다고 하네요. 세상의 지식이나 철학의 깊이 그리고 사람의 지혜나 경험 등 무엇으로도 하나님이 하시는 일은 알 수 없으며, 그 불가능한 일에 매달린다면 이 또한 얼마나 피곤하고 수고롭겠는가 라는 말입니다.

사실 전도자가 이렇게 단호한 데에는 그만한 이유가 있습니다. 사람의 사고의 틀과 하나님의 일하시는 방식은 처음부터 끝까지 어떤 접촉점도 없이 서로 끊임없이 어긋나는 포물선을 그리기 때문입니다. 행위에 따른 결과 즉 인과율이 사람에게 자연스럽고 익숙한 법칙이라면, 하나님의 은혜는 사람의 행위와 무관하게 주어지는 선물이거든요. 그러니 인과관계가 성립해야 납득이 가능한 인간과 초지일관 은혜를 말씀하시는 하나님의 방식이 어떻게 만날 수 있겠습니까, 물과 기름처럼 서로 밀어낼 뿐입니다.

많은 교회에서 목사님들이 거의 매주 은혜를 강조하면서 설교를 합니다. 교인들도 시도때도 없이 은혜를 말하지요. 그런데 잘 들어보면 하나님이 일하시는 방식이 아니라, 사람의 이성과 상식으로 수긍할 수 있는 것들을 은혜라고 말합니다.

예를 들어볼까요. 교회 건물을 새로 지으려고 헌금 100억을 목표했는데 기대를 훨씬 넘는 헌금이 들어왔을 때 '감사합니다, 모든 게 주님의 은혜입니다'하며 목사님과 교인들이 박수를 치고 하나님께 영광을 올려드린다고 합니다. 자기가 계획하고 기대했던 것보다 좋은 결과를 얻었을 때 은혜라고 말하는 거죠. 또는 불행 중 다행일 때에도 주님의 은혜라고 말하는 걸 보게 됩니다. 교통 사고라는 불행을 당했지만 다리만 조금 다쳤을 뿐 목숨은 잃지 않아 다행이라고, 황천길은 모면하게 되었으니 감사하다고, 주님의 은혜라고 말합니다.

두 경우를 은혜가 아닌 다른 말로 설명할 수 있을까요? 물론 가능합니다. 수많은 교인들 가운데 돈 많은 몇 분이 꽤 큰 돈을 건축 헌금으로 쾌척했기 때문에 기대 이상의 좋은 결과를 얻게 되었던 거고요, 교통 사고를 당했을 때 고속버스 중간 좌석에 앉아 안전벨트를 착용하고 있었기 때문에 다른 사람에 비해 크게 다치지 않았던 거지요. 이와 같이 원인과 결과라는 인과 관계가 성립할 때 사람들은 논리적이다, 합리적이다, 이치에 맞다고 동의합니다. 그래야 쉽게 알아듣고요. 그러니까 사람들이 말하는 은혜라고 하는 것은 인과 관계라는 사람이 가진 사고의 틀 속에서나 이해가 가능한 개념이라는 겁니다.

하지만 하나님은 인과의 틀을 깨고 일하십니다. 앞서 말했듯이 성경이 말하는 은혜는 선물이지요, 결과가 있는데 원인은 사람에게서 찾을 길이 없을 때 그걸 은혜라고 합니다. 예수님의 출생이야말로 하나님이 일하시는 방식인 은혜를 극적으로 보여준 사례라 할 수 있습니다. 아무리 봐도 정말 수상하고, 사람의 생각인 인과로 설명하려고 할수록 궁색합니다. 남자를 알지 못하던 마리아가 임신하여 아들을 낳았으니까요.

> 예수 그리스도의 나심은 이러하니라 그 모친 마리아가 요셉과 정혼하고 동거하기 전에 성령으로 잉태된 것이 나타났더니. 마1:18

성경은 마리아가 정혼자 요셉과 동거하기 전에 임신하여 아들을 낳은 것을 기록하고 있습니다. 하나님이 일하시는 방식인 은혜를 말하기 위해서지요. 마리아가 임신한 소식을 접한 요셉은 아마도 정혼자가 자기 몰래 바람을 피운 줄로만 생각했을 겁니다. 조용히 관계를 청산하려고 마음먹은 것을 보면 어마어마한 배신감을 느꼈을 테지요. 그런데 꿈에 주님의 천사가 나타나 이렇게 말합니다, '요셉아, 마리아를 아내로 맞아들이는 것을 주저하지 말아라. 그녀가 임신한 것은 성령으로 된 것이다.' 마1:20

결국 요셉은 마리아를 아내로 맞이했습니다만, 솔직히 사람의 생각으로 보면 요셉도 제정신이 아닙니다. 대체 무슨 정신으로 동거하기도 전에 임신한 마리아를 아내로 받아들였는지, 사람의 생각으로는 도저히 이해할 수가 없습니다. 육신을 가진 여자와 눈에 보이지도 않고 손에 잡히지도 않는 영이 결합을 해서 임신을 했다니, 무슨 공상 과학 영화 시나리오도 아니고 말입니다. 성령으로 잉태된 것이라는 천사의 말은 납득 가능한 소리도 설득력이 있는 말도 아니지요. 지나가던 개가 들어도 웃을 소리입니다.

그러나 하나님의 일하시는 방식은 언제나 은혜입니다. 그래서 인과라는 사고의 틀에 익숙한 사람은 하나님이 하시는 일을 결코 이해할 수 없고 깨달을 수 없다는 것을 기억해야 합니다. 어떤 목사님이 설교 중에 '사람이 하나님의 은혜를 깨닫고 은혜를 고백하는 것은 마치 바위가 말하는 것과 같다'고 하시더군요. 하나님이 일하시는 방식인 은혜를 사람의 생각으로 이해하고 믿는다는 게, 정녕 불가능하다는 말입니다.

고개를 갸우뚱 기울이는 분이 계실지도 모르겠습니다. 성경에는 하나님과 동행한 에녹도, 하나님이 친히 벗이라 칭하신 아브라함도 있었으니까요. 하나님의 뜻을 받아 전한 수많은 선지자들도 있었고, 신약으로 와서는 성령이 오신 이후 하나님의 뜻을 깨닫고 십자가에 못박혀 죽었다가 부활한 예수를 주와 그리스도로 고백하며 목숨을 걸고 증거한 사도들도 있었습니다. 그렇다면 절대 이해할 수 없고 깨달을 수 없는 이 불가능한 일들이 어떻게 일어난 것일까요?

하나님이 자기를 사랑하는 자들을 위하여 예비하신 모든 것은 눈으로 보지 못하고 귀로도 듣지 못하고 사람의 마음으로도 생각지 못하였다 함과 같으니라 오직 하나님이 성령으로 이것을 우리에게 보이셨으니 성령은 모든 것 곧 하나님의 깊은 것이라도 통달하시느니라 사람의 사정을 사람의 속에 있는 영 외에는 누가 알리요 이와 같이 하나님의 사정도 하나님의 영 외에는 아무도 알지 못하느니라 우리가 세상의 영을 받지 아니하고 오직 하나님께로 온 영을 받았으니 이는 우리로 하여금 하나님께서 우리에게 은혜로 주신 것들을 알게 하려 하심이라.고전2:9-12

사도 바울은 사람의 생각으로는 하나님이 하시는 일을 알 수 없기 때문에 하나님께서 자기 자녀에 해당하는 자들에게만 자신을 드러내신다고 말합니다. 사람의 이성과 논리, 열정과 경험으로 하나님이 하시는 일을 깨닫지 못하게 하신 것은 하나님의 비밀에 속한 것이며, 사람 쪽에서 하나님을 이해하거나 파악하려고 하는 모든 시도조차도 하나님은 용납하지 않으시고 자신을 철저히 숨기신다는 겁니다. 왜냐하면 사람이라는 존재는 오직 자신을 위해 신이 존재해야 한다고 믿기 때문에 하나님을 이해하고 파악할 경우 제 손으로 하나님을 조종하고 지배하려 들기 때문이지요. 하나님은 결코 주도권을 양보하지 않으시고 사람 손에 자신을 맡기지도 않으십니다.

먼 나라 악인의 이야기처럼 들리시나요? 당장 교회만 가도 하늘 보좌를 움직이는 기도를 하는 게 우리의 모습 아닙니까? 그거야말로 사람이 하나님을 꼭두각시처럼 조종하겠다는 심보인데 말입니다. '내가 원하는 것을 응답 받을 때까지 난 한 발자국도 양보 못합니다,' 하는 태도는 자기가 주도권을 갖고 하나님을 움직이겠다는 건데, 이 열심이야말로 신에 대한 무례한 도전이요 끔찍한 불신앙입니다.

사도 바울이 에베소 교회의 성도들에게 고백하며 간구했던 것처럼, 지혜와 계시의 정신을 주사 하나님을 알게 하시는 하나님의 열심은 당신의 자녀를 향한 특별한 배려이자 사랑의 선물이라는 것을 새삼 깨닫게 됩니다. 엡1:17-19

전도서 9장

산 개와 죽은 사자

나는 신중하게 모든 일을 살펴보고 의로운 사람이나 지혜로운 사람
이나 그들이 하는 모든 일이 하나님의 손에 달려 있다는 결론을 내
렸다. 그러나 사람은 자기에게 기다리고 있는 것이 사랑인지 미움인
지 알지 못한다.9:1 현대인의 성경

모든 일이 하나님의 손에 달려 있다. 이 말은 하나님의 절대 주권을 말
하고 있는 것 같습니다. 하나님의 손바닥 안에서 벗어날 수 없는 인생의
한계, 그 운명을 말하는 구절이란 생각이 들죠. 하나님의 절대 주권이 성
경을 이해하는 데 있어 중요한 신학적 주제인 것은 사실이지만, 여기서 전
도자가 말하려는 핵심은 오히려 사람들의 영적인 무지함이 아닐까 싶습
니다.

사람들은 얼마나 무지하냐 하면, 그분의 절대 주권을 인정한다고 하면
서도 겸손히 행하지 않는 것은 물론 그분이 기뻐하시고 그분의 사랑을 받
을 만한 일이 무엇인지 눈치도 채지 못합니다. 그저 순간적인 자기 판단에
따라 행동하면서 하나님으로부터 사랑을 받겠지 생각하고는 열심히 정
성껏 그리고 충성스럽게 움직입니다. 하나님은 분명히 사람의 중심, 속을
보신다고 하셨는데삼상16:7 사람들은 여전히 외모를 보고 판단합니다. 그
래서 밖으로 드러난 모양을 사람들 눈에 보기 좋게 채색하는 일에만 열중
합니다. 큰 집, 고급차, 사치품, 좋은 학벌, 높은 연봉, 남의 부러움을 살 만

한 얼굴과 몸매에 투자하는 데 전혀 인색하지 않지요.

눈에 보이는 외모를 중시하는 풍조는 교회라고 해서 예외가 아닙니다. 주일 성수는 기본이고 새벽 기도, 철야 기도에 빠지지 않고 참석하고, 꼬박꼬박 십일조에 전도와 선교라면 두말없이 앞장서고, 제 일처럼 교회 일을 돌보고 봉사하는 교인. 누가 봐도 의롭고 충성된 자라고 평가할 겁니다. 목사님으로부터 칭찬을 받는 건 당연한 보상이고, 어떤 교회는 연말에 우수 교인 표창까지 주더군요. 그 사람의 중심을 보는 것인지 아니면 겉으로 드러난 행위를 보는 것인지 참 궁금하죠. 문제는 사람들이 교회에서 인정을 받는 것처럼, 외적인 행위를 통해 자신의 의로움을 증명하게 되면 하나님의 사랑도 듬뿍 받을 것이라고 착각한다는 겁니다. 심지어 '구원은 은혜로 받지만 상급은 행위에 따른 보상'이라고 하는 설교도 심심치 않게 듣게 됩니다.

전도자가 활동하던 당시 이스라엘 백성들도 우리와 그다지 다르지 않았던 모양입니다. 하나님의 말씀을 행동 규범이요 신앙인의 실천 덕목으로 보고, 외적인 종교 행위를 통해서 하나님의 사랑과 축복을 받으리라 믿었던 것이 그들의 슬기로운 종교 생활이었던 겁니다. 전도자는 바로 이런 '거푸집 신앙'을 꼬집어 말하고 있습니다. 사람들 눈에는 그럴듯한 종교인의 모습인데 속은 텅 빈, 내용 없는 상태라는 거지요. 하나님이 하신 말씀의 내용과 의미를 깨달아 마음에 간직해야 하는데 겉으로 보이는 행위에 열심을 부리면서 자신이 얼마나 의로우며 하나님의 기쁨이 되겠는가, 스스로 만족하더라는 지적입니다.

물론 어떤 중심을 가졌고 또 어떤 행위를 했든 사람은 모두 죽습니다. 인간은 죽음 앞에서 평등하다는 게 전도자의 가르침이었죠. 하나님의 말씀을 실천 덕목으로 생각하여 자신의 행위를 앞장세우는 종교인이든 말씀을 예수 그리스도의 십자가 대속의 은혜로 깨달아 마음판에 새기며 살아가는 성도이든, 죽는 것은 일반입니다. 의로운 자와 악한 자, 선한 사람과 나쁜 사람, 깨끗한 자와 더러운 자, 제사를 드리는 자와 제사를 드리지 않는 자가 다 같은 운명이라는 겁니다.

그런데 거기서 끝이 아닙니다. 한 쪽은 하나님의 사랑을 받게 되지만 다른 한 쪽은 하나님의 미움을 받아 영원한 운명이 둘로 갈린다는 건데요, 이를 설명하며 전도자가 사용하는 표현이 아주 흥미롭습니다.

> 모든 산 자 중에 참예한 자가 소망이 있음은 산 개가 죽은 사자보다
> 나음이니라.9:4

산 개와 죽은 사자, 한번에 이해하기는 어렵지요? 여기서 개와 사자는 동물에 빗대어 말한 것으로 사람을 뜻하는데요, 개 같은 사람이지만 산 자가 있는가 하면 사자와 같이 누가 봐도 위엄 있어 보이는데 실상은 죽은 자가 있다는 겁니다.

고대 근동 지방에서 '개'라는 동물은 천하고 경멸적인 대상을 상징합니다. 성경에서도 개는 더럽고 추한 동물로 취급했던 것을 볼 수 있는데요, 천국에 들어가지 못할 자를 개로 비유한 구절도 발견할 수 있습니다.

> 여자가 가로되 주여 옳소이다마는 개들도 제 주인의 상에서 떨어지

는 부스러기를 먹나이다 하니.마15:27

개들을 삼가고 행악하는 자들을 삼가고 손할례당을 삼가라.빌3:2

개들과 술객들과 행음자들과 살인자들과 우상 숭배자들과 및 거짓
말을 좋아하며 지어내는 자마다 성밖에 있으리라.계22:15

한편 '사자'는 동물의 왕입니다. 존귀하고 권능 있는 존재를 상징하는
짐승입니다.창49:9; 잠30:29, 30 따라서 '산 개가 죽은 사자보다 낫다'는 표현
은 천하고 남에게 경멸을 받는 자 그러니까 사람들이 보기에 천국에 들어
가지 못할 개처럼 보이더라도 그 사람이 산 자라면, 비록 능력 있고 위풍
당당하게 보이지만 실상은 죽은 자보다 더 낫다는 뜻입니다.

사람들은 보통 육신의 호흡이 붙어 있어 활동하는 사람, 의식이 깨어
있어 불의에 항거하며 행동하는 사람, 그리고 실패했을지라도 다시 일어
설 수 있는 기회가 아직 남아 있는 사람을 가리켜 '산 자'라고 합니다. 죽은
자는 산 자와 반대로 생각하면 되겠지요? 육신의 호흡이 끊어져서 활동
을 하지 못하는 자, 부조리한 현상과 현실에 대해 눈을 감는 자, 그리고 다
시 일어설 의욕과 기회마저 사라진 자를 두고 사람들은 '죽은 자'라 합니
다.

그런데 산 자와 죽은 자에 대한 성경의 입장은 조금 다릅니다. 우선 나
뭇가지가 나무에 붙어 수액을 공급받아 생명 가운데 살아가듯이 생명이
신 분에게 붙어 있는 자를 가리켜 성경은 '산 자라고 합니다.

내 안에 거하라 나도 너희 안에 거하리라 가지가 포도나무에 붙어 있지 아니하면 절로 과실을 맺을 수 없음 같이 너희도 내 안에 있지 아니하면 그러하리라 나는 포도나무요 너희는 가지니 저가 내 안에, 내가 저 안에 있으면 이 사람은 과실을 많이 맺나니 나를 떠나서는 너희가 아무것도 할 수 없음이라 사람이 내 안에 거하지 아니하면 가지처럼 밖에 버리워 말라지나니 사람들이 이것을 모아다가 불에 던져 사르느니라.요15:4-6

포도나무이신 예수님 안에 거하는 가지를 가리켜 성경은 '산 자'라고 합니다. 여기서 예수님 안에 거한다는 건, 단순히 교회 다니고 예배 드리며 성경 읽고 기도도 하는, 세례 받고 십일조도 꼬박꼬박 내는 사람을 가리키는 게 아닙니다. 이런 사람을 산 자라고 평가하고 인정하는 건 외모로 판단하는 사람의 생각일 뿐입니다.

성경은 행위와 열심을 동원해서 자기를 꾸미려 할 이유도 필요도 느끼지 못하는 사람을 가리켜 산 자라고 말하고 있습니다. 나뭇가지는 나무에 의해 평가받고 증명되기 때문입니다. 포도나무에 붙어 있는 가지는 미우나 고우나 튼튼하거나 부실하거나 포도나무라고 말하잖아요, 비록 병들었다 하더라도 나무에 붙어 있는 가지라면 포도나무인 겁니다. 가지의 외모와 상관없이 나무에 붙어 있는 가지는 나무로 평가를 받습니다. 그러니까 포도나무이신 예수님에게 붙어 있는 가지라면 스스로 자신을 증명하려고 외모를 치장하거나 포장할 필요가 전혀 없다는 말입니다.

그럼 성경은 어떤 사람을, 어떤 상태에 있는 자를 '죽은 자'라고 할까요? 산 자의 반대겠지요. 포도나무에서 떨어져 나간 나뭇가지와 같은 상태에 있는 자를 성경은 '죽은 자'라고 합니다.

재미있는 점은, 죽은 막대기가 나무에 붙은 가지보다 더 분주합니다. 이게 바로 죽은 자에게서 나타나는 현상인데요, 행위를 통해 자신의 외모를 그럴듯하게 치장하고 포장하려고 하는 겁니다. 스스로 자신을 증명해야 하기 때문에, 쉴 틈이 없이 발버둥칩니다. 하나님과 갈라 선, 생명에서 떨어져 나간 아담과 하와가 수치를 가리기 위해 자신의 수고와 행위를 통해 푸르고 무성한 무화과 나뭇잎을 엮어 치마를 해 입었듯이 말입니다.

한편 산 자는 외적으로 드러난 행위가 없는 것처럼 보이기 때문에, 사람들 눈에 오히려 나태한 신앙인처럼 보입니다. 그러다 보니 개처럼 별 볼일 없어 보이고 심지어 경멸의 대상으로 취급받을 수도 있습니다. 하지만 외모가 중요한 게 아니지요, 산 자의 실상은 포도나무이신 주님께 붙어 있는 연합된 자이니까요. 외형적으로 화려하고, 보여줄 것도 내세울 것도 많아 보이는, 스스로를 증명하는 죽은 사자는 사람들 눈에 어떻게 보이더라도 전도자의 말처럼 살아있는 개보다 못한 존재입니다. 나무에서 떨어져 나간 나뭇가지는 아무리 싱싱하고 화려하게 보인다 하더라도 실상은 죽은 막대기와 다르지 않습니다.

그렇다면 산 개처럼 살라는 조언일까요? 산 개와 죽은 사자에 대한 전도자의 이야기는 종교적인 행위나 활동은 일절 하지 말라는 소리처럼 들릴 수 있습니다. 종교적 형태의 활동이나 모임은 모두 내려놓고 대속의 은혜만 마음에 간직한 채 살아가면 충분하다는 말씀으로 다가오거든요. 그러다 보니 행동하는 교인들의 입에서 볼멘소리가 터져나오고 특히 교회를 운영하는 입장에서도 교회 문을 닫으라는 소리냐고 오해하기 십상인데요, 이는 말씀에 대한 곡해입니다.

앞서 언급했듯이, 전도자는 종교적인 행위를 하지 말라고 만류하는 것이 아닙니다. 예배, 기도, 헌금, 선교, 봉사 모두 성경이 말하고 있는 신앙활동인데, 그와 같은 삶이 없는 사람을 어찌 그리스도인이라 할 수 있겠습니까? 다만 하나님으로부터 의롭다 인정을 받아 세상적인 복까지 챙기려는 동기에서 비롯된 열심이고 행동이라면 죽은 자에 해당하는 사람이고, 하나님이 베푸신 은혜를 입은 자로서 감사하여 행하는 자라면 산 자라는 점을 말하고 있습니다.

또한 전도자는 말씀을 통해 사람이 산 자인지 죽은 자인지 바로 알 수 있음을 강조하고 있습니다. 산 자는 하나님의 말씀을 읽고 자신이 죽어야 할 죄인임을 깨달아 어린양 예수 그리스도의 대속의 은혜를 바라며 통회하는 심령으로 십자가의 자리로 나옵니다. 사람들의 눈에는 인생 낙오자 같고 나약한 자 같아서 개처럼 경멸의 대상일지 모르지만, 그는 틀림없이 하나님의 사랑을 받을 자입니다. 반면 죽은 자는 하나님의 말씀을 실천 덕목이라고 믿어 하라는 건 하고 하지 말라는 건 피하며 수고하고 애를 씁니다. 하나님과 사람들 앞에서 사자처럼 당당하고 의로운 자임을 증명하려 하겠지만, 전도자는 '그 이름이 잊어버린 바 된다'9:5 라고 진술합니다. 예수님의 생명책에 죽은 사자 같은 사람의 이름은 없다는 겁니다. 불쌍하고 비참한 사람입니다.

교회 안에는 산 개가 많을까요, 죽은 사자가 많을까요? 사람의 중심을 전부 알 길은 없겠습니다만, 목사들 중에도 죽은 사자가 상당하다는 현실은 꽤나 충격적입니다. 모 기독교 인터넷 신문에 올라온 기사에 의하면 2022년 9월 미국 복음주의 담임 목사 세 명 중 한 명이 '선행으로 구원을 받는다'는 믿음을 가진 것으로 나타났다고 합니다. 애리조나 크리스천 대학 연구센터CRC가 전국 교회 및 교단 소속 목회자 천 명을 대상으로 진행한 설문에서는, 응답한 담임 목사의 34%가 '대개 선하며, 타인에게 충분히 선행을 베푼 사람은 천국에서 자리를 얻을 것'이라는 데 동의했습니다.

선행으로 구원을 얻어 천국에 갈 수 있다는 데 동의하는 사람이 비단 미국 땅에만 모여 살겠습니까. 한국에도 있고, 같은 교회 안에도, 집안 식구 중에도 있습니다. 분명히 기억해야 할 것은, '죽은 사자'의 행위를 두둔하고 동조하는 일은 예수 그리스도의 죽음의 가치와 대속의 의미를 훼손한다는 사실입니다. 예수님을 또 다시 십자가에 못박는 살인 행위이죠. 거듭 말하지만 사람의 행위로 천국에 갈 수 있다고 믿는다면 전도자가 지적한 대로 '죽은 사자'입니다.

사도 바울의 말씀을 보니 간담이 서늘해집니다.

> 하나님 앞과 산 자와 죽은 자를 심판하실 그리스도 예수 앞에서 그
> 의 나타나실 것과 그의 나라를 두고 엄히 명하노니. 딤후4:1

하나님이 기쁘게 받으신 삶

너는 가서 기쁨으로 네 식물을 먹고 즐거운 마음으로 네 포도주를
마실찌어다 이는 하나님이 너의 하는 일을 벌써 기쁘게 받으셨음이
니라.9:7

성경을 표면적으로, 그저 문자로만 받아들이면 안 되는 이유가 바로 여
기 있습니다. 전도자는 분명 즐거운 마음으로 포도주를 마시라고 권하는
데 민수기와 잠언에서는 포도주와 독주를 멀리하라 단단히 금하고 있거
든요. 말씀의 충돌이 일어나네요, 문자적으로 말씀을 지키려 한다면 몹시
곤란해질 겁니다.

포도주와 독주를 멀리하며 포도주의 초나 독주의 초를 마시지 말며
포도즙도 마시지 말며 생포도나 건포도도 먹지 말찌니.민6:3

포도주는 거만케 하는 것이요 독주는 떠들게 하는 것이라 무릇 이에
미혹되는 자에게는 지혜가 없느니라.잠20:1

하지만 성경은 한 성령의 감동으로 기록한 하나님의 말씀이기 때문에
서로 모순되거나 일관성 없이 충돌할 리가 없습니다. 그래서 성경을 읽는
독자는 문자를 읽어 내려가면서 그대로 실천하려고 다짐하기보다 기록

된 말씀 속에 담긴 의도가 무엇인지 파악하며 내용을 자세히 살펴야 합니다. 여기서도 음식과 포도주를 문자로만 보아 도대체 성경이 포도주를 마시라는 건지 마시지 말라는 건지 하며 혼란스러워 할 일이 아니라, 음식과 포도주라는 소재를 통해 전도자가 청중들에게 전달하려고 하는 내용이 무엇인지 파악해야 하겠습니다.

전도자가 한결같이 이야기하던 맥락에서, 결론부터 말하자면 이렇습니다. 길이요 진리요 생명이신 분으로부터 흘러나오는 말씀을 영의 양식으로 공급받아 그 양식으로 기뻐하는 인생이라면 하나님은 벌써 그 사람을 기쁘게 받으셨다는 뜻의 말씀입니다.

이는 곧 자신이 수고하고 애써서 얻은 자기 행위의 결과물로 삶의 양식을 삼아 기뻐하고 만족하는 사람은 하나님이 받으시기에 합당하지 않다는 의미이기도 합니다. 가인이 땀흘려 수고한 땅의 소산을 하나님에게 가지고 나왔을 때 하나님이 가인과 그의 제사를 받지 않으셨던 것처럼 말입니다. 이와 같은 전도자의 진술은 하나님을 예배하는 그리스도인들에게 도전이자 위로가 되는데요, 예배하는 자들이 희생양을 가지고 나올 때 기쁘게 받으신다고 말하기 때문입니다. 아벨이 양의 첫 새끼와 그 기름으로 드렸더니 여호와께서 아벨과 그 제물을 열납하셨듯이 말입니다. 창4:4

그런데 하나님이 기뻐 받으시는 제물, 그 어린양이 무엇을 뜻하나요? 바로 예수 그리스도의 희생입니다. 그러니까 이 말씀은 곧 하나님께 예배하러 나오는 자는 반드시 대속물인 어린양을 가지고 나와야 한다는 뜻입니다. 사람은 대속물이 필요한 죄인이기 때문이지요. 하나님은 죄인의 외모나 됨됨이를 심사하고 나서 죄사함의 은총을 내리시는 것이 아니라, 대속물을 보시고 죄인을 용서하시고 의롭다 인정하시거든요. 그래서 예배자는 어린양 예수 그리스도의 대속의 죽음을 의지하여 하나님께 나아가야 합니다. 가인처럼 자신이 수고하고 땀 흘려 얻은 성취물을 보란듯이 하나님께 들고 나올 경우 퇴짜를 맞는다는 것이 전도자가 전하는 성경적 교훈입니다.

> 네 의복을 항상 희게 하며 네 머리에 향 기름을 그치지 않게 할찌니라. 라.9:8

바로 이어지는 이 구절도 문자로만 본다면 본질을 놓치게 됩니다. 그저 세탁을 자주 해서 깨끗한 옷을 입는 것이 말씀대로 실천하는 일이라고 생각하게 되고, 머리를 단정하게 관리하면서 말씀을 지키는 자신에 대해 만족할지 모릅니다. 물론 단정한 차림새나 맵시가 기본적인 예의를 지키는 데 도움이 되기도 하겠습니다만, 전도자의 말씀을 단순한 교양 강좌로 이해해서는 안 됩니다. 그가 사용한 단어들의 진짜 의미는 다른 성경 구절을 참고해 보면 쉽게 이해할 수 있습니다.

> 사데에 그 옷을 더럽히지 아니한 자 몇 명이 네게 있어 흰 옷을 입고 나와 함께 다니리니 그들은 합당한 자인 연고라.계3:4

> 내가 가로되 내 주여 당신이 알리이다 하니 그가 나더러 이르되 이는 큰 환난에서 나오는 자들인데 어린 양의 피에 그 옷을 씻어 희게

의복을 항상 희게 하라는 말씀의 취지가 느껴지시나요? 이사야 선지자도 '우리는 다 부정한 자 같아서 우리의 의는 다 더러운 옷과 같다'사64:6고 선포한 바 있습니다.

해 아래에서 살아가고 있는 사람은 누구나 예외 없이 땅에 달라붙어 살아가는 땅적인 존재로 출생합니다. 땅적 존재라고 하는 것은 자신이 인생의 주인이 되어 자기 힘과 재간, 자기 수고와 노력의 행위를 통해 삯을 받아 살아가는 품팔이 인생을 말하는데, 여기서 땅은 생명이신 하나님으로부터 떨어져 나간 상태 즉 영적 사망이라는 의미를 갖습니다. 그렇기에 거룩하신 하나님은 해 아래에서 태어난 자체를 부정하게 보시는 것이고 부정한 자가 행하는 어떤 행위도 기뻐 받으실 수 없는 겁니다. 비록 사람이 보기에는 의롭고 선하고 착하고 아름답게 보이는 행위라 하더라도, 해 아래의 상태가 어두움이므로 하나님의 눈에는 시커멓고 더러운 옷에 불과합니다.

전도자는 이렇게 의복을 소재로 하여 다시 한번 예수 그리스도의 대속의 은혜를 말하고 있습니다. 더러운 옷을 걸친 것과 같은 부정한 존재가 예수 그리스도의 대속의 피로 씻김을 받고 그분의 은혜의 옷자락으로 덮어 주심을 받을 때에야 비로소, 하나님은 정결하다 판정하시고 기뻐 받으십니다. 하나님이 보시는 것은 오직 그 아들의 피요, 그 아들의 옷자락이기 때문입니다.

지옥에는 '일'이 없다?

무릇 네 손이 일을 당하는 대로 힘을 다하여 할찌어다 네가 장차 들
어갈 음부에는 일도 없고 계획도 없고 지식도 없고 지혜도 없음이니
라 9:10

전도자가 또, 오해하기 딱 좋은 말을 합니다. 이쯤 되면 일부러 그러나
싶기도 한데요, 죽은 뒤에는 일하고 싶어도 못하니까 이 세상에 있는 동
안 후회 없이 닥치는 대로 일하라는 말처럼 들리죠?

그런데 자세히 보면 그냥 죽은 뒤가 아니라 음부에 들어갔을 때의 이야
기를 합니다. 음부는 어떤 곳인가요? 죽음 또는 돌아올 수 없는 길, 그리
고 지옥을 의미합니다. 어딘가 어색하고 서로 맞지 않는다는 생각이 듭니
다. 이 땅에서 열심히 일해서 출세하고 성공하든 베짱이처럼 아무 일도 하
지 않고 놀고 먹든, 두 경우 모두 결국 지옥에 갈 운명이라면 굳이 열심히
일할 필요가 있나 싶지 않나요. 더구나 지옥에 일이 없다고 하면 지긋지
긋한 일로부터 해방되는 셈인데, 천국보다 지옥이 편하다는 소리로 들리
기까지 합니다.

이번에도 성경이 말하는 '일'에 대한 개념을 정확히 알아야, 전도자의
진술을 올바르게 이해할 수 있을 것 같습니다. 앞서 사람의 노동과 노력
등 수고의 행위를 일의 의미로 해석한 바 있는데요, 사실 성경에는 또 다
른 뜻의 일이 존재합니다.

바로 예수님이 '내 아버지께서 이제까지 일하시니 나도 일한다'요5:17 하신 말씀에서처럼, 일은 구원 사역을 뜻하기도 합니다. 만일 사람의 육체적, 정신적인 수고와 노동을 일로 본다면 일이 없는 지옥은 천국이라 해야 마땅합니다. 전도자가 천국과 지옥의 개념을 헷갈렸을 리 없지요. 따라서 여기서 전도자가 진술한 '일'은 하나님과 예수 그리스도의 일 즉 구원 사역으로 보는 것이 타당합니다.

그렇다면 '네 손이 일을 당하는 대로 힘을 다하여 하라'는 말씀도 새로운 시각에서 볼 수 있습니다. 세상의 일은 사람이 자신의 힘과 온갖 방법을 동원하여 결과를 이루겠다는 야무진 태도로 할 수 있겠지만, 하나님의 일은 예수 그리스도로부터 흘러나오는 생명의 양식 곧 말씀의 능력을 힘입어 은혜와 진리의 말씀을 나눠 주고 넘겨 주고 베풀어 주는 사역이라는 겁니다. 그래서 그 손이 일을 당하는 자 곧 그 일이 주어지는 자는, 머리이신 예수님의 지체로서 머리의 지시를 받아 말씀을 전하는 대리자가 되겠지요.

이제 음부에 일이 없다 하신 말씀이 이해가 되지요? 수고하고 애쓴 만큼 삯을 받아 살아가는 보상의 원리 속에서 자기 욕심을 채우고자 서로 헐뜯고 기를 쓰며 다투는 아귀다툼의 현장이 음부 곧 지옥이라는 말입니다. 은혜와 진리의 말씀으로 서로 위로하고 권면하며 시중드는 일이나 하나님을 아는 지식도 없으며 그리스도의 구원 활동도 존재하지 않는 곳, 수고와 슬픔뿐인 곳이 바로 지옥입니다.

지혜가 힘보다 낫다마는

내가 또 해 아래에서 지혜를 보고 내가 크게 여긴 것이 이러하니 곧 작고 인구가 많지 아니한 어떤 성읍에 큰 왕이 와서 그것을 에워싸고 큰 흉벽을 쌓고 치고자 할 때에 그 성읍 가운데에 가난한 지혜자가 있어서 그의 지혜로 그 성읍을 건진 그것이라 그러나 그 가난한 자를 기억하는 사람이 없었도다 그러므로 내가 이르기를 지혜가 힘보다 나으나 가난한 자의 지혜가 멸시를 받고 그의 말들을 사람들이 듣지 아니한다 하였노라 9:13-16 개역개정

이게 무슨 조화인지, 전도자가 단번에 이해되는 이야기를 합니다. 힘이 중요하다는 건 우리 모두가 살면서 피부로 절실히 느끼고 배우는 것 중 하나 아닌가요?

사람이란 늘 힘을 따라 이동하고 힘을 중심으로 모여듭니다. 사회적으로 출세하고 성공한 사람 주변에 사람들이 몰리다가도 그 힘이 떨어지면 사방으로 흩어지는 걸 볼 수 있지요. 지혜가 남다르고 인간성이 좋다 하더라도 이빨 빠진 호랑이 신세입니다. 슬픈 현실입니다만 힘의 원리는 가족 내에서도 적용됩니다. 오죽하면 죽기 전에 자식들에게 유산을 주지 말라고 하겠습니까. 부모도 돈 있고 힘 있어야 부모로서의 체통과 권위가 서는 게 세상입니다. 목회자 세계도 마찬가지인데요, 대형 교회의 담임 목사나 사람들로부터 인기가 많은 목사 주변에는 사람들이 줄을 서지만 개

척교회나 가난한 교회의 목사를 부러워하거나 친구 삼으려는 사람은 많지 않아 보입니다. 복음을 전한다는 목회자라 하더라도 돈이라는 영향력, 곧 힘이 중요한 역할을 한다는 걸 부정할 수 없죠.

하지만 지금까지의 맥락에서 보면 전도자는 이번에도 세상이 아닌 하늘의 말씀을 전하고 있는 걸 텐데요, 앞서 살펴보았던 지혜라는 단어의 성경적인 의미를 떠올려 보시기 바랍니다. 단순히 세상을 살아가는 처세의 지식이나 사람의 명석한 두뇌가 아니라, 창조의 지혜 그리고 사망에서 구원하는 하늘의 지혜라는 개념에서 사용되었던 단어입니다. 그렇다면 세상적인 힘의 원리를 말하고 있는 것처럼 보이는 이 구절도, 나중에 오실 그리스도를 염두에 두고 진술한 내용이 됩니다.

하늘의 지혜자인 그리스도 예수는 흑암 가운데 살아가는 자들을 사망의 구렁텅이에서 구원하여 생명을 얻게 하셨습니다. 하지만 그는 출신도 외모도 가난하고 초라했으며, 저주의 상징인 십자가에 못박혀 죽었습니다. 전도자는 그렇게 외면당할 그리스도의 모습을 하나님의 계시를 통해 보았고 진술했던 겁니다. 마찬가지로 하나님의 계시를 받은 이사야 선지자도 다음과 같이 예언한 바 있습니다.

> 그는 주 앞에서 자라나기를 연한 순 같고 마른 땅에서 나온 줄기 같아서 고운 모양도 없고 풍채도 없은즉 우리의 보기에 흠모할만한 아름다운 것이 없도다 그는 멸시를 받아서 사람에게 싫어 버린바 되었으며 간고를 많이 겪었으며 질고를 아는 자라 마치 사람들에게 얼굴을 가리우고 보지 않음을 받는 자 같아서 멸시를 당하였고 우리도

그를 귀히 여기지 아니하였도다 그는 실로 우리의 질고를 지고 우리의 슬픔을 당하였거늘 우리는 생각하기를 그는 징벌을 받아서 하나님에게 맞으며 고난을 당한다 하였노라.사53:2-4

예언 속의 메시아는 힘 있고 당당한 영웅적인 모습이 아니라 고난 받는 종의 모습입니다. 그리고 예언의 말씀대로 군중들은 힘 없고 가난한 예수를 십자가에 못박으라고 소리쳤고 마침내 죽이기까지 했습니다. 볼품없는, 힘 없는 예수가 우리 유대인의 메시아일 수 없고, 메시아가 저래서도 안 된다고 판단했던 겁니다.

그런데 과연 우리가 초라한 메시아를 멸시했던 사람들에게 손가락질할 수 있을까요? 나약하고 무능하기 짝이 없는, 죽음이라고 하는 피가 흥건하고 낭자할 뿐인 십자가 앞에서 모든 걸 버리고 3년이나 예수님을 따랐던 제자들도 다 도망쳤습니다. 힘으로 무장한 로마 군인들에게 예수님이 힘없이 끌려가자, 걸음아 나 살려라 하며 줄행랑을 친 겁니다. 수제자였던 베드로마저 초라한 모습으로 심문을 받는 예수님의 뒷모습을 바라보다가 그를 모른다고 세 번씩이나 부인했죠.마26:69-74

사실 로마 군인들에게 맥없이 끌려가서 심문을 받고 세상 세력과 종교권력에 제대로 항의 한번 못한 채 십자가에 매달린 예수를 그리스도라고 고백하며 영접하는 게 더 이상하고 수상합니다. 이성적인 사고나 합리적인 계산으로는 말이 안 되는 일이니까요. 그 누가 가난하고 힘 없는 사람, 실패한 사람을 따르고 싶겠습니까. 걸인이나 노숙자를 가까이 하고 싶지 않은 마음과 같은 거죠. 더구나 자기가 세상을 말씀으로 창조했다 하고 세상을 구원할 메시아라고 주장하며 다니다가 십자가에 못박혀 죽은 사람인데, 이런 사람을 주와 그리스도로 인정하고 고백하며 믿고 따른다는 건 그냥 같이 미쳤다는 증거로 보일 정도입니다.

'고운 모양도, 풍채도, 흠모할 만한 아름다운 것 없이 멸시를 받아서 사람에게 싫어 버린 바 된 예수를 나는 왜 믿고 따르는가?' 고민하게 되는 분들이 계실지도 모르겠습니다. 이런 질문 앞에 선 사람들을 향해 성경은 명쾌한 답변을 줍니다.

영접하는 자 곧 그 이름을 믿는 자들에게는 하나님의 자녀가 되는 권세를 주셨으니 이는 혈통으로나 육정으로나 사람의 뜻으로 나지 아니하고 오직 하나님께로서 난 자 들이니라.요1:12-13

그러므로 내가 너희에게 알게 하노니 하나님의 영으로 말하는 자는 누구든지 예수를 저주할 자라 하지 않고 또 성령으로 아니하고는 누구든지 예수를 주시라 할 수 없느니라.고전12:3

예수를 주님이라고 고백하고 그분을 삶의 주인으로 영접하는 사람이 있다면, 그건 그 사람의 뜻이나 의지가 아니라는 말씀입니다. 이는 오직 하나님의 뜻에 따라 하나님으로부터 발생한 자이기에 가능하기 때문입니다. 결국 신앙의 주체가 사람이 아니고, 예수 신앙은 깨닫게 하시고 믿어지게 하시는 분으로 말미암아 고백되고 형성된다는 말입니다. 사람의 이성적 판단이나 의지적 결단 혹은 조상 대대로 믿어왔기 때문에 예수를 믿는다고 하는 것은 오히려 성경이 말하는 예수 신앙이 아니라는 말이기도 합니다.

예수 그리스도를 상징하는 지혜자의 이야기를 통해, 전도자는 힘을 원하고 힘 있는 자를 따르고자 하는 인간의 근성을 꾸짖는 것이 아닙니다. 힘이 있다가도 없어지면 밀려나는 냉혹한 세상에서 함부로 힘을 속되다고 판단할 수는 없는 일입니다. 전도자 솔로몬 왕이야말로 세상 누구보다 힘의 가치와 의미를 잘 알았겠지요.

그렇기에 전도자는 힘을 중심으로 돌아가는 세상 속에서 예수를 바라보는 이들에게 위로를 전합니다. 지혜라고는 하지만 나약하고 별 볼 일 없는 그분이 예고 없이 찾아오시는 바람에 원치 않게 인생의 힘이 빠지고 무장이 해제되어 힘을 추앙하는 사람들로부터 싫어 버린 바 된 신세라면, 그래서 오직 십자가의 그 피를 의지하는 인생으로 이끌림을 받는다면, 그 사람은 하나님에게서 난 자요, 예수를 그리스도로 영접하고 믿는 하늘 백성입니다.

전도서 10장

똥파리 경계 경보

죽은 파리가 향기름으로 악취가 나게 하는 것 같이 적은 우매가 지
혜와 존귀로 패하게 한다.10:1

전도자의 말씀을 보니 낯뜨거운 경험 하나가 떠오릅니다. 한 목사님으로부터 원어 성경 공부 모임에 초대를 받았던 날이었는데요, 마침 아내가 집에서 김장을 하길래 시간 가는 줄도 모르고 옆에서 돕다가 제대로 씻지도 못하고 부랴부랴 모임 장소로 향했습니다. 이미 모임이 시작된 터라 방해가 되지 않으려고 출입문을 열고 작은 방에 들어가 빈 자리에 앉았는데, 문제는 그때부터였습니다.

참석자들 가운데 몇 사람이 어디선가 비릿한 냄새가 난다고 하더니 나중에는 거의 모든 사람들이 불편한 표정을 지었습니다. 다들 깨끗한 차림으로 정갈하게 모였는데 저 혼자서 비릿한 젓갈 냄새를 풍기고 있었던 거죠. 그만 쥐구멍에라도 들어가고 싶은 심정이었는데, 어느 정도 시간이 지나자 사람들의 불평이 잦아들더군요. 냄새에 적응한 건지 아예 후각이 무뎌진 건지, 언제 그랬냐는 듯이 다들 성경 공부에 집중하는 분위기가 되었습니다. 미안한 마음이 들기는 했지만 덕분에 저도 끝까지 시치미를 떼고 자리를 지킬 수 있었죠.

전도자는 죽은 파리가 향수도 악취가 나게 하듯이 작은 어리석음이 지혜

와 영예를 무색케 한다고 말합니다. 이질적인 요소가 들어오면 처음에는 고약한 악취를 풍기지만, 시간이 갈수록 후각이 적응하면서 결국은 그 악취에 무감각하게 된다는 말입니다. 비릿한 젓갈 냄새, 조직에서 물을 흐리는 행동, 아니면 사회에서 민폐를 끼치는 일 등등 여러 가지 이질적인 요소가 떠오릅니다만, 전도자는 이를 통해 어떤 영적 교훈을 전하고 싶은 걸까요?

복음의 관점에서도 죽은 파리와 같은 이질적인 요소가 존재함을 먼저 알아야 합니다. 예수 그리스도의 십자가의 진리, 그 순수한 복음에 죽은 파리가 하나 유입될 경우 당연히 처음에는 다들 민감하게 반응하면서 악취라고 거부할 겁니다. 하지만 시간이 지날수록 후각처럼 영적인 감각도 무뎌질 테고, 나중에는 순수한 말씀을 지키지 못하고 이질적인 다른 복음에 동화될 수 있겠지요. 여기서 순수한 복음을 흐리는 이질적인 요소는 예수 그리스도의 대속의 은혜 신앙이 아닌 사람의 행위를 강조하고 사람의 가치에 의미를 부여하는 율법 신앙의 가르침을 뜻합니다.

전도자의 시대에도 이와 같은 신앙의 위기, 퇴조가 존재했던 것 같습니다. 하나님의 말씀을 문자 그대로 지켜 행하는 자가 하나님이 기뻐하시는 살아있는 신앙인이라고 가르치고 전하는 똥파리 같은 자들이 율법의 정신과 율법의 의미를 믿고 따르는 자들 가운데 들어왔던 것이죠. 처음에는 악취를 맡듯이 거부 반응을 보였던 사람들도, 후각 기능이 마비되는 것처럼 영적인 분별력을 잃어 그들의 가르침대로 끌려갔던 겁니다.

전도자의 진술은 똥파리를 원망하고 질책하기보다 변질되는 향기의 어리석음에 대한 개탄과 경계의 말씀이라 할 수 있습니다. 똥파리 같은 종교는 사실 어느 시대에나 있었기 때문에 그 존재를 뿌리째 뽑아 버린다고 하는 것은 사람으로서는 불가능한 일입니다. 그러니 똥파리를 잡겠다고 파리채를 들고 설치기보다, 자신이 어디에 소속된 자인지 정체성을 점검하고 확인함으로써 복음이라는 은혜의 자리에 견고히 서 있는 것이 훨씬 더 중요합니다.

신약 시대에도 비슷한 일이 있었습니다. 똥파리 같은 이질적인 가르침과 사상이 교회에 침투하여 교회를 어지럽히고 주 예수의 은혜로 구원 받는 줄 믿고 고백하는 교인들의 신앙을 흔들어 놓았죠. 사도들이 목숨을 걸고 은혜의 복음을 설교하고 전파했지만 시간이 지나면서 은혜의 복음이 무색하리만치 신앙의 경계는 모호해졌고, 그리스도인들 가운데 똥파리를 따라 율법의 종교로 돌아가는 자들까지 생겨났습니다.

> 내가 떠난 후에 흉악한 이리가 너희에게 들어와서 그 양떼를 아끼지 아니하며 또한 너희 중에서도 제자들을 끌어 자기를 좇게 하려고 어그러진 말을 하는 사람들이 일어날 줄을 내가 아노니.행20:29-30

에베소 교회에서 약 3년에 걸쳐 복음을 전한 사도 바울이 고별 설교 중에 교회에서 일어날 일을 예견하면서 흉악한 이리에 대해 경계할 것을 언급한 말씀입니다. 여기서 '흉악한 이리'란 단순한 짐승이 아니라 행위 중심의 거짓된 가르침을 복음으로 포장하여 교회에 들어와 은혜의 복음 안에 있는 자들을 넘어뜨리는 거짓 교사들을 지칭한 표현입니다. 양의 탈을 쓰고 광명한 천사처럼 침투하는 이리 같은 자들이 교회 안에 자칭 목사 또는 성경 교사라는 이름으로 들어와 배교와 타락을 가져오리라는 의미입니다.

어리석도다 갈라디아 사람들아 예수 그리스도께서 십자가에 못 박히신 것이 너희 눈앞에 밝히 보이거늘 누가 너희를 꾀더냐 내가 너희에게 다만 이것을 알려 하노니 너희가 성령을 받은 것은 율법의 행위로냐 듣고 믿음으로냐 너희가 이같이 어리석으냐 성령으로 시작하였다가 이제는 육체로 마치겠느냐 갈3:1-3

사도 바울은 갈라디아 교인들을 향해서도 통렬한 어투로 진술했습니다. 처음에는 바울 목사님의 가르침과 다르다고 분별하고 경계하겠지만, 가랑비에 옷 젖듯이 흉악한 이리 같은 자의 말을 계속해서 듣다 보면 '아멘'하며 따르게 될 것을 바울은 미리 내다보았던 겁니다.

오늘날의 교회라고 다르겠습니까. 에베소 교회, 갈라디아 교회와 마찬가지로 사도 바울이 말한 흉악한 이리 같은 자들이 들어와서 활동하고 있습니다. 전도자의 표현을 빌리자면 죽은 파리 같은 자들, 예수님의 말씀대로 하자면 양의 옷을 입고 나아오나 속에는 노략질하는 이리마 7:15 같은 자들입니다. 이들은 십자가 대속의 은혜를 전하는 복음 전도인인 것처럼 양의 옷을 입고 접근해서 아주 세련되고 교묘한 방법으로 사람의 감성을 자극하고 행위와 열심을 강조합니다. 실상은 노략질하는 이리인데 겉으로 양의 옷을 입고 있기 때문에 감쪽같이 속는 것이죠.

똥파리, 흉악한 이리, 그리고 양의 옷을 입고 노략질하는 이리가 어떤 이들인지 분별하고 그들의 가르침에 동화되지 않는다면 그 사람은 정결한 향기름을 유지하는 복된 사람일 겁니다.

오른편과 왼편

지혜자의 마음은 오른편에 있고 우매자의 마음은 왼편에 있느니라
우매자는 길에 행할 때에도 지혜가 결핍하여 각 사람에게 자기의 우
매한 것을 말하느니라.10:2-3

전도자는 사람을 지혜자와 우매자로, 그리고 그들을 오른편과 왼편으
로 나눕니다. 오른손잡이, 왼손잡이에 대한 차별이 없는 세상에 사는 우
리는 단번에 이해하기 힘들지만, 오른편과 왼편이라는 단어는 당대 사회
에서 특별한 의미를 상징합니다. 유대인들은 오른편을 축복, 장자, 상속
권, 권세, 하나님의 편, 남쪽으로 여겼고, 반면 왼편은 멸망, 파괴, 북쪽으
로 이해했다고 하죠.

성경에서도 오른편과 왼편, 오른손과 왼손이라는 단어가 여러 번 나옵
니다. 병든 아버지 야곱이 손주들을 축복하려 하자, 요셉은 유대 풍습에
따라 큰아들 므낫세를 야곱의 오른편에 둘째 아들 에브라임을 왼편에 앉
혔습니다. 그런데 어찌된 영문인지 야곱은 팔을 한번 꼬아서 펴는 오른
손을 에브라임의 머리 위에, 왼손을 므낫세의 머리 위에 얹었습니다. 이상
하게 여긴 요셉이 오른손을 장남인 므낫세에게 얹으시라 말했지만 야곱
은 그저 알고 있다면서 끝내 거절했지요.창 48장
시편에도 오른편 곧 우편을 언급한 다윗의 노래가 있습니다.

주께서 생명의 길로 내게 보이시리니 주의 앞에는 기쁨이 충만하고
주의 우편에는 영원한 즐거움이 있나이다.시16:11

신약에서도 오른편, 왼편의 구분을 발견할 수 있는데, 예수님이 오른편
과 왼편으로 천국 백성과 지옥으로 갈 자를 구분하신다고 말합니다.

인자가 자기 영광으로 모든 천사와 함께 올때에 자기 영광의 보좌에
앉으리니 모든 민족을 그 앞에 모으고 각각 분별하기를 목자가 양과
염소를 분별하는것 같이 하여 양은 그 오른편에, 염소는 왼편에 두
리라. 그 때에 임금이 그 오른편에 있는 자들에게 이르시되 내 아버
지께 복 받을 자들이여 나아와 창세로부터 너희를 위하여 예비된 나
라를 상속하라. 왼편에 있는 자들에게 이르시되 저주를 받은 자들아
나를 떠나 마귀와 그 사자들을 위하여 예비된 영영한 불에 들어가
라.마25:31-34,41

이처럼 성경에서 오른편과 왼편을 구분하는 것은 단순히 방향이나 위
치도, 어느 한 쪽의 열등함을 이야기하는 것도 아닙니다. '오른편, 오른손'
은 '옳은, 바른, 마땅한'의 의미로 하나님의 보호와 능력을 암시하며, '왼편'
은 불의, 연약함 등을 암시하는데요. 이 대조를 통해 오른편은 하나님의
편 즉 은혜의 말씀, 생명의 길, 영생을, 왼편은 은혜와 병행하거나 공존할
수 없는 사람의 행위에 따른 보상이나 결과 곧 영생과 대조를 이루는 영
벌을 상징한다고 할 수 있습니다.

오른편과 왼편에 대한 성경적 이해를 가지고 봐야 진짜 의미를 알게 되는 흥미로운 말씀이 하나 있습니다.

구제할 때에 오른손의 하는 것을 왼손이 모르게 하라.마6:3-4

예수님의 이 말씀을 두고 구제할 때 생색내지 말고, 소문내지 말고, 은밀히 하라는 교훈으로만 이해할 경우 진정한 의미를 놓치게 됩니다. 오른손이 하는 것을 어떻게 왼손이 모를 수가 있겠습니까? 오른손과 왼손을 통해, 예수 그리스도의 대속이라고 하는 은혜의 말씀 즉 '오른'을 전하고 베푸는 것이 사람을 돕고 살리는 진정한 구제라고 예수님은 말씀하고 계십니다. 사람들에게 율법적 실천을 통해 의로움을 증명해 보이라고 요구한다면 그것은 사람을 살리는 구제가 아니라 오히려 수고하고 무거운 짐을 지우는 것과 같으며, 사람의 목을 잡고 숨통을 조이는 일과 다르지 않다는 것이죠. 따라서 이 말씀은 오른손이 상징하는 하나님의 은혜와 왼손이 상징하는 사람의 행위가 물과 기름 같아서 서로 섞일 수 없고 병행할 수 없다는 취지의 말씀입니다.

오른편과 왼편의 상징과 대조를 확실히 이해했다면, 전도자의 말씀으로 돌아가 보겠습니다.

지혜자의 마음은 오른 편에 있고 우매자의 마음은 왼편에 있다. 우매자는 길에 행할 때에도 지혜가 결핍하여 각 사람에게 자기의 우매한 것을 말한다.10:2-3

전도자는 그리스도의 대속의 은혜가 옳고, 바르고, 맞다고 말하는 사람은 오른편에 속한 지혜자요, 사람의 행위를 통해 자신의 의로움과 깨끗함과 믿음을 증명하는 것이 맞다, 옳다, 정통이라고 말하는 사람은 왼편에 속한 자 어리석은 자라고 말합니다. 예수님의 표현대로 하자면 오른편에 속한 지혜자는 예비된 나라를 상속받게 되고 왼편에 속한 우매자는 예비된 영영한 불에 들어가게 된다는 말씀입니다.

말은 사람의 생각에서 비롯되고, 생각은 마음에서 나오죠. 그래서 말은 곧 그 사람이라 할 수 있습니다. 내 입에서 무슨 말이 나오는지, 오른편에 속한 지혜자의 말인지 아니면 왼편에 속한 우매자의 말인지 잘 살펴보아야 합니다. 성경을 가르치고 설교를 하는 사람의 입에서 나오는 말도 잘 들어 보아야 합니다. 오른편에 속한 은혜의 말씀을 전하는지 아니면 왼편에 속한 사람의 말을 가르치는지 귀담아듣고 분별해야 합니다. 왼편에 속한 자의 말을 계속 듣다 보면, 듣는 사람의 입에서도 우매자의 소리가 나올 수 있기 때문입니다.

내 나라는 여기에 속한 것이 아니니

주권자가 네게 분을 일으키거든 너는 네 자리를 떠나지 말라 공순이
큰 허물을 경하게 하느니라 내가 해 아래서 한가지 폐단 곧 주권자
에게서 나는 허물인 듯한 것을 보았노니 우매자가 크게 높은 지위를
얻고 부자가 낮은 지위에 앉는도다 또 보았노니 종들은 말을 타고
방백들은 종처럼 땅에 걸어 다니는도다.10:4-7

'주권자'라는 표현이 등장합니다. 지금까지의 맥락으로 보아 이는 하
늘 나라의 통치자, 왕으로서 심판의 권세를 가지고 있는 그리스도로 보는
것이 무난할 것입니다. 다시 말해 전도자는 구원자이자 심판주인 그리스
도를 주권자라고 표현하고 있습니다.

그분 앞에서 사람은 어떤 태도를 취해야 할까요? 해 아래 거하는 자기
주제를 파악하고 겸손히 은혜를 구하는 것이 살 길이겠지요. 왕 앞에서
자기 의로움을 내세우고 우쭐거린다면 그야말로 무례한 꼴불견 아니겠
습니까.

이렇게 주제 파악을 못하고 스스로 선 줄로 생각하는 자들이 성경에도
나옵니다. 바리새인, 서기관 등 유대의 종교 지도자들 입니다. 그들은 율
법을 철저히 지키고 율법에 따라 생활했던 사람들인데요. 그래서 누구보
다 하나님을 잘 믿고 섬긴다는 신앙적 자부심으로 충만했습니다. 이처럼

스스로 의롭다고 여기는 바리새인들은 신약 시대에서도 사람들의 칭찬과 인정을 받으며 사회의 주도층이 되었고, 종교적 부자로서 권세를 행사했습니다. 이들은 자신들처럼 의롭지 않은, 세리와 창기들을 죄인으로 판단하여 멸시하고 마치 지옥의 땔감처럼 취급했지요.

그런데 성경은 이와 정반대의 판단 기준을 제시합니다. 해 아래는 새 것이 없다1:9는 전도자의 말씀은 바리새인이든 창기든 사람은 일괄적으로 죄인이라고 선언한 것이고, 의인은 없나니 하나도 없으며 선을 행하는 자는 없나니 하나도 없다롬3:10,12는 사도 바울의 진술 역시 아담의 범죄 이후 사람은 예외 없이 죄인이라는 사실을 확증하고 있습니다. 뿐만 아니라 예수님도 바리새인들의 착각을 강하게 질타하시며, 바리새인은 낮아질 것이고 자기를 죄인이라 하며 낮추는 세리는 높아질 것이라 말씀하셨습니다.

> 바리새인은 서서 따로 기도하여 가로되 하나님이여 나는 다른 사람들 곧 토색, 불의, 간음을 하는 자들과 같지 아니하고 이 세리와도 같지 아니함을 감사하나이다 나는 이레에 두번씩 금식하고 또 소득의 십일조를 드리나이다 하고 세리는 멀리 서서 감히 눈을 들어 하늘을 우러러 보지도 못하고 다만 가슴을 치며 가로되 하나님이여 불쌍히 여기옵소서 나는 죄인이로소이다 하였느니라 내가 너희에게 이르노니 이 사람이 저보다 의롭다 하심을 받고 집에 내려 갔느니라 무릇 자기를 높이는 자는 낮아지고 자기를 낮추는 자는 높아지리라 하시니라.눅18:11-14

예루살렘 교회의 담임 목사라 할 수 있는 야고보도 예수님과 동일한 맥락에서 진술합니다.

> 낮은 형제는 자기의 높음을 자랑하고 부한 형제는 자기의 낮아짐을
> 자랑할찌니 이는 풀의 꽃과 같이 지나감이라.약1:9-10

여기서 낮은 형제란 자기로부터 내세울 의가 없음으로 오직 주님의 은혜와 긍휼을 바라는 자를 말하고, 부한 형제는 사람들로부터 의롭다 칭찬받는 자들을 일컫는 표현입니다. 낮아진다고 하는 표현도 사회적인 신분이 아니라 하늘나라의 풍토에 적합하지 않다는 은유적 표현이겠지요.

신약의 조명 아래 비추어 보니, 조금은 난해하게 느껴졌던 본문 말씀의 의미가 드러납니다. 전도자 솔로몬 왕은 하늘나라의 기준을 제시하고 있습니다. 윤리적으로나 종교적으로 흠 잡을 데 없는 의로운 사람처럼 보이는 종교적인 부자들 곧 종교 지도자를 부자, 방백이라고 표현한 것이죠. 전도자는 그들이 주변 사람들로부터 칭찬과 존경은 받을 것이지만 하늘의 기준에서 볼 때는 결코 합당치 않다고 합니다. 하늘나라는 사람의 행위에 따른 의로움이나 공로로 들어갈 수 있는 나라가 아니라, 오직 주권자이시며 심판주이신 예수 그리스도의 십자가 대속의 은혜로만 들어가는 나라이기 때문입니다.

세리나 창기 같은 죄인이 내세울 의가 어디 있겠습니까. 그러니 그들이 하늘나라에 들어간다면 전적으로 예수 그리스도의 의, 그분의 은혜만을 힘입은 것이겠지요. 그래서 예수님은 의롭다고 생각하는 바리새인과 서

기관 같은 종교 지도자들보다 세리나 창기 같은 죄인이 높아지리라고 말씀하셨던 것입니다.

이러한 판단 기준이 세상의 기준에서 옳게만 보이지는 않는 것도 사실입니다. 세상에서는 의인이 높은 자리를 차지하고 죄인은 설 자리조차 박탈하는 것이 이치이자 현실이기 때문입니다. 우매자가 높은 지위를 얻고 종이 말을 타고 다닌다면 정의가 서지 못한 사회적인 모순이자 하극상입니다. 주권자의 크나큰 폐단이요, 탄핵감이지요. 이렇게 생각해 보면 타고난 본성을 가지고 예수님의 말씀을 받아들이기가 얼마나 어려운지 새삼 실감하게 됩니다.

내일 일을 알 수 없는 인생 길에서 예수 그리스도의 은혜를 입어야 할 존재라는 사실에 눈뜨고 애통하는 심령으로 주권자의 긍휼과 자비를 구한다면, 하늘의 주권자로부터 칭찬과 명예를 얻고 영원한 생명을 선물로 받게 됩니다. 세상 나라의 왕이자 주권자인 솔로몬이 세상의 기준이 아닌 하늘나라의 판단 기준인 은혜의 복음을 증거한 까닭을 곰곰이 묵상해 보아야 하겠습니다.

자기 꾀에 빠진 인생

함정을 파는 자는 거기 빠질 것이요 담을 허는 자는 뱀에게 물리리
라 돌을 떠내는 자는 그로 인하여 상할 것이요 나무를 쪼개는 자는
그로 인하여 위험을 당하리라 무딘 철 연장 날을 갈지 아니하면 힘
이 더 드느니라 오직 지혜는 성공하기에 유익하니라 방술을 베풀기
전에 뱀에게 물렸으면 술객은 무용하니라. 10:8-11

다분히 상식적인 이야기나 격언처럼 들리는 말씀입니다. 그런데 열심
히 뭔가를 하고 있는 사람에게 누가 다가와서 이런 말을 한다면, '아니, 이
사람이 나를 뭘로 보고,' 하는 반응이 제일 먼저 나오지 않을까요? 곱씹어
볼수록 이유를 알 수 없는 말이라 의문이 생깁니다.

생각해 보세요. 함정을 파는 사람이 자기가 빠지려고 파겠습니까, 아니
면 뱀에 물릴 것을 알면서도 담을 허는 사람이 있을까요? 기둥 밑에 기초
로 받쳐 놓은 초석을 제거하면 건물이 무너진다는 사실을 뻔히 알면서도
주춧돌을 빼낼 사람은 없을 겁니다. 도끼를 가지고 나무 지팡이를 쪼개면
쓸모없게 된다는 걸 알면서 스스로 위험을 자초할 사람도 없겠지요. 결국
그 선택이나 결정 자체가 잘못되었다는 것을 지적하려는 게 아니라, 잘하
는 일이라고 믿고 성공을 기대하며 결정했는데 자기 꾀에 자기가 빠지는
경우가 있다는 이야기를 하고 있는 겁니다.

성경에도 자기 꾀에 빠진 사람의 이야기가 나옵니다. 에덴 동산에 몰래 들어온 뱀 곧 사탄이 선악을 알게 하는 나무의 실과를 먹으면 눈이 밝아져 하나님과 같이 될 거라고 거짓말로 유혹하자, 사람은 안 되는 줄 알면서도 선악과를 덥석 따 먹었습니다.창3:4-6 그래서 하나님과 관계가 단절되는 사망이 임했고, 에덴에서 쫓겨나 추방자 신세로 전락하고 말았죠. 그야말로 함정에 빠진다는 걸 알면서 함정을 판 꼴이고, 담을 허물면 뱀에 물린다는 걸 알면서도 담을 헐다가 뱀에게 물린 격이며, 도끼에 발등 찍힐 것을 모르는 바가 아닌데 나무를 쪼개다가 그만 도끼에 발등이 찍히고 만 꼴입니다.

흥미롭다고 해야 할까요? 뱀이라는 이름도 사실 아담이 지었습니다.

> 여호와 하나님이 흙으로 온갖 들짐승과 새를 만드시고, 아담이 어떻게 이름을 짓나 보시려고 그것들을 그에게 이끌고 가시니 아담이 각 생물들을 부르는 것이 바로 그 생물들의 이름이 되었다.창2:19,현대인의성경

이름을 지어준 뱀에게 인간이 당하고 말았네요. 전도자의 표현대로 하자면 '방술을 베풀기 전에 뱀에게 물렸으면 술객은 무용하니라'10:11에 걸맞는 상황입니다. 무용하다는 단어는 '없는, 존재하지 않는, 무無'의 뜻인데요, '헛되다,'1:2 '새것이 없다'1:9와도 일맥상통한다고 볼 수 있습니다.

덫에 빠진 아담, 뱀에 물린 아담, 믿는 도끼에 발등 찍힌 아담. 마치 덫 안에 있는 치즈를 먹으려고 하다가 그만 덫에 걸린 쥐와 같은 처지입니다. 쥐가 스스로 덫에서 빠져나올 수 있을까요? 힘을 써도, 빌어도, 울어

도, 악을 써도, 종교에 귀의하고, 열심히 금식한다고 해서 빠져나올 수 있는 것이 아닙니다. 작심하고 발버둥을 치면 칠수록 고통만 더할 겁니다. 쥐에게는 방법이 없습니다, 답이 없습니다. 폭망입니다.

> 울어도 못하네 눈물 많이 흘려도 겁을 없게 못하고
> 죄를 씻지 못하니 울어도 못하네.
> 힘 써도 못하네 말과 뜻과 행실이 깨끗하고 착해도
> 다시 나게 못하니 힘 써도 못하네
> 참아도 못하네 할 수 없는 죄인이 흉한 죄에 빠져서
> 어찌 아니 죽을까 참아도 못하네 새찬송가 544장

그런데 종교는 답이 있다고 말합니다. 실적을 쌓듯이 착한 일을 행하고 인격을 연마하며 덕을 베푸는 등 공덕이라는 마일리지를 쌓으면 좋은 결과를 얻게 된다고 가르칩니다. 또 순수한 마음으로 신의 가르침을 실천하게 되면 뜻을 이룰 수 있다고 말하기도 합니다. 물론, 윤리적이고 도덕적인 삶을 사는 것, 인격과 성품을 닦는 것, 덕을 베푸는 것, 다 좋은 가르침입니다. 할 수만 있다면 선하고 착한 일을 실천하며 살아야 하겠지요. 그러나 함정에 빠진 쥐가 스스로의 힘과 방법으로 덫에서 빠져나올 수 없듯이, 그러한 것으로는 구원을 얻을 수 없음을 알아야 합니다.

그렇다면 선악과를 따 먹고 이미 함정에 빠진 인생, 그대로 끝일까요? 성경은 폭망을 넘어 희망을 노래합니다. 하나님은 사람의 지혜로는 상상조차 할 수 없는 방법으로 일을 처리하시는데요, 그래서 하나님이 하시는

일을 비밀이라고 말하기도 합니다. 하나님은 인간을 함정에 빠지게 한 뱀에게 이렇게 말씀하셨습니다.

> 내가 너로 여자와 원수가 되게 하고 너의 후손도 여자의 후손과 원
> 수가 되게 하리니 여자의 후손은 네 머리를 상하게 할 것이요 너는
> 그의 발꿈치를 상하게 할 것이니라.창3:15

절망 중 희망 입니다. 여자의 후손이 뱀의 머리를 박살낼 거라고 말씀하시는데요, 이는 회복이 불가능한 치명상을 말합니다. 다시 말해 하나님은 여자의 후손을 통해 뱀의 정체를 드러내시고 뱀의 간사한 꾀를 멸하심으로 덫에 걸린 사람을 구출하시겠다는 구원 계획을 암시하셨던 겁니다. 그래서 본 구절을 가리켜 원시 복음Original Gospel이라 말하기도 합니다.

여기서 여자의 후손은 과연 누구를 지칭합니까? 구약 내내 베일에 가려져 그림자처럼 희미하던 여자의 후손의 실체는 신약에 와서야 밝혀집니다. 마태복음을 기록한 마태는 예수 그리스도의 계보를 기술하였는데, 아브라함으로부터 시작하여 족보를 적어 내려가다가 예수님의 출생을 다음과 같이 기록합니다.

> 야곱은 마리아의 남편 요셉을 낳았으니 마리아에게서 그리스도라
> 칭하는 예수가 나시니라.마1:16

> 예수 그리스도의 나심은 이러하니라 그 모친 마리아가 요셉과 정혼

하고 동거하기 전에 성령으로 잉태된 것이 나타났더니.마1:18

마태가 남자 즉 아담의 씨를 받지 않고 여자의 몸에서 출생한 자가 예수라는 사실을 말합니다. 예수가 창세기 3장 15절에서 약속하신 바로 그 여자의 후손이라는 점을, 족보를 통해 마태가 분명히 드러내고 있는 거죠. 누가복음도 이 사실을 뒷받침하고 있습니다. 마리아를 방문한 천사 가브리엘이 남자를 알지 못하던 마리아의 몸에서 아이가 태어날 것을 말씀하면서 그 이름을 예수라 하라눅1:31고 지시한 내용을 누가는 소상히 기록하고 있습니다.눅1:26-38

여자의 후손 예수가 십자가에서 희생하심으로, 그분의 핏값으로 인간의 죄가 완전히 청산되었습니다. 말씀하신 대로 뱀 곧 사탄의 머리를 박살내신 것입니다. 사도 바울도 사람의 힘과 방법으로 스스로 빠져나올 수 없는 죄의 덫에 빠진 인생의 구출, 그 구원의 희망인 예수 그리스도에 대해 진술한 바 있습니다.

죄의 대가는 죽음이지만 하나님께서 거저 주시는 선물은 우리 주 예수 그리스도 안에 있는 영원한 생명입니다.롬6:23.현대인의성경

자기 꾀에 빠진 폭삭 망한 인생에게 여자의 후손 예수 그리스도야말로 좋은 소식, 기쁜 소식, 곧 구원의 복음 아니겠습니까?

두 왕 이야기

왕은 어리고 대신들은 아침에 연락하는 이 나라여 화가 있도다 왕은
귀족의 아들이요 대신들은 취하려 함이 아니라 기력을 보하려고 마
땅한 때에 먹는 이 나라여 복이 있도다 게으른즉 석가래가 퇴락하
고 손이 풀어진즉 집이 새느니라 잔치는 희락을 위하여 베푸는 것이
요 포도주는 생명을 기쁘게 하는 것이나 돈은 범사에 응용되느니라
심중에라도 왕을 저주하지 말며 침방에서라도 부자를 저주하지 말
라 공중의 새가 그 소리를 전하고 날짐승이 그 일을 전파할 것임이
니라.10:16-20

서로 다른 두 왕이 등장합니다. 어린 왕과 귀족의 아들인데요, 성경 원
래의 뜻을 충분히 드러내지 못한 번역이라 아쉬움이 남습니다.

여기서 '어리다'는 나이가 적다는 말이 아니라 왕으로서 줏대가 없다는
뜻입니다. 귀가 얇고 우유부단하여, 야고보의 표현을 빌리자면, 언제나
자기가 하는 일에 갈피를 못 잡고 흔들리는 사람을 말합니다.약1:8 속된 말
로 똥인지 된장인지 구분하지 못하고 남의 말에 따라 이리저리 휘둘리는
사람이 왕이랍시고 나라를 다스리게 되면, 맡은 일에 충성해야 할 대신들
도 귀 얇은 왕을 속이면서 세상에 취해 자기 배를 채우는 일에만 분주하
게 된다는 것입니다. 그런 나라는 망조가 든 것이고 백성들은 불쌍하다는

말이지요.

반면 귀족의 아들은 마음의 심지가 굳은 사람을 일컫는 표현입니다. 참과 거짓을 분별하여 진리에 거하는 사람입니다. 그래서 동역하는 대신들 역시 왕과 같은 분별의 지혜를 사모하며 나라의 정세나 형편을 살피기 때문에 본분에 충실히 임한다는 겁니다. 그 땅에 거하는 백성은 복이 있지요.

전도자는 왕의 중요성을 언급함으로써 나라뿐 아니라 직장, 교회, 가정을 대표하는 자의 임무가 막중하다는 점을 상기시키고 있습니다. 그리고 이어서 잔치, 포도주, 돈을 언급하는데요, 갑자기 주제가 바뀐 것이 아니라 용도에 맞게 사용하는 자와 그렇지 못한 자를 비교하면서 두 왕에 대한 이야기를 반복하고 있는 겁니다. 일부러 중요한 이야기를 강조하고 있다고 볼 수 있습니다.

사람들의 즐거움을 위해 잔치를 베푸는 왕과 자기 과시와 자기 만족을 위해 잔치를 베푸는 왕. 사람의 심령과 생명을 쾌활하게 하는 데 포도주를 사용하는 왕과 분별력이 마비될 정도로 술을 권하는 왕. 돈으로도 해결할 수 없는 문제가 있다는 것을 인정하는 왕과 모든 문제를 해결하는 만능 열쇠로 여겨 돈을 탐욕의 수단으로 이용하는 왕.

전도자는 어떤 말씀을 전하려고 두 왕을 계속해서 비교하고 있는 걸까요? 전도자가 말하고 있는 '왕'이 정확히 어떤 의미인지 먼저 알아보겠습니다.

이스라엘은 신정 국가입니다. 하나님이 세우신 왕이 하나님의 말씀과 뜻을 받들어 나라와 민족을 다스리는 대리자의 역할을 한다고 했지요? 전도자가 말하는 왕이 바로 이 뜻입니다. 맡긴 자로부터 임무와 지위를 부여받아 일을 대행하는 사람으로서 왕, 맡긴 자의 뜻과 의도를 분명히 이해하고 파악해야 하는 왕 말입니다.

하나님을 대신하여 임무를 수행하는 왕은 하나님의 뜻과 계획이 무엇인지 분명히 이해해야 하고 확고한 믿음을 가지고 있어야 합니다. 하나님의 은혜를 가르치는지 사람의 행위를 요구하는지 분별하지 못할 경우, 백성들을 잘못 가르치고 엉뚱한 곳으로 인도하게 되겠지요. 마치 소경이 소경을 인도하는 것처럼 전부 구덩이에 빠지게 될 겁니다.마15:14 어린 왕을 믿고 따라갔는데 결국 구덩이에 빠진다면 얼마나 불행한 일입니까.

어린 왕과 달리 하나님의 말씀을 은혜의 복음으로 깨달은 하나님의 귀한 자녀와 같은 왕은 말씀을 자기 도취용으로 일삼지 않습니다. 성경 말씀을 실천하는 만족감, 떳떳함에 스스로 빠지지 않는다는 말입니다. '귀족의 아들'은 하나님의 말씀을 영의 양식으로 삼아 말씀의 내용으로 채워가는 신앙의 심지가 견고한 자로서, 오직 은혜의 복음을 사람들에게 베푸는 일에 충실한 자를 의미하죠. 그 나라, 그 백성, 그 가정, 그 교회는 복되다는 말입니다.

전도자가 말하는 왕은 목사나 장로 또는 말씀을 가르치는 일을 맡은 자라고 해도 크게 틀린 말이 아닐 것입니다. 이런 의미에서 볼 때, 어린 왕에 빗대어 거짓 목사, 거짓 교사에 대한 날카로운 지적을 하고 있는 셈입니다.

한편, 전도자는 왕에 대한 이야기를 이어갑니다.

심중에라도 왕을 저주하지 말며 침방에서라도 부자를 저주하지 말
라 공중의 새가 그 소리를 전하고 날짐승이 그 일을 전파할 것임이
니라.10:20

낮말은 새가 듣고 밤말은 쥐가 듣는다, 벽에도 귀가 있다, 단순히 도청
이나 사찰伺察을 경계하라는 뜻일까요? 여기서도 왕을 하나님의 속성인
은혜를 받아 그 은혜의 복음을 가르치고 전하는 하나님의 대리인으로 볼
수 있기 때문에, 무엇보다 왕을 저주한다는 의미를 제대로 파악해야 할
것 같습니다.

하나님을 대신하여 일하는 자, 즉 하나님의 일을 수행하는 자를 비웃고
조롱하면 어떻게 될까요? 시련과 핍박에도 동요하지 않고 꿋꿋하게 십자
가의 진리, 그 은혜의 복음을 전하는 자를 고작 마음으로 저주하더라도
또 침실에서 이불을 뒤집어 쓰고 남몰래 경멸하고 손가락질하더라도 공
중의 새와 날짐승이 그 소리를 듣고 하나님에게 보고한답니다. 등골이 오
싹하죠.

수많은 사람들이 하나님이 임무를 맡겨 대리자로 일하게 하신 선지자
들을 핍박했습니다. 하나님은 중단하지 않으시고 또 보내시고 다시 보내
셨습니다만, 그들은 번번이 조롱당하고 심한 박해를 받았지요. 마침내 하
나님은 하늘의 뜻이 이 땅에서도 이루어지도록 아들을 보내셨습니다. 죄
인들은 죄 없으신 분을 따돌리고 침 뱉고 때리고, 끝내 십자가에 못박아
죽였습니다.참고 마21:33-43

전도서 11장

네 식물을 물 위에 던지라?

> 너는 네 식물을 물 위에 던지라 여러 날 후에 도로 찾으리라 일곱에
> 게나 여덟에게 나눠줄찌어다 무슨 재앙이 땅에 임할는지 네가 알지
> 못함이니라.11:1-2

앞뒤 설명 없이 쏟아낸 말이라 전도자의 의중을 파악하는 것이 쉽지 않
습니다. 그런데 본 구절의 '식물'개역한글이란 번역이 전도자의 의도를 전달
하는 데 오히려 방해가 되고 있는 것 같기도 합니다. 개역개정에서는 떡으
로, 현대인의 성경은 물질로, 새번역과 공동번역은 돈으로 번역을 하기도
했는데요, 이 단어의 원어 뜻은 식량, 빵, 떡, 고기 등의 '먹을 양식'입니다.

구약의 선지자들과 신약의 사도들 모두 사람들이 익히 알고 있는 땅의
것, 눈에 보이는 소재를 가지고 하늘의 뜻을 전달했습니다. 사실 땅의 것
을 가지고 하늘의 것을 전달하는 데 가장 탁월했던 분은 바로 예수님이었
지요. 예수님은 땅에 거하는 병자들을 고치심으로 진짜 병들고 아픈 자들
이 누구인지 말씀하셨고, 육신의 허기진 배를 든든히 채우심으로 사람이
먹어야 할 참된 양식과 음료가 무엇인지 설명해 주셨습니다. 전도자 역시
누구나 알고 있는 '먹을 양식'이라는 땅의 것을 소재로 삼아 현상을 통해
발견한 본질, 곧 하늘의 것을 말하고 있음을 알 수 있습니다.

성경을 가까이 하는 성도라면 먹을 양식의 영적인 의미 정도는 이미

알고 있을 겁니다. 하나님의 말씀, 좀더 구체적으로 말하자면 율법과 대비되는 십자가의 진리 곧 은혜의 복음을 가리켜 사람이 먹어야 할 진정한 양식이라고 합니다. 말씀이 육신이 되어 이 세상에 나타나신 예수님은 자신이 참된 양식이요 참된 음료라고 말씀하셨고, 기도를 가르쳐 달라는 제자들의 요청에 '일용할 양식을 달라'고 청원할 것을 가르쳐 주셨습니다.

하나님의 말씀을 맡은 대리자인 전도자가 언급한 '먹을 양식' 역시 성경의 일관적인 흐름 속에서 이해할 수 있습니다. 은혜의 복음을 영의 일용할 양식으로 삼아 위로와 기쁨과 교훈을 얻는 자라면 농부가 밭에 씨를 뿌리듯이 전하고 가르치고 베풀어 주라는 뜻으로 하신 말씀입니다. 은혜의 말씀은 좋은 땅에 뿌려진 씨처럼 뿌리를 내려 혹 백배, 혹 육십배, 혹 삼십배의 열매를 맺는다는 거지요.마13:3-23

그리고 '일곱에게나 여덟'이란 표현도 단순히 숫자를 뜻하는 것이 아니라 많은 수를 가리키는 상징적이고 문학적인 묘사입니다. 먹을 양식인 은혜의 복음을 사람의 생각으로 제한하지 말고 널리 전파하라는 취지에서 '일곱에게나 여덟에게 나눠주라' 말씀한 것입니다.

다음 구절을 읽어 내려갈수록 전도자가 말하고자 하는 의미가 무엇인지 더욱 분명해집니다.

> 풍세를 살펴보는 자는 파종하지 아니할 것이요 구름을 바라보는 자는 거두지 아니하리라 바람의 길이 어떠함과 아이 밴 자의 태에서 뼈가 어떻게 자라는 것을 네가 알지 못함 같이 만사를 성취하시는

하나님의 일을 네가 알지 못하느니라. 너는 아침에 씨를 뿌리고 저
녁에도 손을 거두지 말라 이것이 잘 될는지, 저것이 잘 될는지, 혹 둘
이 다 잘 될는지 알지 못함이니라.11:4-6

   대리자는 맡긴 자가 아니라 맡은 자의 역할이라는 점을 잊지 말 것을
전하고 있습니다. 맡은 자는 맡겨진 일에 충성하면 될 뿐, 풍세나 구름 혹
은 바람의 길 등을 따져보고 말씀을 예측하거나 제한하는 것은 옳은 태
도가 아니라는 겁니다. 그렇다고 닥치는 대로 마구 전도하고 선교하라는
의미도 물론 아닙니다. 맡은 자로서 청지기의 역할은 복음의 씨를 뿌리고
물을 주는 자이며, 열매를 맺게 하시는 분은 하나님이시라는 데 초점이
있습니다. 사도 바울 역시 주인과 청지기라는 질서와 역할에 대해 분명하
게 증거했습니다.

     나는 심었고 아볼로는 물을 주었으되 오직 하나님은 자라나게 하셨
     나니 그런즉 심는 이나 물주는 이는 아무 것도 아니로되 오직 자라
     나게 하시는 하나님 뿐이니라.고전3:6-7

   이런 맥락에서 전도자의 설교는 선지자 이사야를 통해 하신 하나님의
말씀을 그대로 옮겨 놓은 듯합니다.

     하늘이 땅보다 높음 같이 내 길은 너희 길보다 높으며 내 생각은 너
     희 생각보다 높으니라 비와 눈이 하늘에서 내려서는 다시 그리로 가
     지 않고 토지를 적시어서 싹이 나게 하며 열매가 맺게 하여 파종하

는 자에게 종자를 주며 먹는 자에게 양식을 줌과 같이 내 입에서 나

가는 말도 헛되이 내게로 돌아오지 아니하고 나의 뜻을 이루며 나의

명하여 보낸 일에 형통하리라. 사55:9-11

아름다운 빛이여

빛은 실로 아름다운 것이라 눈으로 해를 보는 것이 즐거운 일이로
다.11:7

전도자가 보았을 법한 갈릴리 호수에 비친 빛의 아름다움을 상상할 수
있을 것 같습니다만, 성경을 문자로만 읽어서는 안 된다는 것 기억하시지
요? 상상은 확신으로, 확신은 믿음으로 자리잡기 십상입니다.

전도자는 빛과 해라는 단어를 어떤 의미에서 사용했을까요? 또한 전
도자의 이야기를 듣고 있던 청중들이 빛의 참뜻이 무엇인지 과연 깨달았
는지 의구심이 일기도 합니다. 전도자가 이 구절만 언급하고 창세기에 기
록된 천지 창조 기사를 구원의 역사라는 관점에서 풀어 설명하지 않았다
면, 듣는 사람들은 빛이 무엇을 말하는 것인지 그 의미를 이해하기 어려웠
을 겁니다.

하나님은 말씀으로 세상과 만물을 창조하셨습니다. 그런데 창세기의
창조 기사는 그 자체에 무게를 두고 기록한 내용은 아닙니다. 천지 창조
를 부정하는 게 아니라, 하나님의 구원 계획의 실행 곧 구속사적인 관점에
서 이해하고 풀이해야 성경 전체적인 틀에 정확히 맞게 됩니다. 문자적으
로 해석하여 과학적으로 접근하고 증명하려고 시도한다면 오히려 모순
에 직면하기 때문입니다.

예를 들어, 첫째 날에 빛이 등장하고 넷째 날에 태양, 달, 별 등이 창조됩니다. 그렇다면 첫째 날의 빛과 구별되는 태양, 별 등 발광체는 무엇일까요? 또 식물이 서식하기 위해서는 태양이 필수인데 식물은 셋째 날에 그리고 태양은 넷째 날에 창조되었습니다. 순서가 바뀐 것 같죠. 입증 가능한 과학적인 설명을 하려 들수록 궁색할 수밖에 없습니다.

어떤 관점에서 성경을 읽고 이해해야 하는지 예수님의 말씀 속에서 해답을 얻을 수 있습니다.

> 너희가 성경에서 영생을 얻는줄 생각하고 성경을 상고하거니와
> 이 성경이 곧 내게 대하여 증거하는 것이로다.요5:39

모든 성경은 예수가 그리스도이심을 증거하고 있습니다. 고로 구약은 물론 신약을 읽을 때도 말씀 속에서 그리스도를 발견해야 성경을 올바르게 제대로 읽고 이해했다 할 수 있습니다. 창세기의 천지 창조 역시 예외일 수 없습니다.

그렇다면 성경에서 말하는 빛은 무엇일까요? 빛은 누구를 지칭하는 은유적 표현일까요? 결론부터 말하자면 예수 그리스도입니다. 예수가 천지 창조 첫째 날 하나님에 의해 창조된 피조물이냐 할 수 있겠지만, 그리스도는 피조물이 아닙니다. 말씀하신 대로 이루어지게 하시는 하나님으로 말미암아 현상계 가운데 빛이 드러나게 하셨다는 해석을 따라야 하겠지요. 그리스도는 태초부터 계신 분으로 창조 작업에 개입하신 하나님이

시기 때문입니다.

빛의 정체에 대해, 예수님도 자신이 빛이라고 밝히셨고 성경의 기자들
도 증거하였습니다.

> 우리는 낮 동안에 나를 보내신 분의 일을 해야 한다. 밤이 오면 그 때
> 는 아무도 일할 수 없다. 내가 세상에 있는 동안 나는 세상의 빛이
> 다._요9:4-5,현대인의성경

사도 요한 역시 예수님을 소개하면서 다음과 같이 진술했습니다.

> 태초에 말씀이 계시니라 이 말씀이 하나님과 함께 계셨으니 이 말씀
> 은 곧 하나님이시니라 그가 태초에 하나님과 함께 계셨고 만물이 그
> 로 말미암아 지은바 되었으니 지은 것이 하나도 그가 없이는 된 것
> 이 없느니라 그 안에 생명이 있었으니 이 생명은 사람들의 빛이라._요
> 1:1-4

전도자도 이와 동일한 관점에서 빛을 언급한 것이라고 봅니다. 생명의
빛이신 그리스도, 캄캄한 어두움과 같은 세상에 생명의 빛을 주기 위해
나타나셨던 예수 그리스도. 하지만 어두움에 속한 사람들은 그 빛을 알아
보지 못했고 십자가에 못박아 죽였습니다. 빛 가운데 어두움이 드러날까
두려워하여 빛을 몰아내고 가려 버렸습니다. 그렇게 유대의 종교 지도자
들과 로마의 권력이 손에 손 잡고 빛을 제거했다고 확신했지만, 꺼진 줄
알았던 빛이 부활의 생명으로 다시 나타나셨습니다. 하나님이 허락하신

계시 속에서 이 같은 진리를 영의 눈으로 본 전도자는 청중들에게 선포했습니다.

"빛은 실로 아름다운 것이라 눈으로 해를 보는 것이 즐거운 일이로다."

빛에 드러난 헛됨

사람이 여러 해를 살면 항상 즐거워할지로다 그러나 캄캄한 날이 많으리니 그 날을 생각할지로다 장래 일은 다 헛되도다.11:8

전도자는 앞서 빛을 언급했습니다. 그리고 대조적으로 어두움을 말하고 있습니다. 어두움은 곧 흑암을 말하는 것으로 파멸이나 죽음을 상징합니다. 폭력, 살인, 강도, 약탈, 성적인 문란 등 범죄 행위나 윤리, 도덕적인 타락은 세상이 불이 꺼진 어두움이라는 걸 보여 주는 단면에 불과합니다. 전도자의 말대로라면 세상은 어느 일부만 캄캄한 것이 아니라 온통 어두움으로 덮여 있습니다. 칠흑같이 어두운 밤과 같습니다.

한밤중에 어두운 방에 들어가면 아무것도 보이지 않습니다. 방 안에 있는 물건들의 형체와 상태 그리고 배치된 구조를 파악하기가 쉽지 않죠. 그런데 방에 불을 켜면 어두움은 사라지고 방 안에 있는 물건들의 모습이 고스란히 드러나게 됩니다. 이처럼 어두움 가운데 빛이신 분이 등장하면 그 안에 거하던 물체의 실상이 드러나게 되는데요, 감출 수도 숨길 수도 없습니다. 깨진 컵, 찌그러진 병뚜껑, 파손된 의자, 곰팡이가 핀 빵, 온전한 듯 보이지만 안감이 찢어진 옷, 진품처럼 보이는 짝퉁 가방과 신발 등등.

빛에 의해 실상이 드러났으면 빛 가운데로 나와야 할 것 같은데 오히려 오지 않습니다. "제가 깨진 그릇입니다, 찢어진 옷이고 곰팡이 핀 빵 맞습니다, 짝퉁이랍니다." 인정하고 실토하는 자가 없다는 거지요. 캄캄한 어두운 세상에 빛이신 분이 나타나셨을 때 사람들이 어떤 반응을 보였는지 사도 요한의 기록을 보면 아주 잘 알 수 있습니다.

> 하나님이 그 아들을 세상에 보내신 것은 세상을 심판하려 하심이 아니요 저로 말미암아 세상이 구원을 받게하려 하심이라 저를 믿는 자는 심판을 받지 아니하는 것이요 믿지 아니하는 자는 하나님의 독생자의 이름을 믿지 아니하므로 벌써 심판을 받은 것이니라 그 정죄는 이것이니 곧 빛이 세상에 왔으되 사람들이 자기 행위가 악하므로 빛보다 어두움을 더 사랑한 것이니라 악을 행하는 자마다 빛을 미워하여 빛으로 오지 아니하나니 이는 그 행위가 드러날까 함이요 요3:17-20

사람들의 관심은 오로지 이 땅에, 빛이 아닌 어두움에 있기에 그렇습니다. 세상에서 행복하게 사는 것이 인생의 목표이기에, 빛이신 예수, 구원, 용서, 천국 따위는 삶의 우선순위가 아닙니다. 그래서 누군가 이 세상을 캄캄한 어두움이라 규정하는 것조차 귀담아듣지 않습니다. 전도자의 시선이 하늘에 속했다면 사람들은 땅의 것만을 생각하고 있기에 정면으로 충돌하는 겁니다. 어두움인 자신의 실상을 인정하고 빛으로 나온다면 구원의 여지가 있을 텐데, 사람들은 애초에 빛이니 어둠이니 하는 것에는 관심도 없고 아예 상관없는 소리라고 거절해 버립니다.

내가 의인을 부르러 온 것이 아니요 죄인을 불러 회개시키러 왔노

라.눅5:32

인자가 온 것은 섬김을 받으려 함이 아니라 도리어 섬기려 하고 자기
목숨을 많은 사람의 대속물로 주려 함이니라.마20:28

바리새인, 서기관, 제사장 등 유대 종교 지도자들도 그랬습니다. 이런
소리는 자기들과는 무관하고, 그저 세리와 창기 같은 죄인들에게 하는 소
리라고 일축했습니다. 그리고 다윗 왕처럼 통일 왕국을 이룰 영웅적인 메
시아를 손꼽아 기다렸던 유대인들은, 보잘 것 없는 이력에 집안도 별 볼
일 없고 외모까지 비호감인 예수에게 신성모독죄라는 죄명을 씌워 로마
법정에 판결을 의뢰했습니다. 로마 총독 빌라도는 예수가 무고한 줄 알면
서도 군중들의 함성에 못 이겨 그를 십자가에 넘겨 주었지요. 예수가 무
죄로 풀려나 성난 군중이 폭동을 일으킬 경우 빌라도 자신의 정치 이력에
흠집이 날 수 있다는 계산이 앞섰기 때문입니다.

전도자가 빛과 어두움의 대비를 통해 말하려고 하는 것은 무엇일까
요? 주인이 잃은 양을 찾는 것처럼 빛이신 분이 어두움을 찾아가시고, 어
두움을 발견하시고, 그래서 빛으로 그 어두움을 삼키시겠다는 겁니다. 빛
에 의해 어두움이 어두움으로 드러났다면 어두움이 헛됨일까요? 말을 바
꿔 보겠습니다. 사망이 생명에 삼킨 바 되었다면 진정 사망이 여전히 헛됨
이겠습니까?

전도서 12장

청년의 때에 기억할 것

너는 청년의 때 곧 곤고한 날이 이르기 전, 나는 아무 낙이 없다고 할
해가 가깝기 전에 너의 창조자를 기억하라.12:1

청년이라 하면 보통 신체적, 정신적으로 한창 성장하거나 무르익은 시기에 있는 젊은이를 말합니다. 한국의 '청년기본법'은 19세 이상 34세 이하의 사람을 청년으로 정하고 있지요. 그런데 청년에 대한 전도자의 생각은 세상의 기준과는 다릅니다. '곤고한 날이 이르기 전, 아무 낙이 없다고 할 시기가 이르기 전'을 청년의 때라고 언급합니다.

곤고하다는 단어는 '나쁜, 악한, 무거운, 고통' 등 다양한 뜻을 담고 있습니다. 어디서 많이 들어본 이야기 아닌가요? 성경이 말하는, 얼굴에 땀이 흐르도록 수고해야 먹고 살 수 있는 품팔이 삶의 방식이 곤고함 그 자체 같습니다. 이 세상살이가 고통스럽고 무거운 짐을 진 것과 같은 상태이기 때문입니다.

이 곤고한 삶은 사람이 선악과를 따 먹고 범죄함으로 에덴 동산에서 추방된 이후에 구축된 방식인데요, 하나님이 원래 의도하신 삶의 방식과는 빗나간 방식입니다. 하나님이 본래 계획하신 것은 하나님이 손수 마련하시고 제공하시는 것을 사람이 값없이 받아 누리는 은혜의 방식이었거든요. 물론 사람더러 에덴 동산에서 베짱이처럼 놀고 먹게 하신 것은 아닙니

다. 하나님이 말씀하신 대로 동산을 관리해야 했지요. 하지만 땀 흘리고 수고해야 그에 따른 삯을 받아 생계를 유지하고 살아가는 종의 신분이 아니라, 하나님의 것을 맡아 관리하는 청지기의 역할이었습니다.

하나님이 청지기에게 최대의 생산량을 요구하셨나요? 일의 결과를 두고 노력을 평가하셨나요? 청지기는 밭에 씨를 뿌리고 물을 주는 일을 했을 뿐, 자라나게 하고 열매를 맺게 하시는 이는 하나님이셨습니다. 하나님은 사람에게 이 사실을 확인시키려고 청지기 역할을 맡기셨던 겁니다.

하지만 범죄 이후 은혜의 동산 에덴에서 추방되면서 청지기의 신분은 종으로 전락했고, 사람은 열매까지 책임져야 하는 신세가 되었습니다. 수고한 만큼 품삯을 받아 살아가는 품팔이 인생. 청지기에서 종으로의 신분의 변화는 노동의 변질로 이어졌고 인생에 곤고한 날이 임하게 된 것은 자연스런 결과였습니다.

본문을 이어서 보면 '낙'이라 하는 표현이 나옵니다. 이는 '기쁨, 즐거움, 소원, 갈망'이라는 뜻의 단어인데요, 수고하고 애써서 이룬 자신의 결과물을 바라보면서 흐뭇해 하고 스스로 위로를 얻는 것을 전도자는 낙이라고 표현합니다.

그러니까 세상에서 밥벌이하느라 품팔이로 살면서도 '살맛난다, 개똥밭에 굴러도 이승이 좋다,' 한다면 육신의 나이와 상관없이 청년의 때인 것이죠. 아무리 나이가 어려도 인생의 무게가 버겁고 삶에 지쳐 이제 좀 쉬고 싶다는 말이 저절로 나온다면, 젊고 기운이 팔팔하더라도 세상에 대한 흥미를 잃고 자기가 세운 인생의 공든 탑을 바라보면서도 감흥이 없이 시큰둥하다면 청년의 때가 아니라는 것이 전도자의 시각입니다.

그리고 전도자는 곤고한 날이 이르기 전, 아무 낙이 없다고 할 시기가 이르기 전 그러니까 청년의 때에 창조자를 기억하라고 말합니다. 그런데 생각해 보세요. 대부분의 사람들이 자기 처지와 형편이 곤고하고 아무 낙이 없을 때 신을 찾습니까, 아니면 세상과 죽이 맞아 짝하며 출세와 성공의 길을 신나게 달릴 때 신을 찾습니까? 혈기 왕성한 청년의 때에 창조자를 기억하라고 하는 건 세상을 몰라도 너무 모르는 소리입니다. 목표를 향해 직진하느라, 취업하고 결혼하고 자녀 낳아 양육하고 작은 보금자리라도 하나 마련하느라 밤낮없이 뛰는 시기에 너무 무리한 요구처럼 들리니까요.

전도자 솔로몬조차 사실 이런 말을 할 자격이 없습니다. 인류 역사상 청년의 때를 솔로몬처럼 막 살았던 사람이 있었을까 싶거든요. 다이아몬드 수저를 물고 태어나서, 아버지가 이룬 통일 왕국을 거저 물려받고는, 고작 스물하나 나이에 왕위에 올랐습니다. 그리고 족히 40년을 누구의 눈치도 간섭도 없이 자기 뜻대로 권력을 휘두르며 살았지요. 즐기고 맛보고 누리고 쟁취하고… 창조자 하나님의 경고마저 무시한 채 자유로운 영혼으로 살았던 그가 늘그막에 꼰대가 다 된 걸까요 아니면 바보처럼 산 자기 인생을 한탄하는 걸까요.

전도자가 '모든 것이 헛되다'고 반복했던 걸 기억하실 겁니다. 기억을 되살리는 차원에서 예를 들어 보겠습니다.

어린아이들이 놀이터에서 땀범벅이 되도록 뛰어다니고 경쟁하듯이 땅따먹기를 하며 놉니다. 놀이터가 자기 집인 양, 차지한 땅이 자기 소유인 것처럼 생각하죠, 조금도 의심하는 구석이 없습니다. 그런데 어느덧 해가지고 어두움이 깔리면 멀리서 하나둘씩 어른들의 목소리가 들립니다. "이제 그만 놀고 들어와서 밥 먹어라!"

하루 종일 신나게 뛰어다니며 놀았던 놀이터는 집에 가지고 갈 수 없습니다. 서운함을 뒤로 한 채 돌아서야 합니다. 한 뼘이라도 더 차지하려고 아등바등 우겨가며 확보한 땅도 고스란히 놓아둔 채 손을 털어야 합니다. 얼굴에 땀이 흐르도록 수고해서 얻은 결과물인데 털끝만큼도 가져갈 수 없고 손톱만큼도 소유권을 주장할 수 없으니 얼마나 헛되고 무의미합니까. 전도자의 표현대로 곤고한 날이고 아무 낙이 없습니다.

그 와중에 운명이 갈립니다. 부모님이 있고 돌아갈 집이 있는 아이는 비로소 놀이터가 자기 집이 아니라는 사실에 눈을 뜨고 집으로 향합니다. 그 아이는 행복합니다. 저녁밥이 준비되어 있고 씻고 쉴 수 있으니까요. 하지만 부모님도 돌아갈 집도 없는 아이는 어두움이 내리면 갈 곳이 없습니다.

전도자는 왜 청년의 때에 창조자를 기억하라고 했을까요? 이는 바로 돌아갈 본향이 있고 기다리는 부모가 있는 자녀인지 아니면 갈 곳을 잃고 어둠을 떠돌아 다녀야 하는 고아인지, 정체성에 대해 묻는 질문입니다. 이 땅이 놀이터와 같기 때문입니다. 결코 호락호락한 공간이 아닙니다. 정신 바짝 차려야 하고 눈 감으면 코 베어 가는 살벌한 세상입니다. 해가 떨어지면 언젠가 놀이터는 문을 닫습니다. 전도자는 곤고한 세상과 청년의 때를 말하며, 이 세상의 실상과 사람의 정체성에 대해 이야기하고 있습니다.

> "이 세상 삶의 방식은 에덴의 낙원이 아닙니다. 왜 하나님의 동산에서 추방되었고, 청지기에서 종으로 신분이 전락했으며, 노동의 변질

로 인한 곤고함 가운데 살아가고 있는지 그 내막을 알았으니, 창조
자의 형상을 입은 자녀들이여, 창조자와 사람이 에덴 동산에서 어떠
한 관계 속에 살았는지 그 청년의 때를 회고하십시오!"

왔다 가는 인생

    사람은 만물의 영장이라 합니다. 영묘한 힘을 가진 우두머리라는 의미인데요, 그렇다면 사람을 자동차에 비유하는 건 영장에 대한 모독일까요?

    자동차는 생산 공장에서 출시하는 때부터 중고차의 운명입니다. 중고차는 갈고 닦고 기름치고 관리하더라도 결국은 폐차장으로 갑니다. 사람도 태어나는 순간부터 노화는 불가피하고 결국 죽음으로 귀결되는 운명 아닙니까. 관리하는 정도에 따라서 수명이 연장되는 것도 서로 비슷합니다. 보통 자동차들은 평소에 관리만 잘해도 10년은 더 탈 수 있다고들 하듯이, 사람도 관리를 꾸준하게 하면 남보다 건강하게 오래 살 수 있겠죠. 더구나 요즘은 의학의 발달로 아예 노화를 늦출 수 있을 뿐 아니라 치료하는 것도 가능하다고 하니, 이러다 죽음까지 극복하는 시대가 오는 건 아닌지 모르겠습니다.

    물론 아직까지는 인간이 죽음을 정복하지 못했기에, 사람의 노화와 죽음을 이미 결정되어 있는 사실로 간주한 전도자의 진술이 시대에 뒤떨어진다 할 수는 없을 겁니다. 평균 수명은 다를지 몰라도 결국 사람이 죽는다는 건, 전도자의 때나 지금이나 똑같습니다. 노화의 속도를 늦출 수는 있다 하더라도, 근원적으로 차단하거나 막을 수는 없죠. 전도자는 비유적인 표현을 동원해서 다음과 같이 사람의 노화와 죽음을 언급하고 있습니다.

해와 빛과 달과 별들이 어둡기 전에12:2: 이는 인생의 황혼기에 나타나는 시각 장애를 비유적으로 표현한 것 같습니다.

집을 지키는 자들이 떨 것이며12:3: 늙어 기력이 쇠하여 자신의 의지와 상관없이 손과 팔이 떨리는 현상을 말하고 맷돌 소리가 적어질 것이며 12:4: 이에 대한 의견이 분분하지만 젊을 때와 달리 노화 현상으로 치아가 흔들리면서 음식물을 우적우적 씹지 못하는 모습을 암시하는 비유적 표현으로 보여집니다.

이어 전도자는 사람이 자기 영원한 집으로 돌아가고 조문자들이 거리로 왕래하게 된다12:5라고 진술하면서, 인간으로서는 피할 수 없는 노화와 예외 없는 죽음을 기정사실화합니다. 당대 최고의 전문가들로부터 노화 방지와 건강 관리를 위한 점검을 수시로 받았을 전도자도 결국 늙고 쇠약하여 마침내 죽었습니다. 70세에 눈을 감은 아버지 다윗보다도 10년 짧은 삶을 살다 갔지요. 그러고 보면 노화에 대한 이야기는 전도자 자신의 몸의 변화에 대한 비유적 표현들이고 죽음에 대한 진술도 돌아가야 할 운명을 직감한 자신의 고백이 아닌가 싶습니다.

> 육은 본래의 흙으로 돌아가고 영은 그것을 주신 하나님께로 돌아가
> 기 전에 너의 창조자를 기억하라.12:7, 현대인의성경

전도자는 하나님의 말씀을 받은 말씀의 대리자로서 하나님의 권위를 가지고 말합니다. 너는 흙이므로 흙으로 돌아갈 것이다창3:19 하신 하나님의 말씀대로 흙으로 돌아갈 운명이지만, 어둠이 드리운 죽음이 당도하여 조문객들이 왕래하기 전에 창조자를 기억할 것을 권면하고 있는 겁니다.

다시 말해 나를 세상에 보내신 창조자 즉 영적인 아버지가 있다는 사실을 기억하라는 건데요, 이는 죽음의 문턱에서 자신의 정체성을 확인하라는 격려와 위로의 말씀입니다. 고아가 아닌 아버지가 있는 자녀인 것을, 영적 실향민이 아닌 돌아갈 본향이 있는 하늘 시민권자라는 소속과 신분을 기억하라는 뜻이죠.

광야와 같은 세상에 던져진 존재로서 이 세상이 내 집이 아니라는 사실을 깨닫고 돌아갈 아버지 집이 있는 자녀라는 신분을 확인하는 사람은 복된 인생입니다. 세상에서 허랑방탕하던 탕자가 세상이 허탕 치는 무대라는 걸 깨닫고 아버지 집을 떠올려 '일어나서 아버지께로 돌아간 것'눅15:20처럼 말이지요. 발길을 돌려 아버지 집으로 향하던 탕자는 '꿈같이 헛된 세상 일 취할 것 무어냐 이 수고 암만 하여도 헛된 것뿐일세'새찬송가 450장 찬송하며 가지 않았을까 싶습니다.

한 목자가 주신 말씀

전도자가 가로되 헛되고 헛되도다 모든 것이 헛되도다.12:8

전도서를 시작하면서 '헛되다' 라며 무려 다섯 번을 반복했던 전도자.
이번에야말로 오해의 소지가 없도록 말씀을 제대로 이해해야 할 것 같습
니다. 바로 앞 구절에서 늙고 병들어 죽기 전에 창조자를 기억하라고 했
으면서 다시 헛되다고 한다면, 방금 자기가 내뱉은 말까지 부정하는 건가
싶기도 하지요. 그러나 뒤이어 전도자는 명쾌한 이해를 도와줄 열쇠를 던
집니다.

전도자가 지혜로움으로 여전히 백성에게 지식을 가르쳤고 또 묵상
하고 궁구하여 잠언을 많이 지었으며 전도자가 힘써 아름다운 말을
구하였나니 기록한 것은 정직하여 진리의 말씀이니라.12:9-10

이스라엘 왕의 임무 가운데 하나는 백성들을 이끄는 목자의 역할이었
습니다. 하나님의 대리자로서 하나님의 양인 백성들을 말씀으로 지도하
고 인도하며 말씀의 꼴로 먹이는 것이 왕의 일이었지요.잠27:23, 렘23:1-2 전
도자 즉 솔로몬 왕도 목자로서 백성들에게 지혜의 말씀을 가르쳤고, 또
하나님이 하시는 말씀을 듣고 그 뜻하시는 바가 무엇인지 살핀 후 말씀을
전했다고 술회합니다. 사람들의 귀를 즐겁게 하는 달콤한 설교를 하거나

처세술을 가르치거나 괜한 잔소리로 시간을 보낸 것이 아닙니다. 힘써 아름다운 말 즉 세상에 참된 빛으로 오신 예수 그리스도의 은혜로운 말씀을 깨달아 백성들을 은혜의 복된 말씀으로 양육했던 것입니다.

이런 전도자의 역할을 생각해 보면, 지금까지 전도자가 했던 이야기가 자기 인생 이야기나 넋두리가 아니라는 걸 분명히 알 수 있지요. 꾸며내고 지어낸 소설 같은 이야기를 증거한 것도 아닙니다. 자신이 기록하고 전한 말씀은 언약에 신실한 하나님을 증거한 것이고, 사람들의 주린 영혼을 풍성하고 자유하게 하는 진리의 말씀이었다고 진술하고 있기 때문입니다. 한마디로 그는 율법이라는 문자에 담겨진 내용 되신 그리스도를 하나님의 양떼들에게 가르치고 먹였습니다. 목자장 되신 하나님으로부터 목자로 부르심을 받은 전도자는 하나님이 맡기신 이스라엘 백성들을 은혜와 진리의 말씀으로 양육하는 역할에 충실했다는 얘기를 하고 있는 겁니다.

목자의 역할을 한 게 전도자뿐이었을까요? 신약으로 오면 예수님께서 목자장이 되셔서 사도들과 교회의 목사, 장로들에게 목자의 역할을 맡기신 것을 볼 수 있습니다. 목자의 한 사람인 베드로는 다음과 같이 진술했습니다.

> 너희 중에 있는 하나님의 양 무리를 치되 부득이함으로 하지 말고 오직 하나님의 뜻을 좇아 자원함으로 하며 더러운 이를 위하여 하지 말고 오직 즐거운 뜻으로 하며 맡기운 자들에게 주장하는 자세를 하지 말고 오직 양 무리의 본이 되라 그리하면 목자장이 나타나실 때에 시들지 아니하는 영광의 면류관을 얻으리라.벧전5:2-4

사도 바울은 이와 같은 맥락에서 자신의 사명이 무엇인지 분명히 깨달은 사람입니다.

> 나의 달려갈 길과 주 예수께 받은 사명 곧 하나님의 은혜의 복음 증거하는 일을 마치려 함에는 나의 생명을 조금도 귀한 것으로 여기지 아니하노라.행20:24

은혜의 복음이란 무엇을 말하는 걸까요? 유대인이나 이방인이나 동일하게 주 예수의 대속의 은혜로 구원 받는 줄을 믿는행15:11 십자가 복음을 말합니다. 은혜의 복음을 증거하는 일에 생명을 바쳤던 바울은 '우리 주 예수 그리스도의 십자가 외에 결코 자랑할 것이 없다'갈6:14며, 잘라 말하듯 자신의 사명이 무엇인지 담대하게 고백했습니다.

만약 사도 바울이 오늘날 교회에서 설교를 한다고 해도 그 말씀의 내용은 달라지지 않을 겁니다. 히브리어 성경만이 정확무오한 하나님의 말씀이라는 둥, 중동과 러시아의 움직임은 종말의 신호로서 휴거를 준비해야 한다는 둥, 백 투 Back to 예루살렘이 어떻고, 적극적 사고방식이나 긍정적인 삶의 태도를 가지라거나… 성경을 펴 놓고 이런저런 말을 복음인 것처럼 늘어놓을 리 만무합니다. 사도 바울은 오직 성경에서 영생을 얻는 줄 생각하고 성경을 유심히 살펴보았고, 이 성경이 예수 그리스도에 대하여 증거하는 것요5:39을 깨달아 십자가 복음만을 목숨 걸고 전했던 것입니다.

전도자, 구약의 참 선지자들, 그리고 신약의 사도들까지. 모두 동일하게 하나님의 은혜의 복음을 가감 없이 가르치고 전하고 선포했습니다. 각각 다른 시대에 태어났고 다른 환경에서 활동했지만, 한 목자장으로부터 말씀을 받았고 한 성령의 감동으로 성경을 기록하였으며 전했습니다.

> 지혜자의 말씀은 찌르는 채찍 같고 회중의 스승의 말씀은 잘 박힌 못 같으니 다 한 목자의 주신 바니라.12:11

성경은 1,500년에 걸쳐 약 40명의 사람들에 의해 기록되었지요. 구약성경의 창세기, 출애굽기, 레위기, 민수기, 신명기 등 다섯 권의 책을 쓴 모세는 양치는 목자였습니다. 이사야서를 기록한 이사야는 선지자였고, 잠언, 전도서, 아가서를 기록한 솔로몬은 왕이었습니다. 아모스서를 기록한 아모스는 뽕나무를 재배하는 자였지요. 신약을 기록한 자들을 살펴보면, 마태는 세관에서 일하는 세리였고 누가복음과 사도행전을 기록했다고 하는 누가는 의사였습니다. 베드로와 요한은 어부 출신이었죠. 신약성경 27권 가운데 13권을 기록한 바울은 한때 텐트를 만드는 일을 했답니다. 그리고 야고보서를 기록한 야고보는 예수님의 육신의 동생으로, 초대 교회 당시 예루살렘 지역에 있는 교회를 담임했던 것으로 알려져 있습니다.

이처럼 다양한 직업과 배경을 가진 사람들이 성경을 기록했습니다. 정말 놀랍지 않나요? 시대와 문화가 다르고 표현의 차이가 있을 뿐, 동일한 내용으로 예수 그리스도를 증거하고 있습니다. 전하고 가르치는 사람은 달라도 모두 한 목자께서 주신 말씀이기에 내용은 일관되고 동일하다는 겁니다. 따라서 내용이 다른 말을 한다면, 한 목자장으로부터 받은 게 아닌 것이 분명하다는 것을 알 수 있습니다.

공부하기 싫은 사람 모여라?

> 내 아들아 또 경계를 받으라 여러 책을 짓는 것은 끝이 없고 많이 공
> 부하는 것은 몸을 피곤케 하느니라.12:12

　공부하기 싫어하는 학생들이 가장 좋아하는 성경 구절이지요? 전도자의 발언 탓에 속앓이하는 학부모들이 적지 않다는 게 참 '웃픈' 현실입니다. 아전인수라고 하지요, 사람은 참 이기적이게도 하나님의 말씀까지 자기에게 편한 대로 이용하고 자기 생각을 뒷받침하기 위해 가져다 씁니다. 잠언과 아가서, 그리고 전도서까지 기록했던 전도자가 육신의 나이가 들자 지치고 피곤해서 여러분일랑 책을 짓거나 공부하지 마시라 조언했을 리 없지요. 마지막까지 전도자의 진짜 의도를 파악하는 일을 소홀히 해서는 안 되는 이유입니다.

　사람들이 바쁜 일상을 살아가면서 시간을 내어 글을 쓰는 이유가 무엇일까요? 왜 출판을 하려고 할까요? 새로운 정보와 지식을 전달하기 위해, 독자들의 정신과 마음의 정화를 위해, 인간다운 품성을 고양하는 일에 일조하기 위해, 자신의 창의력과 설득력을 개발하는 차원에서, 전문가라는 평가를 받으려고, 인세印稅를 받아 생계에 도움을 얻으려고 등등. 이외에도 책을 내는 이유야 많이 있겠지만 결국은 자기를 드러내고 세상에 널리 알리고자 책을 짓는 것입니다. 이와 같은 사람의 발상은 이미 창세기에도

드러나 있습니다.

> 성과 대를 쌓아 대 꼭대기를 하늘에 닿게 하여 우리 이름을 내고 온
> 지면에 흩어짐을 면하자 하였더니. 창11:4

자기 이름 석 자를 세상에 남기겠다고 사람들은 저마다 바벨탑을 쌓아 자아 성취의 자리에 도달하려 합니다. 성을 쌓아 꼭대기를 하늘에 닿게 하자는 것이나 책을 짓는 수고나, 동기는 결국 같지요. 고지가 눈 앞에 있는데 여기서 중단할 수 없다는 강한 투지를 가지고 끝장을 보려 합니다. 세상에서 최고가 되고 하나님을 대신하는 자리에까지 오르겠다는 생각이 마음속 깊은 밑바닥에 깔려 있습니다. 이래라저래라 잔소리하고 사사건건 간섭하는 하나님은 좀 빼고, 사람들끼리 그 일을 하자고 했던 겁니다.

하지만 하나님은 그 일에 제동을 거셨습니다. 하나님을 따돌린 사람들의 결정이 언짢으셨던 걸까요, 하나님은 사람의 언어를 혼잡하게 하여 사람들끼리 소통하지 못하도록 사방으로 흩으셨습니다.

> 자, 우리가 가서 저들의 언어를 혼잡하게 하여 서로 알아듣지 못하
> 게 하자. 여호와께서 그들을 온 세상에 흩어 버리시므로 그들은 성
> 쌓던 일을 중단하였다. 여호와께서 거기서 온 세상이 언어를 혼잡하
> 게 하시고 그들을 사방으로 흩어 버리셨기 때문에 그 곳을 '바벨'이
> 라고 부르게 되었다. 창11:7-9, 현대인의성경

바벨의 뜻이 곧 '혼란, 혼잡'입니다. 에덴 동산에서 추방된 이후 인류는 자기 이름을 알리기 위해 성을 짓는 일을 한시도 중단한 적이 없습니다. 자기 이름 석 자를 알리겠다는 경쟁의 현장 자체가 말 그대로 바벨 곧 혼란이지요. 말을 못해서 불통이 아니라 자기 주장과 의견을 쏟아내느라 상대방의 말에 귀를 막은 것이 불통입니다. 그러니까 바벨은 세상의 또 다른 이름이라고 할 수 있습니다.

그런데 하나님의 일하심은, 사람의 상상을 초월합니다. 혼잡한 언어를 다시 하나로 통일시키시는 걸 보게 됩니다. 오순절 성령 강림이라는 사건을 통해 일단의 무리인 제자들로 하여금 한 마음과 한 입으로 하나님의 큰 일을 말하게 하셨습니다.행2:5-11 그때에 13곳이 넘는 서로 다른 지역에서 온 사람들이 각자 자기 나라 말로 제자들이 말하는 것을 듣고 어리둥절했습니다. 성령이 임한 제자들이 말한 '큰 일'이란 무엇을 말하는 것일까요? 하늘의 뜻이 이 땅에서도 이루어지도록 자신의 목숨을 내어 주신 성자 예수 그리스도의 십자가 대속의 죽음과 부활 사건 외에 다른 무엇이 있을까 싶습니다. 각자 자기 이름을 내려는 사람들로 혼잡한 세상에서 하나님은 한 마음과 한 입으로 구원의 은혜를 자랑하고 찬송하고 드러내는 자들의 동일한 고백을 이끌어 내셨습니다.

다시 전도자의 말씀으로 돌아와서, 그렇다면 사람들이 머리를 싸매고 공부하는 이유는 뭘까요? 공부해서 남 주냐 하면서 나만 출세하고 성공하면 그만이라는 이기적인 마음을 가진 사람도 물론 있겠습니다만, 수고한 결과를 가지고 세상에 보탬이 되고자 하는 선하고 아름다운 동기에서 열심히 공부하고 연구하는 사람도 적지 않습니다. 그런데 남에게 주려면 내가 먼저 줄 것이 있어야 합니다. 상대방에게 줄 준비가 되어있지 않으면 주고 싶어도 주지 못할 것입니다. 다시 말해 아웃풋output이 있으려면 인풋input이 필요하듯, 수고하고 애쓰고 노력하고 힘써야 무언가 나누어 줄 만한 내용과 자격을 갖추게 된다는 겁니다. 원인과 결과라고 하는 인과의 법칙이 공부에도, 학문의 틀에도 적용된다는 뜻입니다.

성경은 세상의 인과율과 반대되는, 전혀 다른 방식을 말합니다. 일관되게 은혜를 증거하며, 은혜라는 선물을 말합니다. 주어진 결과는 있는데 그 원인을 사람에게서 찾으려 해도 찾을 길이 없는 것이 바로 은혜입니다.

남편의 나이 100세, 아내는 경수가 끊어진 지 오래인데 아들을 낳았습니다. 인과로 어떻게 설명할 수 있을까요? 남자를 알지 못하는 처녀 마리아가 아이를 낳은 결과는 어떤 원인으로 인한 것입니까? 은혜의 원리는 사람이 수고하고 애써서 어떠한 결과를 얻는 것이 아니라 나무에 붙어 있는 나뭇가지가 저절로 열매를 맺는 것과 같습니다.

결국 전도자는 책을 쓰는 것을 금하거나 공부를 하지 말라고 말리는 것이 아닙니다. 책이든 공부든 세상살이든, 무엇을 하든 사람은 원인과 결과의 틀에 갇혀 살아가기 때문에 고단하고 피곤할 수 밖에 없다는 겁니다. 심지어 종교나 하나님의 말씀을 연구한다고 하는 신학조차 예외는 아닙니다. 부정할 수 없는 안타까운 점은 하나님의 은혜만을 전하고 가르쳐야 할 교회에서마저 세상의 방식인 인과율로 교인들을 지도하고 가르치는 현실입니다. 전도자의 표현대로 하자면 교인들의 몸을 피곤케 하고 있는 겁니다.

사람의 본분

"그동안 신앙 생활에 너무 게을렀어. 오늘부터 마음 다잡고 말씀대로 실천해 보자. 성경은 5장씩, 기도는 30분씩, 그리고 하루의 시작은 큐티로 해야지. 주일은 무슨 일이 있더라도 거룩하게 지키고 하루에 한 가지씩 선행을 베풀며 살아야겠다. 어둡고 부패한 세상에 내가 빛과 소금의 역할을 감당해야 의로운 기독교인이라고 할 수 있겠지!"

전도자의 설교를 듣고 이처럼 새로운 출발을 다짐하셨나요? 만약 그런 사람이 있다면, 전도자의 설교를 처음부터 다시 들어야 합니다. 하지 말라고 말린 적도 없습니다만, 전도자는 독자들에게 더 열심히 신앙 생활을 해야 한다고 촉구한 적도 없습니다.

전도자는 세상과 사람이 어떤 처지에 놓여있는지 그 실상을 보게 되었던 거죠. 그래서 말씀을 통해 세상과 인생의 헛됨을 발견하고 헛되지 않은 분에게로 삶의 시선과 방향을 돌리게 되었다면 헛됨이 헛된 일이냐 하며 끊임없이 질문하고 있습니다.

일의 결국을 다 들었으니 하나님을 경외하고 그 명령을 지킬찌어다
이것이 사람의 본분이니라.12:13

늘 반복하지만 전도자의 진술은 눈에 보이는 대로 보고 문자적으로 이해하면 의도에서 빗나갑니다. 말씀의 진의가 무엇인지 파악하기 위해 행간을 읽어야 하고 문맥의 흐름을 살펴야 합니다. 전도자는 하나님을 경외하는 것과 명령을 지키는 것을 다른 요구 사항으로 보고 따로따로 분류하는 것이 아니라 '하나님을 경외하고 명령을 지키는 것'이 사람의 본분이라고 말합니다.

하나님을 경외하는 것이 무서워서 벌벌 떠는 태도가 아니라는 걸 앞서 설명했습니다. 두려워 떠는 건 귀신들의 반응이라고 야고보가 기록한 바 있습니다.

> 여러분은 하나님이 한 분이신 것을 믿으니 잘하는 일입니다. 귀신들
> 도 믿고 두려워서 떱니다. 약2:19, 현대인의성경

귀신들은 하나님을 경외하지 않지만 그분 앞에서 두려워 떱니다. 하나님 앞에서 정체를 숨길 수 없다는 걸, 하나님의 명령이 떨어지면 무저갱으로 들어가야 할 운명이라는 걸 귀신들도 알기 때문입니다. 하나님이 최종 심판자라는 사실을 귀신같이 알고 있기 때문에 두려워하는 겁니다.

하나님은 왜 귀신을 심판하실까요? 그 이유는 분명합니다. 물과 기름처럼 하나님과 귀신은 서로 하나될 수 없는 적대 관계이기 때문입니다. 속성이 전혀 다르다는 말입니다. 하나님의 속성이 은혜인 반면 원수 마귀의 속성은 인과라는 행위이거든요. 행위를 앞세운 마귀는 뱀으로 둔갑하여

은혜의 동산 에덴에 잠입했습니다. 그리고 새빨간 거짓말로 사람을 속여 선악과를 따 먹도록 유혹했습니다.

"선악을 알게 하는 나무의 열매를 먹는 날에는 너희 눈이 밝아 하나님과 같이 될 것이다"창3:5 속삭였습니다. 사람이 행위의 주체가 되어 금단의 열매를 따 먹으면 하나님과 같이 될 수 있다는 원인에 따른 결과의 법칙을 사람에게 제안했고, 사람은 마귀의 생각과 의견을 받아들였습니다. 이처럼 행위에 따른 결과의 법칙을 성경은 거짓말이라 하고, 입은 하나인데 혀끝이 둘로 갈라진 뱀은 한 입을 가지고 두 말을 하는 자이기에 뱀 곧 마귀를 가리켜 거짓의 아비라고 합니다. 거짓의 아비와 그 거짓말을 받아 먹고 거짓말하는 자들의 결국은 저주와 심판이지요. 그들의 처소는 새 예루살렘 성 밖 어둡고 추운 곳입니다.

> 개들과 술객들과 행음자들과 살인자들과 우상 숭배자들과 및 거짓
> 말을 좋아하며 지어내는 자마다 성밖에 있으리라.계22:15

하나님을 경외하지 않는 마귀를 통해 진짜 하나님을 경외하는 삶의 의미가 무엇인지 알 수 있습니다. 둘로 갈라진 혀를 가진 뱀으로 둔갑한 마귀가 에덴 동산에서 내뱉은 거짓말이창3:5 아닌 참말을 하는 것입니다. 즉 하나님의 속성인 은혜와 사랑을 자랑하고 높여드리며 그 행하신 일에 아멘으로 응답하는 것을 참말이라 합니다.

하나님이 행하신 일이 무엇이지요? 마귀의 거짓말을 받아먹은 죄인들, 그들의 구원을 위해 아들을 내어 주신 성부 하나님, 성부에 뜻에 따라 이 땅에 육신을 입고 오신 성자 예수님, 그리고 생존을 위해 살아가는 거짓

된 자들을 위해 자신의 목숨을 기꺼이 내어 주심으로 생명을 선물하신 예수 그리스도의 십자가 대속의 은혜. 이 구원 사역에 감사하고 그 은혜를 찬송하는 사람이 참말을 하는 것이죠. 참말을 하는 것 곧 하나님을 경외하는 것은 사람의 결단과 열심으로 가능한 것이 아닙니다. 이는 성령이 임함으로 예수 그리스도의 대속의 은혜를 깨달아 하나님과 은혜의 관계 속에 살아가는 자에게서 흘러나오는 삶의 태도일 뿐입니다.

참말을 하는 사람이야말로 하나님을 경외하라는 명령을 지키는 자이고, 그 명령을 지키는 것이 믿는 자녀의 본분이라는 것을 알 수 있습니다.

'지키다'는 단어가 사람이 몸을 움직여 실천한다는 뜻이 아니라 '보존하다, 보관하다, 마음에 간직하는 것'이라고 여러 번 강조했지요? 그러니까 '하나님을 경외하라 곧 명령을 지키라'는 말은 예수 그리스도의 대속의 은혜를 받은 자로서 참되고 진리인 은혜를 마음에 간직함으로 흘러나오는 감사와 찬송의 고백을 말하는 것입니다.

이러한 이해 속에서 전도자는 또한 하나님은 모든 행위와 모든 은밀한 일을 선악 간에 심판하실 것을12:14 말씀하고 있습니다. 하나님의 법정에서 유죄와 무죄를 판결하실 때 그 기준은 어디에 있을까요? 바로 말에 있습니다. 앞서 설명했듯이 거짓의 아비 마귀가 했던 거짓말이 옳다, 이치에 맞다고 아멘 하는 자는 유죄 판결을 받아 새 예루살렘 성 밖에, 하나님이 행하신 대속의 은혜를 좋다, 선하다, 아름답다, 가치 있다 고백하고 아멘 하는 자는 무죄 판결을 받아 새 예루살렘 성 안에서 예수 그리스도와 함께 하는 은혜의 삶을 누리게 된다는 것입니다.

천국의 주인이신 예수님 역시 판결의 기준이 무엇인지 말씀하셨습니다.

네 말로 의롭다 함을 받고 네 말로 정죄함을 받으리라.마12:37

맺는말

그저 모든 것이 헛되다 하는 한탄인 줄로만 알았던 전도서에 엄청난 영적인 비밀이 담겨 있습니다. 이와 같은 해석을 두고 지나치게 영적으로 해석하는 것이 아닌가 생각할 수도 있으리라 봅니다만, 사실 이는 성경을 모르고 하는 말입니다.

> 너희가 성경에서 영생을 얻는 줄 생각하고 성경을 상고하거니와 이 성경이 곧 내게 대하여 증거하는 것이로다. 요5:39

예수님이 말씀하신 성경이란 구약이겠지요. 예수님이 활동하시던 당시 신약 성경은 기록되기 전이라 존재하지 않았으니 말입니다. 예수님의 말씀대로라면 구약 성경에 속하는 전도서 역시 예수 그리스도를 증거하고 있다는 뜻이 됩니다. 그렇다면 전도서를 보면서 예수 그리스도를 발견해야 마땅할 것이고, 그분의 증거를 드러내야 성경을 올바르게 이해했다고 할 수 있을 겁니다.

구약이든 신약이든 그리스도로 풀어내는 것이 맞습니다. 윤리, 도덕이나 처세, 금언이나 삶의 지혜 등 세상의 것으로 설명하고 가르치려 한다면 그것이야말로 성경을 자의적으로 풀이한 잘못된 해석이 됩니다.

전도서의 '헛됨' 역시 예수 그리스도로 풀 수 있습니다. 하나님의 심판은 세상이 헛되기 때문입니다. 헛되다는 것은 텅 빈 상태를 말합니다. 그 릇에 담겨진 내용물이 무엇인가 궁금하여 들여다 보았더니 마땅히 있어 야 할 내용은 없고 다른 것으로 채워져 있다는 의미에서 텅 빈, 즉 헛되다 는 말입니다.

빈 수레가 요란하듯, 내용이 없으면 외형적인 화려한 포장으로 실상을 감추려 합니다. 밖을 채색하고 치장하는 행위는 겉만 그럴듯하고 실속이 없다는 것을 애써 감추기 위한 시도이고 열심인 셈입니다. 시간, 땀, 돈을 투자하여 세상적인 내용으로든 종교적인 형태로든 자기를 채우려 하지 요. 그뿐입니까, 자기 수고에 대한 보상을 받기 위해 애씁니다.

돈, 권력, 명예, 학위, 인맥, 쾌락 같은 세상적인 보상은 물론이고 만족, 마음의 평안, 위안, 체험 등 종교적인 행위에서 오는 보상도 목록에서 빼 놓을 수 없습니다.

성경은 열심과 수고라는 행위를 동원하여 살아있는 신앙인처럼 꾸미 고 내가 원하고 바라는 것을 확보하려는 일체의 시도를 탐심 즉 우상 숭 배라고 합니다.골3:5 헛되다는 단어가 무익하다, 쓸모없다, 우상이라는 뜻 을 담고 있는 것은 우연이 아닙니다. 헛되다 하는 것은 하나님의 기준에 서 볼 때 유익하고 쓸모 있는 내용을 찾아볼 수 없다는 또 다른 표현입니 다. 하나님이 내용물로써 인정하는 것은 찾아볼 수 없고 사람이 수고함으 로 결과된 보상만으로 가득한 무익하고 쓸모없는 헛된 그릇을, 하나님은 심판하십니다. 노아의 때 물로 세상을 심판하신 것도, 롯의 때 불로 소돔 과 고모라를 멸하신 것도 바로 이 '헛됨'이 근본적인 이유였습니다.

성령의 감동으로 히브리서를 기록한 기자는 '사람이 한 번 죽는 것은 정해진 운명이지만 죽은 후에는 심판이 있다'히9:27고 진술했습니다. 말씀을 인정할 수밖에 없는 것은 죽음으로부터 자유로울 사람은 세상에 없기 때문입니다. 죽음은 누구에게나 찾아오는 일반이거든요. 죽은 후에 하나님의 법정에서 행해지는 심판의 기준은 하나님이 인정하시는 내용물이 인생이라는 그릇 안에 있느냐 하는 것입니다. 사도 바울은 사람을 진흙으로 구워 만든 질그릇에 비유하면서 다음과 같이 증거했습니다.

> 우리가 우리를 전파하는 것이 아니라 오직 그리스도 예수의 주 되신 것과 또 예수를 위하여 우리가 너희의 종 된 것을 전파함이라 어두운데서 빛이 비취리라 하시던 그 하나님께서 예수 그리스도의 얼굴에 있는 하나님의 영광을 아는 빛을 우리 마음에 비취셨느니라 우리가 이 보배를 질그릇에 가졌으니 이는 능력의 심히 큰 것이 하나님께 있고 우리에게 있지 아니함을 알게 하려 함이라.고후4:5-7

바울의 통찰은 참으로 놀랍습니다. 사람의 열심과 수고에 따른 보상이 하나님이 인정하시는 내용물이 아니라고 말하면서, 하나님이 유익하고 쓸모 있는 가치로 보시고 인정하는 내용은 보배이신 예수 그리스도라고 콕 집어 말합니다. 왜 예수 그리스도를 보배라고 할까요? 은혜와 진리의 말씀이신 그분은 태초부터 계신 분으로 세월을 따라 흘러가거나 시간의 흐름 속에서 쇠하거나 썩지 않으시기 때문입니다. 그리스도는 정금이나 보석처럼 영원히 변하지 않기에 보배 곧 보물, 보화라 할 수 있습니다.

질그릇이 중요합니까, 질그릇 속에 있는 보배가 귀중합니까? 질그릇이 귀중하다고 판단하여 질그릇을 갈고 닦고 조이고 기름 칠하는 일에 인생을 소비한다면 겉만 채색하는 실속 없는 사람입니다. 전도자의 표현을 빌리자면 헛되고 헛되며 헛되고 헛되니 참으로 헛된 헛수고입니다. 귀중한 보배가 드러나고 빛을 발하기 위해서 질그릇은 깨어지고 부서지고 마침내 사라져야 합니다. 그래야 보배가 영롱한 빛을 발산하기 때문입니다.

　아무리 성경 말씀이라지만, 받아들이기 쉽지 않다는 것을 압니다. 비록 질그릇이라도 '나'라는 존재가 아예 사라져야 한다니, 그럼 예수가 무슨 소용이며 교회니 구원이니 천국이니 하는 것도 다 무슨 소용이 있겠는가? 내가 죽어 이 땅에서 사라지는 것보다 더 헛된 것이 무엇이겠냐 반박하는 것도 무리는 아닙니다. 모든 것이 나로부터 비롯되었다고 믿으며 사는 것이 해 아래 있는 사람의 본성이기 때문입니다.

　사람의 실상을 몰랐을 리 없는 전도자, 반전反轉의 대가 전도자의 말을 끝까지 들어봅시다. 비록 헛되고 헛되며 헛되고 헛되니 모든 것이 헛되다 하면서도 전도자는 질그릇을 부정하거나 가치를 깎아내리거나 조롱하고 있지는 않습니다. 오히려 질그릇의 헛됨을 발견하고 쇠하지 않고 썩지 않는 보배를 바라보게 되었다면 질그릇이 헛된 것이냐고 반문하고 있습니다. 세상 풍파와 세월의 흐름 속에서 흙으로 지어진 질그릇이 흙으로 돌아가는 것은 거부할 수 없는 이치인데, 그로 인해 보화가 오롯이 드러나고 영롱한 빛을 발한다면 이 질그릇이 헛되냐고 질문을 하고 있는 겁니다. 전도자는 반전이라는 화법을 통해 목청을 한껏 끌어올려 전도서에 마침표를 찍습니다.

　"여러분, 질그릇이 '주는 그리스도시요, 살아 계신 하나님의 아들이

십니다'라고 고백한다면 하나님이 찾으시는 보배를 내용물로 담고 있기에 하나님은 질그릇까지도 소중히 여기실 것입니다. 그것이 하나님의 시선이고 하나님 아버지의 마음입니다. 그렇다면 그 질그릇이 과연 헛될까요."